Die objektiven Kriterien der Zahlungsunfähigkeit nach der Rechtsprechung des BGH und dem IDW

Schriftenreihe des Centrum
für Deutsches & Europäisches
Insolvenzrecht

Herausgegeben von Stefan Smid, Silke Wehdeking
und Mark Zeuner

Volume 10

PL ACADEMIC RESEARCH

Karsten Andresen

Die objektiven Kriterien der Zahlungsunfähigkeit nach der Rechtsprechung des BGH und dem IDW

PL ACADEMIC RESEARCH

Bibliografische Information der Deutschen Nationalbibliothek
Die Deutsche Nationalbibliothek verzeichnet diese Publikation
in der Deutschen Nationalbibliografie; detaillierte bibliografische
Daten sind im Internet über http://dnb.d-nb.de abrufbar.

Zugl.: Kiel, Univ., Diss., 2014

D
ISSN 2194-4881
ISBN 978-3-631-65504-7 (Print)
E-ISBN 978-3-653-04878-0 (E-Book)
DOI 10.3726/ 978-3-653-04878-0

PL Academic Research ist ein Imprint der Peter Lang GmbH.

Peter Lang – Frankfurt am Main · Bern · Bruxelles · New York ·
Oxford · Warszawa · Wien

Diese Publikation wurde begutachtet.

www.peterlang.com

Meinen Eltern

Inhaltsverzeichnis

Literaturverzeichnis

Andres, Dirk Leithaus, Rolf	Insolvenzordnung, Kommentar 1. Aufl., 2006 C.H. Beck Verlag 2. Aufl., 2011 (zitiert als Andres/Leithaus InsO §, Rn.)
Arbeitskreis für Insolvenzwesen e.V. (Hrsg)	Die Eröffnungsgründe der InsO: Zahlungsunfähigkeit, drohende Zahlungsunfähigkeit und Überschuldung Kölner Schrift zum Insolvenzrecht 3. Aufl., 2009 ZAP Verlag (zitiert als Kölner Schrift/Bearbeiter)
Bähr, Rainer Smid, Stefan	Die Rechtsprechung des BGH zur neuen Insolvenzordnung 1999–2006 De Gruyter, Berlin 1. Aufl. 2006 (zitiert als Bähr/Smid)
Balz, Manfred	Aufgaben und Struktur des künftigen einheitlichen Insolvenzverfahrens Zeitschrift für Wirtschaftsrecht (ZIP) 1988, S. 273–294 (zitiert als Balz ZIP 1988)
Balz, Manfred Landfermann, Hans-Georg	Die neuen Insolvenzgesetze 2. Aufl., 1999 Idw – Verlag (zitiert als Balz/Landfermann)
Baumbach, Adolf Hueck, Alfred	GmbHG Kommentar 17. Aufl., 2000, C.H. Beck Verlag München (zitiert als Baumbach/Hueck/Bearbeiter §, Rn.)

Baur, Fritz
Baur, Jürgen F.
Stürner, Rolf
Insolvenzrecht, Lehrbuch
3. Aufl., 1991 C.H. Beck Verlag
(Zitiert als Baur/Stürner)

Beck, Siegfried (Hrsg.)
Depré, Peter (Hrsg.)
Praxis der Insolvenz
2. Aufl., 2010, Vahlen Verlag, München
(zitiert als Beck/Depré/Bearbeiter §, Rn.)

Becker, Christoph
Insolvenzrecht, Lehrbuch
3. Aufl, 2010, Carl Heymanns Verlag
(zitiert als Becker InsO)

Berges, A.M.
Zeitschrift für Insolvenzrecht (KTS)
Carl Heymanns Verlag, Köln
1957, S. 49 ff
(zitiert als Berges KTS)

Berges, A.M.
Zeitschrift für Insolvenzrecht (KTS)
Carl Heymanns Verlag, Köln
1960, Seite 1 ff
(zitiert als Berges KTS)

Bitter, Georg
Redeker, Rouven
Abgrenzung der Zahlungsunfähigkeit gegenüber der bloßen Zahlungsstockung
Wirtschafts- und Bankenrecht
WuB VI § 17 InsO 1.05 S. 792
(zitiert als Bitter/Redeker)

Blöse, Jochen
Zur Abgrenzung von vorübergehender Zahlungsstockung und Zahlungsunfähigkeit bei der GmbH
GmbHR 2005, 1122 ff.
(zitiert als Blöse,)

Boetticher,
Zeitschrift für Zivilprozess
1972, S. 85 ff
1986, S. 373 ff
(Bötticher, ZZP)

Borgmann, Brigitte Jungk, Antje Grams, Holger	Anwaltshaftung 4. Aufl., 2005, C.H. Beck Verlag (zitiert als Borgmann/Jungk/Grams, § Rn.)
Bork, Reinhard	BGB, Allgemeiner Teil 3. Aufl., 2011, Mohr Siebeck Verlag (zitiert als Bork BGB AT)
Bork, Reinhard	Einführung in das Insolvenzrecht, 6. Aufl., 2012, Mohr Siebeck Verlag Tübingen (zitiert als Bork Inso)
Bork, Reinhard	Grundlagen der Zahlungsunfähigkeit Zeitschrift für Insolvenzrecht (KTS) 2005, S. 1 ff (zitiert als Bork KTS 2005)
Bork, Reinhard (Hrsg.) Koschmieder, Kurt-Dieter (Hrsg.)	Fachanwaltsbuch Insolvenzrecht (Loseblatt) 2003, RWS Verlag Kommunikationsforum GmbH, Köln (zitiert als Bork/Koschmieder/Bearbeiter)
Bork, Reinhard	Zeitschrift für Wirtschaftsrecht (ZIP) 2008, Seite 1749–1753 (zitiert als Bork ZIP 2008)
Braun, Eberhard	Insolvenzordnung, Kommentar 5. Aufl. 2012, C.H. Beck Verlag (zitiert als Braun InsO/Bearbeiter, Aufl. §, Rn.)
Braun, Eberhard Uhlenbruck, Wilhelm	Unternehmensinsolvenz IDW Verlag Düsseldorf, 1997 1. Aufl., (zitiert als Braun/Uhlenbruck)
Bruns	Juristische Rundschau (JR) 1984, S. 135 ff (zitiert als Bruns JR 1984)

Bruns, Patrick	Zur Insolvenzverschleppungshaftung EWIR 2005, S. 767 ff (zitiert als Bruns EWIR 2005)
Bundestag Drucksachen	(Zitiert als BT-DruckS 12/2443)
Bundesministerium der Justiz	Erster Bericht der Kommission für Insolvenzrecht, Köln, 1985 (zitiert als BMJ, erster Bericht)
Burger, Anton	Zahlungsunfähigkeit und drohende Zahlungsunfähigkeit nach der geplanten Insolvenzordnung (InsO) DB 1992, S. 2149 ff (zitiert als Burger DB 1992)
Burger, Anton Schellberg, Bernhard	Die Auslösetatbestände im neuen Insolvenzrecht Betriebs-Berater (BB) 1995, S. 261 ff (zitiert als Burger/Schellberg)
Coenenberg, Adolf G.	Jahresabschluss und Jahresabschlussanalyse 21 Aufl., 2009, Schaeffer – Poeschel Verlag Stuttgart (zitiert als Coenenberg)
Dahl, Michael	Der Begriff der Zahlungsunfähigkeit in § 17 II S. 1 InsO, NJW- Spezial 2008, Heft 2, S. 53 ff, C.H. Beck Verlag, München (zitiert als Dahl NJW Spezial 2008)
Dreier, Horst	Grundgesetz, Kommentar 2. Aufl., 2006, Mohr Siebeck Verlag (zitiert als Dreier)
Ehlers, Harald	Sanierung mit oder ohne Insolvenz ZInsO 2010, S. 257 ff (zitiert als Ehlers ZInsO 2010)

Eickmann, Dieter Irschlinger, Friedrich Kreft, Gerhart Marotzke, Wolfgang Flessner, Axel Kirchhof, Hans-Peter Landfermann, Hans-Georg Stephan, Guido	Heidelberger Kommentar Insolvenzordnung 4. Aufl., 2006 C.F. Müller Verlag (zitiert als HK-InsO/Bearbeiter)
Eidenmüller, Horst	Unternehmenssanierung zwischen Markt und Gesetz, Köln, 1999, Otto Schmidt Verlag Köln (zitiert als Eidenmüller)
Eilenberger, Guido	Betriebliche Finanzwirtschaft 7. Aufl., 2003, Oldenbourg R. Verlag GmbH (zitiert als Eilenberger)
Engisch, Karl	Einführung in das juristische Denken, 10 Aufl, 2005, Kohlhammer Verlag (zitiert als Engisch)
Erdmann, Sven	Die fälligen Zahlungspflichten i.S. des § 17 II 1 InsO NZI 2007, S. 695, C.H. Beck Verlag (zitiert als Erdmann NZI 2007)
Fachausschuss Sanierung und Insolvenz des IDW (FAS)	Der neue PS 800 und die Ermittlung der Zahlungsunfähigkeit nach § 17 InsO ZIP 2009, S. 201 ff. (zitiert als FAS IDW ZIP 2009)
Flitsch, Michael	Abgrenzung zwischen Zahlungsstockung und Zahlungsunfähigkeit Betriebs-Berater (BB), 2005, 1923 ff (zitiert als Flitsch BB 2005)

Flöther, Lucas
Morgner, Sebastian
Maßgeblicher Beurteilungszeitpunkt für Entscheidung des Beschwerdegerichts
jurisPR-InsR 13/2008 Anm. 2
(zitiert als Flöther/Morgner jurisPR-InsR 13/2008)

Foerste, Ulrich
Insolvenzrecht
5 Aufl., 2010, C.H. Beck Verlag München
(zitiert als Foerste)

Frege,Michael
Keller, Ulrich
Riedel, Ernst
Insolvenzrecht, Kommentar Teil 2
Das Insolvenzeröffnungsverfahren
7. Aufl., 2008, C.H. Beck, München
(zitiert als Frege/Keller/Riedel)

Frystatzki, Christian
Ungeklärte Probleme bei der Ermittlung der Zahlungsunfähigkeit und der neue IDW PS 800
NZI 2010, 389–395
(zitiert als Frystatzki NZI 2010)

Gäbel, Gesa
Die Fälligkeit der Zahlungsverpflichtungen als Voraussetzung für die Zahlungsunfähigkeit
jurisPR-InsR 5 2007 Anm. 4
(zitiert als Gäbel, jurisPR-InsR 5 2007 Anm. 4)

Gerhardt, Walter
Archiv civilistische Praxis
Mohr Siebeck Verlag
Bd. 200, S. 426
(zitiert als Gerhardt ACP Bd. 200)

Gerhardt, Walter (Hrsg.)
Festschrift für Franz Merz
1992, Verlag Kommunikationsforum Recht, Wirtschaft, Steuern, Köln
S. 197
(zitiert als Merz/Henckel)

Gogger, Martin
Insolvenzrecht, Lehrbuch
2. Aufl, 2006 C.H. Beck
(zitiert als Gogger)

Gottwald, Peter (Hrsg.)	Insolvenzrechtshandbuch, 4. Aufl. 2010, C.H. Beck München (zitiert als Gottwald/Bearbeiter, andere Auflage gesondert gekennzeichnet)
Gruber, Urs Peter	Insolvenzgrund im Zeitpunkt der Verfahrenseröffnung DZWIR, 2007, S. 151–157 (zitiert als Gruber DZWIR 2007)
Gummert, Hans (Hrsg.)	Müncher Anwalts Handbuch Personengesellschaftsrecht 1. Aufl. 2005, C.H. Beck Verlag (zitiert als Gummert/Bearbeiter)
Gundlach, Ulf	Vorliegen und Wegfall der Eröffnungsvoraussetzungen NJW 2006, S. 3556 ff. (zitiert als Gundlach NJW 2006)
Gundlach, Ulf	Verfügungen des Schuldners über eigene und fremde Gegenstände nach der Insolvenzeröffnung unter der besonderen Berücksichtigung der Eigenverwaltung DZWIR 1999, S. 363 ff. (zitiert als Gundlach DZWIR 1999)
Gundlach, Ulf	Tatrichterliche Feststellung der Zahlungsunfähigkeit NZI 2007, S. 38 ff. (zitiert als Grundlach NZI 2007)
Haarmeyer, Hans	Stellungnahme zum Gesetzesentwurf der Bundesregierung Entwurf eines Gesetzes zur weiteren Erleichterung der Sanierung von Unternehmen BT Drucksache 17/5712 (zitiert als Haarmeyer, Stellungnahme)

Haarmeyer, Hans Frind, Frank	Insolvenzrecht 3. Aufl. 2012, Kohlhammer Verlag, Stuttgart (zitiert als Haarmeyer/Frind InsO)
Haarmeyer, Hans Wutzke, Wolfgang Förster, Karsten	Handbuch zur Insolvenzordnung 4. Aufl., C.H. Beck Verlag, München (zitiert als Haarmeyer/Wutzke/Förster)
Hamann, Wolfram	Juristische Methodik 2. Aufl., 1994 Karin Hamann Verlag (zitiert als Hamann)
Häsemeyer, Ludwig	Insolvenzrecht 4. Aufl., 2007, Carl Heymanns Verlag (Häsemeyer InsO)
Harz, Michael	Kriterien der Zahlungsunfähigkeit und der Überschuldung unter Berücksichtigung der Änderungen nach dem neuen Insolvenzrecht ZInsO 2001, S. 193 ff (zitiert als Harz ZInsO 2001)
Harz, Michael Baumgartner, Uwe Conrad, Günther	Kriterien der Zahlungsunfähigkeit und der Überschuldung ZInsO 2005, 1304 ff (zitiert als Harz/Baumgartner/Conrad ZInsO 2005)
Heinze, Harald	Gerichtliche Feststellung der Zahlungsunfähigkeit bei Insolvenzanfechtung DZWIR 2007, 116–119 (über juris) (zitiert als Heinze DZWIR 2007)
Henckel, Wolfram	Deregulierung im Insolvenzverfahren (Kongressvortrag) Zeitschrift für Insolvenzrecht (KTS) 1989, S. 477 ff (zitiert als Henckel KTS 1989)

Hess, Harald (Hrsg.) Weis, Michaela (Hrsg.) Wienberg, Rüdiger	InsO Kommentar zur Insolvenzordnung 2001, C.F. Müller Verlag, Heidelberg, 2. Aufl. (zitiert als Hess/Weis/Bearbeiter)
Hesse, Konrad	Grundzüge des Verfassungsrecht 20 Aufl., 1999, C.F. Müller Verlag (zitiert als Hesse Grundzüge)
Himmelsbach, Rainer Thonfeld, Henning	Gegen die Verschärfung des Begriffs der Zahlungsunfähigkeit nach § 17 Abs. 2 InsO NZI 2001, 11f (zitiert als Himmelsbach/Thonefeld NZI 2001)
Hölzle, Gerrit	Zahlungsunfähigkeit – Nachweis und Kenntnis im Anfechtungsprozess ZIP 2006, S. 104 ff (zitiert als Hoelzle ZIP 2006)
Hölzle, Gerrit	Nochmals – Zahlungsunfähigkeit – Nachweis und Kenntnis im Anfechtungsprozess ZIP 2007, S. 617 ff (zitiert als Hoelzle ZIP 2007)
IDW (Hrsg.)	Anforderungen an die Erstellung von Sanierungskonzepten IDW ES 6 Stand 2011 IDW Homepage (zitiert als IDW ES 6)
IDW (Hrsg.)	IDW PS 800 Fachnachrichten IDW Nr. 4 2009 (zitiert als IDW PS 800)
IDW (Hrsg.)	Grundsätze für die Arbeitsweise des Hauptfachausschuss Über IDW Homepage (zitiert als IDW HFA)

IDW (Hrsg.)	Satzung des IDW Über IDW Homepage (zitiert als IDW Satzung)
Jaeger, Ernst Henckel, Wolfram	Konkursordnung, 9. Aufl., 1997 De Gruyter Verlag, Berlin, New York (zitiert als Jaeger/Henckel)
Jaeger, Ernst (Hrsg) Henckel, Wolfram (Hrsg.) Gerhardt, Walter (Hrsg)	Insolvenzordnung Großkommentar 1. Aufl., 2004 de Gruyter Verlag, Berlin (zitiert als Jaeger/Bearbeiter)
Jäger, Karl-Heinz	Die Zahlungsunfähigkeit nach geltendem und nach geplantem Insolvenzrecht DB 1986, S. 1441 ff. (zitiert als Jäger DB 1986)
Jauernig, Othmar	Materielles Recht und Prozessrecht JuS 1971, S. 329 (zitiert als Jauernig JuS 1971)
Kamm, Janine Köchling, Marcel	Zur Abgrenzung von Zahlungsstockung und Zahlungsunfähigkeit ZInsO 2006, S. 732 ff (zitiert als Kamm/Köchling ZInsO 2006)
Keidel, Theodor	FamFG Kommentar 17. Aufl. 2011 Beck Verlag, München (zitiert als Keidel FamFG)
Keller, Ulrich	Insolvenzrecht 1. Auflage, 2006 Vahlen Verlag, München (zitiert als Keller)

Kirstein, Hans-Joachim	Der früh beginnende und lang anhaltende Todeskampf juristischer Personen ZInsO 2008, S. 131 ff (zitiert als Kirstein ZInsO 2008)
Knolle, Eike Tetzlaff, Christian	Zahlungsunfähigkeit und Zahlungsstockung ZInsO 2005, S. 898–902 (Knolle/Tetzlaff ZInsO 2005)
Kübler, Bruno (Hrsg.) Prütting, Hanns (Hrsg.)	Kommentar zur Insolvenzordnung (Loseblatt), RWS Verlag Köln 1998- 200x (zitiert als Kübler/Prütting/Bearbeiter)
Kuhn, Georg Uhlenbruck, Wilhelm	Konkursordnung 10. Auflage, 1986, Vahlen Verlag, München (zitiert als Kuhn/Uhlenbruck KO)
Kummer, Joachim	Voraussetzungen von Zahlungsunfähigkeit und Zahlungseinstellung jurisPR-BGHZivilR 1/2007, Anm. 3 (zitiert als Kummer jurisPR-BGHZivilR 1/2007, Anm. 3)
Landfermann, Hans-Georg	Der Ablauf des künftigen Insolvenzverfahrens Betriebsberater (BB) 1995, S. 1649 ff (zitiert als Landfermann BB 1995)
Larenz, Karl Wolf, Manfred	Allgemeiner Teil BGB 9. Aufl., 2004, C.H. Beck München (zitiert als Larenz/Wolf BGB AT)
Lenckner, Theodor	Zeitschrift für die gesamte Strafwissenschaft Berlin, de Gruyter Verlag 1881- (zitiert als Lenckner ZStW 106 [1994])
Lepa, Brita	Insolvenzordnung und Verfassungsrecht, Schriften zum Wirtschaftsrecht Duncker & Humboldt, Berlin 2002 (zitiert als Lepa)

Möhlmann, Thomas — Der Nachweis eingetretener und drohender Zahlungsunfähigkeit im neuen Insolvenzverfahren – Anforderungen und Aufgaben für Steuerberater und Wirtschaftsprüfer
Die Wirtschaftsprüfung (WPg) 1998, 947 ff.
(zitiert als Möhlmann WPg 1998)

Moosmayer, Klaus — Einfluss der Insolvenzordnung 1999 auf das Insolvenzstrafrecht
1997, Centaurus Verlag
(zitiert als Moosmayer)

Müller-Erzbach, Rudolf — Die Relativität der Begriffe und ihre Begrenzung durch den Zweck des Gesetzes
Jherings Jahrbücher der Dogmatik des bürgerlichen Rechts
Band 61
JhJ 61 [1912] JhJ Jahr 61 S. 343

Münchner Kommentar — Bürgerliches Gesetzbuch
5. Aufl. 2009, München C.H.Beck Verlag
(zitiert als MüKo BGB/Bearbeiter)

Münchner Kommentar — Insolvenzordnung
1. Aufl. 2001, 2. Aufl. 2008, München C.H. Beck
(zitiert als MüKo InsO/Bearbeiter)

Münchner Kommentar — Zivilprozessordnung
4. Aufl. 2013, München C.H. Beck Verlag
(zitiert als MüKo ZPO/Bearbeiter)

Münzel — Zeitschrift für Zivilprozess (ZZP)
66 (1953), S. 334

Musielak, Hans-Joachim — ZPO Kommentar
7. Aufl., 2009 Franz Vahlen Verlag, München
(zitiert als Musielak ZPO)

Nassall, Wendt	Zur Fälligkeit einer Forderung i.S.d. § 17 Abs. 2 InsO jurisPR-BGHZivilR 39/2007 Anm. 3 (zitiert als Nassall jurisPR-BGHZivilR 39/2007 Anm. 3)
Neumaier, Markus	Wann wird eine Zahlungsstockung zur Zahlungsunfähigkeit NJW 2005, S. 3041 ff. (zitiert als Neumaier NJW 2005)
Nerlich, Jörg Römermann, Volker Mönning	Insolvenzordnung, Kommentar (Loseblatt) 22. Aufl., 2012, C.H. Beck München (zitiert als Nerlich/Römermann/Mönning)
Niesert, Burkhard	Die Zahlungsunfähigkeit gem. § 17 InsO Plädoyer für eine Neuorientierung ZInsO 2001, 735 ff (zitiert als Niesert ZInsO 2001)
Nöll, Mario	Das insolvenzrechtliche Stichtagsprinzip und die beschwerdegerichtliche Prüfung der materiellen Eröffnungsvoraussetzungen ZInsO 2007, S. 255 (zitiert als Nöll ZInsO 2007)
Obermüller, Manfred	Konkursanmeldung bei Zahlungsunfähigkeit und Überschuldung DB 1973, S. 267 ff (zitiert als Obermüller DB 1973)
Oetker, Friedrich	Konkursliche Grundbegriffe Stuttgart, 1891 Verlag von Ferdinand Enke Signatur Dt 19 Gk 25 [1] (zitiert als Oetker, Grundbegriffe)
Palandt	BGB Kommentar 69. Aufl., 2010 C.H. Beck Verlag, München (Palandt/Bearbeiter)

Pape, Gerhard	Zahlungsunfähigkeit in der Gerichtspraxis Zeitschrift für Wirtschafts- und Bankrecht (WM) WM 2008, S 1949 ff (zitiert als Pape WM 2008)
Pape, Gerhard Uhlenbruck, Wilhelm	Insolvenzrecht NJW Schriftenreihe, 2002 C.H. Beck Verlag, München (zitiert als Pape/Uhlenbruck NJW)
Pape, Gerhard Uhlenbruck, Wilhelm Voigt-Salus, Joachim	Insolvenzrecht 2. Aufl., 2010 C.H. Beck Verlag, München (zitiert als Pape/Uhlenbruck/Voigt-Salus)
Papke, Horst	Zum Begriff der Zahlungsunfähigkeit Der Betrieb (DB) 1969, S. 735 f. (zitiert als Papke, DB 1969)
Paulus, Christoph G. Zenker, Wolfgang	Grenzen der Privatautonomie Juristische Schulung München, Beck Verlag JuS 2001, 1, 8 f. (zitiert als Paulus/Zenker JuS 2001)
Perridon, Louis Steiner, Manfred	Finanzwirtschaft der Unternehmung 14. Aufl., 2007, Vahlen Verlag, München (zitiert als Perridon/Steiner)
Rattunde, Rolf	Voraussetzungen der Kenntnis der Zahlungsunfähigkeit jurisPR-InsR 11/2007 Anm. 3 (zitiert als Rattunde jurisPR-InsR 11/2007 Anm. 3)
Reck, Reinhard	Auswirkungen der Insolvenzordnung auf die Insolvenzverschleppung, Bankrottstraftaten, Betrug und Untreue ZinsO 1999, S. 195 ff. (zitiert als Reck, ZInsO 1999)

Reinelt, Ekkehart	Haftung des Anwalts für Fehler des Gerichts jurisPR-BGHZivilR 03/2009 Anm. 1 (zitiert als Reinelt jurisPR-BGHZivilR 03/2009 Anm. 1)
Röhm, Peter M.	Zur Abhängigkeit des Insolvenzstrafrechts von der Insolvenzordnung Centaurus Verlag, 2002 (zitiert als Röhm)
Rowedder, Heinz Schmidt-Leithoff, Christian	GmbHG Kommentar 4. Aufl., Vahlen Verlag 2002, München (zitiert als Rowedder/Schmidt-Leithoff)
Reischl, Klaus	Insolvenzrecht 2008 C.F. Müller Verlag, Hüthig Jehle Rehm (zitiert als Reischl InsO)
Schönke, Adolf Baur, Fritz	Zwangsvollstreckungs-, Konkurs- und Vergleichsrecht 9. Aufl., 1974 Müller Juristischer Verlag, Heidelberg, Karlsruhe (zitiert als Schönke/Baur)
Scholz, Franz (Hrsg)	GmbHG Kommentar 10. Aufl., 2010, Dr. Otto Schmidt Verlag (zitiert als Scholz GmbHG/Bearbeiter)
Schulz, Dietmar	Zahlungsunfähigkeit und ernsthaftes Einfordern ZIP 2009, S. 2281 ff (zitiert als Schulz ZIP 2009)
Schmidt, Andreas (Hrsg.)	Hamburger Kommentar zum Insolvenzrecht 4. Aufl. 2012, Carl Heymanns Verlag (zitiert als HamK InsO/Bearbeiter)
Schmidt, Karsten Uhlenbruck	Die GmbH in der Krise, Sanierung, Insolvenz 4. Aufl. 2009, Otto Schmidt Verlag, Köln, (zitiert als Schmidt/Uhlenbruck/Bearbeiter)

Slobodenjuk, Dimitri	Vertragliche Anwaltspflichten- überspanntes Haftungsrisiko NJW 2006, 113–117 (zitiert als Slobodenjuk NJW 2006)
Smid, Stefan	Rechtsschutz gegen den Insolvenzrichter Art. 19 im Spiegel der jüngsten Judikatur des BVerfG und des IX. Zivilsenats des BGH DZWIR 2004, S. 359–367 (zitiert als Smid DZWIR 2004)
Smid, Stefan	Grundzüge Insolvenzrecht 4. Aufl., C.H. Beck München (zitiert als Smid Grundzüge InsO)
Smid, Stefan	Praxishandbuch Insolvenzrecht 5. Aufl., 2007, de Gruyter Verlag (zitiert als Smid PraxisInsO)
Smid, Stefan	Maßgeblicher Zeitpunkt für das Vorliegen eines Eröffnungsgrundes jurisPR-InsR 18/2007 Anm. 2 (zitiert als Smid jurisPR-InsR 18/2007 Anm. 2)
Smid, Stefan	Struktur und systematischer Gehalt des deutschen Insolvenzrechts in der Judikatur des IX. Zivilsenats des Bundesgerichtshofs DZWIR 2006, 1–23 (zitiert als Smid DZWIR 2006)
Stahlschmidt, Michael	Die Zahlungsunfähigkeit ZInsO 2005, S. 1086 ff (zitiert als Stahlschmidt ZInsO 2005)
Staufenbiel, Peter Hoffmann, Volker	Die Ermittlung der Zahlungsunfähigkeit Teil 1 ZInsO 2008, S. 785–790 (zitiert als Staufenbiel/Hoffmann ZInsO 2008)
Staufenbiel, Peter Hoffmann, Volker	Die Ermittlung der Zahlungsunfähigkeit Teil 2 ZInsO 2008, S. 838–843 (zitiert als Staufenbiel/Hoffmann ZInsO 2008)

Staufenbiel, Peter Hoffmann, Volker	Die Ermittlung der Zahlungsunfähigkeit Teil 3 ZInsO 2008, S. 891 – 896 (zitiert als Staufenbiel/Hoffmann ZInsO 2008)
Stern, Klaus	Das Staatsrecht der Bundesrepublik Deutschland 1. Aufl., 2006 C.H.Beck Verlag München (zitiert als Stern Staatsrecht)
Temme, Ulrich	Die Eröffnungsgründe der Insolvenzordnung 1997 Lit Verlag, (zitiert als Temme Eröffnungsgründe)
Tetzlaff, Christian	Überschreitung der Drei-Wochen-Frist zur Beseitigung der Zahlungsunfähigkeit jurisPR-InsR 23/2007 Anm. 3 (zitiert als Tetzlaff jurisPR-InsR 23/2007 Anm. 3)
Thonfeld, Henning	Anmerkung zur Frage der Abgrenzung der Zahlungsstockung von Zahlungsunfähigkeit NZI 2005, S. 550 ff. (zitiert als Thonfeld NZI 2005)
Uhlenbruck, Wilhelm	Die GmbH & Co. KG in Krise, Konkurs und Vergleich 2. Aufl., 1982 Köln, Schmidt Verlag (zitiert als Uhlenbruck GmbH)
Uhlenbruck, Wilhelm	Insolvenzordnung, Kommentar 13. Aufl., 2010 Franz Vahlen Verlag, München (zitiert als Uhlenbruck InsO/Bearbeiter)
Veit, Klaus-Rüdiger	Die Definition der Zahlungsunfähigkeit als Konkursgrund ZIP 1982, 273 ff (zitiert als Veit, ZIP 1982)

Vormbaum, Herbert Baumanns, Franz Joseph	Die rechtzeitige Auflösung von Insolvenzverfahren Der Betrieb (DB) 1984, S. 1971 ff. (zitiert als Vormbaum/Baumanns DB 1984)
Wacke, Andreas	Ursprung der freiwilligen Gerichtsbarkeit DNotZ 1988, S. 732 ff (zitiert als Wacke DNotZ 1988)
Wimmer, Klaus (Hrsg.)	Frankfurter Kommentar Insolvenzordnung 4. Aufl., 2005, Luchterhand Verlag (zitiert als FK-InsO/Bearbeiter)
Wimmer, Klaus (Hrsg.) Dauernheim, Jörg (Hrsg.) Wagner, Martin (Hrsg.) Weidekind, Sabine-Sofie (Hrsg.)	Handbuch des Fachanwalts Insolvenzrecht 1. Aufl., 2002, Luchterhand Verlag (zitiert als Wimmer/Dauernheim/Bearbeiter)
Witte, Eberhard	Betriebswirtschaftliche Liquidität In: Handwörterbuch der Finanzwirtschaft H.E. (Hrsg.), Stuttgart, 1976 S. 1283–1287 (zitiert als Witte)
Wöhe, Günter	Einführung in die Allgemeine Betriebswirtschaftslehre, 22. Aufl. 2005, Vahlen Verlag, München (zitiert als Wöhe)
Wolf, Thomas Kurz, Peter	Die Feststellung der Zahlungsunfähigkeit: Was sind 100 % bei Berücksichtigung eines Schwellenwerts? DStR 2006, S. 1340 ff. (zitiert als Wolf/Kurz DStR 2006)
Zeuner, Marc	Die Anfechtung in der Insolvenz 2. Aufl. 2007, C.H. Beck Verlag München (zitiert als Zeuner Anfechtung)

Zeuner, Marc	Feststellung der Zahlungsunfähigkeit bei Insolvenzanfechtung jurisPR-InsR 2/2007 Anm. 2 (zitiert als Zeuner jurisPR-InsR 2/2007 Anm. 2)
Zöller	Zivilprozessordnung 28 Aufl. DVS Verlag Dr. Otto Schmidt, Köln 2010 (zitiert als Zöller/Bearbeiter)

Abkürzungsverzeichnis

a.a.O.	am angegebenen Ort
AcP	Archiv für civilistische Praxis (Band (Jahr), Seite)
AG	Amtsgericht
AktG	Aktiengesetz
Amtl. Begr. EGInsO	Begründung zum Regierungsentwurf des Einführungsgesetzes zur Insolvenzordnung, Drucksache. 12/2803 des Deutschen Bundestages vom 24.11.1992
Amtl. Begr. InsO	Begründung zum Regierungsentwurf der Insolvenzordnung, Drucksache. 12/2443 des Deutschen Bundestages vom 15.04.1992
AnfG	Anfechtungsgesetz
Anm.	Anmerkung
BAG	Bundesarbeitsgericht
BB	Betriebsberater (Jahr, Seite)
Bd.	Band
BFH	Bundesfinanzhof
BGB	Bürgerliches Gesetzbuch
BGBl	Bundesgesetzblatt
BGH	Bundesgerichtshof
BGHZ	Entscheidungen des BGH in Zivilsachen (Band, Seite)
BMJ	Bundesministerium der Justiz
BVerfGE	Entscheidungen des Bundesverfassungsgerichts
D.	Digesten
d.V.	der Verfasser
DB	Der Betrieb (Jahr, Seite)
Diss. Jur.	Dissertation Jura
DNotZ	Deutsche Notarzeitung
DR	Deutsches Recht (Jahr, Seite)
DStR	Deutsches Steuerrecht (Jahr, Seite)
f.	für
FamFG	Gesetz über das Verfahren in Familiensachen und in den Angelegenheiten der freiwilligen Gerichtsbarkeit

Fn.	Fußnote
FS	Festschrift
GesO	Gesamtvollstreckungsordnung
GG	Grundgesetz
GmbHG	Gesetz betreffend die Gesellschaft mit beschränkter Haftung i.d.F. d.Bek.
h.L.	Herrschende Lehre
HGB	Handelsgesetzbuch
Hrsg.	Herausgeber
i.d.F.	in der Fassung
i.d.R.	in der Regel
i.E.	im Ergebnis
InsO	Insolvenzordnung
JA	Juristische Arbeitsblätter (Jahr, Seite)
JuS	Juristische Schulung (Jahr, Seite)
JW	Juristische Wochenschrift (Jahr, Seite)
JZ	Juristenzeitung (Jahr, Seite)
KO	Konkursordnung
KTS	Zeitschrift für Insolvenzrecht – Konkurs, Treuhand, Sanierung (Jahr, Seite)
LG	Landgericht
m.E.	meines Erachtens
m.N.	mit Nachweisen
m.w.N.	mit weiteren Nennungen
Motive KO	Motive zu dem Entwurf einer Konkursordnung und dem Entwurf des Einführungsgesetzes
NJW	Neue Juristische Wochenschrift (Jahr, Seite)
NZI	Neue Zeitschrift für Insolvenzrecht (Jahr, Seite)
o.g.	oben genannt
OLG	Oberlandesgericht
RegE	Regierungsentwurf
Rpfleger	Der Deutsche Rechtspfleger (Jahr, Seite)
RG	Reichsgericht
RGZ	Entscheidungen des RG in Zivilsachen (Bd., Seite)
Rn.	Randnummer
Rz.	Randziffer
S.	Seite
s.o.	siehe oben

s.u.	siehe unten
WM	Wertpapier-Mitteilungen (Jahr, Seite)
ZHR	Zeitschrift für das gesamte Handelsrecht (Band (Jahr), Seite)
ZInsO	Zeitschrift für das gesamte Insolvenzrecht (Jahr, Seite)
ZIP	Zeitschrift für Wirtschaftsrecht (Jahr, Seite)
ZPO	Zivilprozessordnung
ZZP	Zeitschrift für deutschen Zivilprozeß (Band (Jahr), Seite)

Einleitung

I. Die Bedeutung des Begriffs der Zahlungsunfähigkeit

Die Bedeutung der Zahlungsunfähigkeit lässt sich anhand zweier Sachverhalte sehr gut verdeutlichen.

In dem ersten Sachverhalt wurde die Eröffnung des Insolvenzverfahrens durch einen Gläubiger aufgrund offener Forderungen aus Steuern und steuerlichen Nebenleistungen beantragt. Die vorläufige Insolvenzverwalterin ermittelte eine Unterdeckung, woraufhin es zu der Eröffnung des Insolvenzverfahrens durch das Insolvenzgericht kam. Der Schuldner legte hiergegen sofortige Beschwerde ein. Diese wurde jedoch hauptsächlich mit der Argumentation zurückgewiesen, dass aufgrund der Wirkung des § 41 Abs. 1 InsO nun eine erhebliche Darlehensforderung fällig geworden war, die es nun im Zeitpunkt der letzten Tatsachenentscheidung zu berücksichtigen galt. Im Eröffnungsverfahren war diese Forderung mangels Fälligkeit noch nicht zu berücksichtigen gewesen. War es zum Zeitpunkt der Eröffnungsentscheidung noch zweifelhaft, ob ein Eröffnungsgrund vorlag, so war es dies aufgrund dieser nun erheblichen und fälligen Forderung nach dem Eröffnungsbeschluss nicht mehr. Dem Schuldner drohte die Vernichtung seiner wirtschaftlichen Existenz aufgrund der bis dahin vertretenen herrschenden Meinung hinsichtlich des relevanten Zeitpunkts für das Vorliegen der Zahlungsunfähigkeit. Der BGH änderte seine bis dahin geltende Rechtsprechung und trat damit der herrschenden Meinung entgegen. Mit dieser Entscheidung kam es zu einer deutlichen Erhöhung des Schuldnerschutzes im Eröffnungsverfahren. Die nachträgliche Heilung eines an sich rechtswidrigen Eröffnungsbeschlusses wurde damit ein Riegel vorgeschoben.

In dem anderen Sachverhalt ging es um die Haftung des Geschäftsführers nach § 64 GmbHG. Diese Vorschrift regelt die Haftung im Falle von Zahlungen nach Zahlungsunfähigkeit oder Überschuldung. Auch diese Vorschrift hat als Tatbestandsvoraussetzung die Zahlungsunfähigkeit des Schuldners. Die später insolvente GmbH sollte einen großen Auftrag für ein Drittunternehmen in einer Größenordnung von 1.980.000,00 DM erfüllen. Später kam es zum Streit zwischen den Parteien, woraufhin ein gerichtlicher Vergleich geschlossen wurde, der äußerst nachteilig für die später insolvente GmbH war. Zum Zeitpunkt des Vergleichs lag eine erhebliche Unterdeckung vor. Verbindlichkeiten in Höhe von 2.659.151,25

DM standen lediglich Aktiva in Höhe von 1.122.323,04 DM gegenüber. Das Berufungsgericht ermittelte schließlich eine Unterdeckung in Höhe von 9,2 %. Dennoch wurden später weiterhin Zahlungen an Gläubiger durch den Geschäftsführer in beträchtlicher Höhe geleistet. Die Parteien stritten über das Vorliegen der Voraussetzungen der Zahlungsunfähigkeit. Bis zu dieser BGH Entscheidung waren die objektiven Kriterien der Zahlungsunfähigkeit in der InsO nicht genau definiert. Es stellte sich die Frage, inwiefern noch Grundsätze zur Ermittlung der Zahlungsunfähigkeit aus der Konkursordnung zu übernehmen wären. Ferner gab es in der Literatur und Rechtsprechung erhebliche Unterschiede hinsichtlich einer noch zu tolerierenden Unterdeckungsquote, ob diese flexibel oder starr ausgestaltet werden müsse und natürlich die entsprechenden Zeiträume, innerhalb derer eine Unterdeckung noch hingenommen werden könne. Der BGH hat mit dieser Entscheidung diese Unklarheiten im Wesentlichen beseitigt.

Der unbestimmte Rechtsbegriff der Zahlungsunfähigkeit lässt Spielraum für Interpretationsmöglichkeiten. Wichtig dabei ist allerdings, dass man gewisse Grundprinzipien nicht außer Acht lassen darf. Zentraler Gedanke ist hier die verfassungskonforme Auslegung und die Grundrechte des Schuldners und deren Auswirkungen auf das gesamte Verständnis der Zahlungsunfähigkeit. Dies soll diese Studie aufzeigen.

II. Anliegen dieser Studie

Diese Studie gliedert sich in zwei Teile auf, die sich jeweils an zwei Entscheidungen des BGH orientieren. Sie beschäftigt zunächst sich mit der verfassungsrechtlichen Einordnung der Zahlungsunfähigkeit innerhalb der Insolvenzordnung[1].

Im Anschluss daran soll die Konkretisierung durch die Rechtsprechung diskutiert werden. Hierbei soll vor allem ein kritischer Blick auf die vom BGH entwickelten objektiven Kriterien zur Zahlungsunfähigkeit geworfen werden und ob diese Kriterien in der Lage sind, die eigentlichen Ziele der Insolvenzordnung zu erfüllen und einen Ausgleich der gegenläufigen Interessen herbeizuführen. Daran anschließend wird auf den Prüfungsstandard PS 800 des IDW eingegangen und wie dieser versucht, die von der Rechtsprechung entwickelten Kriterien zu übernehmen und praktisch umzusetzen. Hierbei soll vor allem der Sinn und Zweck dieses Prüfungsstandards beleuchtet werden, wo dieser zum Einsatz kommt, was dieser in der Lage ist zu leisten, wer der Adressat ist und welche Konsequenzen dieser Prüfungsstandard hat.

1 Im Verlauf abgekürzt mit InsO.

Teil 1

A. Bedeutung und verfassungsrechtlicher Hintergrund der Eröffnungsgründe

I. Der entscheidungsrelevante Zeitpunkt für das Vorliegen der Zahlungsunfähigkeit (BGH IX ZB 204/04)

Der BGH hatte am 27.7.2006 folgenden Sachverhalt zu entscheiden:

1. Sachverhalt

Mit Schreiben vom 17. 11. 2003 beantragte der (weitere) Beteiligte zu 1 nach erfolglosen Vollstreckungsversuchen wegen offener Forderungen aus Steuern und steuerlichen Nebenleistungen in Höhe von 12.833,12 Euro die Eröffnung des Insolvenzverfahrens über das Vermögen des Schuldners. Die (weitere) Beteiligte zu 2 wurde zunächst mit der Erstattung eines Gutachtens zur Frage der Zahlungsunfähigkeit beauftragt. Am 13. 2. 2004 wurde sie zur vorläufigen Insolvenzverwalterin bestellt. Dem Schuldner wurde ein allgemeines Verfügungsverbot auferlegt; die Verwaltungs- und Verfügungsbefugnis über sein Vermögen ging auf die Bet. zu 1 über. Am 3. 5. 2004 legte diese ein Gutachten vor, das den Schuldner mit folgender Begründung für zahlungsunfähig erklärte: Die freie Masse betrage 26464,20 Euro. Sie bestehe aus einem Konto des Schuldners von 212,17 Euro, dem Verwalterkonto von 24617,44 Euro, einem Bausparvertrag von 311,39 Euro, Anfechtungsansprüchen von 1309,20 Euro sowie Erinnerungswerten für das möglicherweise wertausschöpfend belastete Wohn- und Betriebsgrundstück, für die Geschäfts- und Betriebsausstattung, für zwei Fahrzeuge, deren Papiere der Schuldner nicht vorgelegt habe, für möglicherweise an Dritte abgetretene Lebensversicherungen sowie für verschiedene nicht nachprüfbare Forderungen aus einer Debitorenliste des Schuldners. Verbindlichkeiten bestünden in Höhe von 28303,14 Euro. Eine Kreditorenliste des Schuldners vom 2. 12. 2003 ende mit einem Betrag von 24959,76 Euro. Zwischenzeitliche Zahlungen des Schuldners seien anfechtbar und daher nicht zu berücksichtigen. Hinzu kämen Rücklastschriften aus dem Zeitraum 24. 2. bis 4. 3. 2004 in Höhe von 3337,98 Euro. Berücksichtige man zusätzlich noch die Kosten des Insolvenzgerichts für das Antragsverfahren sowie für die vorläufige Verwaltung in Höhe von 5997,32 Euro, betrage die Deckungsquote im Verhältnis zur Geldliquidität 65,78%, im Verhältnis zur errechneten freien Masse 72,3%. Am 4. 5. 2004 ist das Insolvenzverfahren über das Vermögen des Schuldners eröffnet und die (weitere) Bet. zu 2 zur Verwalterin bestellt worden.

2. *Die Argumentation des BGH*

Diese Entscheidung beschäftigt sich mit dem wesentlichen Zeitpunkt für das Vorliegen der Eröffnungsgründe. Diesen legt der BGH auf den Zeitpunkt des Eröffnungsbeschlusses[2].

Die Begründung des BGH für den Zeitpunkt des Eröffnungsbeschlusses kann man in drei Teile gliedern. Diese Argumentation soll im Folgenden dargestellt und anschließend die Konsequenzen diskutiert werden, die sich aus dieser Rechtsauffassung für die Eröffnungsgründe und ihr Verständnis und ihre Auslegung ergeben.

a) Wortlaut und systematische Auslegung der InsO

Der BGH beginnt seine Beschwerdebegründung mit der bisherigen herrschenden Meinung in Literatur und Rechtsprechung, die auf den Zeitpunkt der letzten Tatsachenentscheidung für das Vorliegen der materiellen Eröffnungsvoraussetzungen abstellt.

Das Abstellen auf den Zeitpunkt der letzten Tatsachenentscheidung ergäbe sich laut dieser Stimmen aus verfahrensrechtlichen Grundsätzen, wonach die Beschwerde gemäß § 4 InsO i.V.m. § 571 II ZPO auf neue Angriffs- und Verteidigungsmittel gestützt werden könne[3]. Dies würde als Konsequenz bedeuten, dass neue Umstände, die sich in irgendeiner Weise auf die Liquidität des Schuldners auswirken würden, zu dem späteren Zeitpunkt der letzten Tatsachenentscheidung immer vom Beschwerdegericht berücksichtigt werden müssten. Allerdings weist der BGH in seiner Begründung darauf hin, dass die vorliegende Fallkonstellation bisher nicht innerhalb dieser Meinung diskutiert worden wäre, nämlich das Entstehen der Eröffnungsvoraussetzungen nach dem Eröffnungsbeschluss[4].

Gegen den Zeitpunkt der letzten Tatsachenentscheidung spräche laut BGH zunächst einmal der Wortlaut von § 16 InsO und § 27 II Nr. 3 InsO. Beide Normen würden schon allein vom Wortlaut her ein Abstellen auf den späteren Zeitpunkt her nicht zulassen[5].

Des Weiteren werden als Argument der Wortlaut und die Systematik des § 212 InsO angeführt[6]. Eine Aufhebung des Eröffnungsbeschlusses aufgrund

---

2 BGH IX ZB 204/04.

3 OLG Celle KTS 1957, S. 31, 32; OLG Celle KTS 1972, S 264; LG Braunschweig NJW 1961, 2316; Uhlenbruck InsO/Uhlenbruck (13. Aufl.) § 16, Rn. 16.

4 BGH IX ZB 204/04 Rn. 9.

5 BGH IX ZB 204/04 Rn. 11.

6 BGH IX ZB 204/04 Rn. 19.

des Wegfalls der Eröffnungsvoraussetzungen wäre nach der Eröffnung des Insolvenzverfahrens eben nur über diese Vorschrift möglich[7]. Würde man der bisherigen Meinung folgen, dann könnte der Eröffnungsbeschluss und somit auch das Insolvenzverfahren durch die sofortige Beschwerde vom Beschwerdegericht aufgehoben werden[8].

b) Teleologische verfassungsrechtliche Argumentation

In einem nächsten Schritt geht der BGH darauf ein, inwiefern sich die beiden unterschiedlichen Zeitpunkte auf die Situation des Schuldners auswirken.

Durch die Eröffnung des Insolvenzverfahrens käme es für den Schuldner in der Regel zu einer erheblichen Verschlechterung seiner wirtschaftlichen und rechtlichen Lage, die, sofern noch keine Zahlungsunfähigkeit vorläge, dann mit an Sicherheit grenzender Wahrscheinlichkeit alsbald einträte[9]. Besonders die Anwendung der ab Eröffnung geltenden insolvenzrechtlichen Vorschriften ändere die rechtliche Lage des Schuldners erheblich, so dass sich daraus als Folge die wirtschaftliche Lage bedeutend verschlechtere[10]. Als Beispielsnorm wird hier vom BGH § 41 InsO angesprochen[11]. Allein durch die Anwendung dieser Vorschrift käme es in dem vorher erstellten Finanzstatus zu signifikanten Abweichungen[12]. Zwar gäbe es Stimmen in der Literatur, die besagen, dass bei einer späteren Beurteilung keine aus der ursprünglichen Eröffnungsentscheidung abgeleiteten Rechtswirkungen berücksichtigt werden dürften[13]. Dieser Meinung begegnet der BGH aber damit, dass dies mit kaum überwindbaren Abgrenzungsschwierigkeiten verbunden wäre[14].

Im vorliegenden Fall ergab sich zu Beginn des Eröffnungsbeschlusses aus dem Finanzstatus noch der unrichtig vom Landgericht festgestellte Wert von 11,2%[15]. Liquide Mittel in Höhe von 25.141 € standen fälligen Verbindlichkeiten von 28.303,14 € gegenüber. Allein durch die Anwendung von § 41 InsO durch das Beschwerdegericht käme es laut BGH zu einer Erhöhung dieses Werts auf über 30%, da durch die sofortige Fälligkeit aller Forderungen sich die Zahl der fälligen

7 BGH IX ZB 204/04 Rn. 19.
8 BGH IX ZB 204/04 Rn. 19, Gruber DZWIR 2007, S. 151–157, II.
9 BGH IX ZB 204/04 Rn. 12.
10 BGH IX ZB 204/04 Rn. 12.
11 BGH IX ZB 204/04 Rn. 13.
12 BGH IX ZB 204/04 Rn. 13.
13 Gruber DZWIR 2007, 151–157, (über juris S. 7).
14 BGH IX ZB 204/04 Rn. 26.
15 BGH IX ZB 204/04 Rn. 17.

Verbindlichkeiten auf 81.510,66 € erhöhen würden, während sich die liquiden Mittel nur auf 56.249,71 € beliefen[16]. Durch die nachträgliche Beurteilung zum Zeitpunkt der letzten Tatsachenentscheidung würde somit dem Schuldner jegliche Möglichkeit genommen, die Zahlungsunfähigkeit noch zu beseitigen bzw. die Unterdeckung so zu minimieren, dass nur noch eine insolvenzrechtlich irrelevante Zahlungsstockung vorläge[17].

c) Der Rechtsschutzgedanke Art 19 IV GG

Ebenfalls als Unterstützung für die Ansicht über den Zeitpunkt des Eröffnungsbeschlusses führt der BGH den Gedanken des Rechtsschutzes des Schuldners an. Gemäß Art 19 IV GG habe der Schuldner sowohl das formelle Recht auf Rechtsschutz gegen Maßnahmen der öffentlichen Gewalt als auch ein Recht auf tatsächliche Kontrolle[18]. Daraus resultiere auch das Verfassungsgebot zu verhindern, dass durch eine hoheitliche Maßnahme eine Sachlage entstünde, die irreversibel für den Rechtsschutzsuchenden seien[19].

Das Rechtsmittel der sofortigen Beschwerde wäre laut BGH nahezu entwertet, da aufgrund der extremen Verschlechterung der wirtschaftlichen Situation, die mit der Eröffnung des Insolvenzverfahrens verbunden sei, spätestens zum Zeitpunkt der letzten Tatsachenentscheidung eine Zahlungsunfähigkeit gegeben wäre[20]. Das Rechtsmittel der sofortigen Beschwerde würde somit leerlaufen.

3. Verfassungsrechtliche Einordnung der Eröffnungsgründe

Der BGH greift bei seiner Argumentation also auf verfassungsrechtliche Erwägungen zurück, wie die obige Darstellung zeigt. Diese Erwägungen unterstreichen die Bedeutung der grundrechtlichen Positionen des Schuldners im Eröffnungsverfahren und legen hier auch den Schwerpunkt in der Begründung. Dies wohl auch deshalb, weil die Eröffnung eines Insolvenzverfahrens den zivilrechtlich schärfsten Eingriff bei einer Person darstellt[21].

Um nun diese zuvor dargestellte teleologische bzw. verfassungsrechtliche Argumentation des BGH und deren Bedeutung im vorliegenden Fall verstehen zu können, bedarf es also einer genauen Bestimmung der Eröffnungsgründe. Dies

---

16 BGH IX ZB 204/04 Rn. 6.
17 BGH IX ZB 204/04 Rn. 16.
18 BGH IX ZB 204/04 Rn. 23.
19 BVerfGE 37 S. 151, 153; BGH IX ZB 204/04 Rn. 23.
20 BGH IX ZB 204/04 Rn. 24.
21 Smid PRaxisInsO § 8 Rn. 3 ff; Smid PraxisInsO § 14 Rn. 2 ff; Oetker, Grundbegriffe 1891, passim.; Pape/Uhlenbruck NJW Rn. 296.

soll des Weiteren zu einem besseren Grundverständnis der Eröffnungsgründe beitragen. Um aber eine verfassungsrechtliche Diskussion vornehmen zu können, müssen einige wichtige Fragen im Voraus geklärt werden, nämlich die der Rechtsnatur der Eröffnungsgründe.

a) Die Rechtsnatur des Insolvenzrechts

Für eine verfassungsrechtliche Einordnung der Eröffnungsgründe, wie der BGH es eindeutig aufgrund seiner Argumentation getan hat, muss also zunächst auf die Rechtsnatur der Insolvenzordnung eingegangen werden, da Verfassungsrecht und die sich daraus ergebenden Konsequenzen nicht ohne weiteres bei jeder Norm berücksichtigt werden können. Es kommt auf die Zuordnung zum privaten oder öffentlichen Recht an[22].

Als Insolvenz bezeichnet man den Zustand, in dem die Mittel des Schuldners nicht mehr ausreichen, um seine Gläubiger vollständig zu befriedigen[23].

Als Insolvenzrecht wird die Gesamtheit aller Rechtsregeln bezeichnet, die in amtlichen, staatlich geordneten Verfahren für die Abwicklung der Vermögens- und Haftungsverhältnisse beim wirtschaftlichen Zusammenbruch eines Schuldners Anwendung finden[24].

Die Insolvenzordnung beinhaltet sowohl materiellrechtliche als auch verfahrensrechtliche Vorschriften[25]. Diese Verknüpfung von sowohl verfahrensrechtlichen als auch materiellrechtlichen Vorschriften führt zu gelegentlichen Abgrenzungsschwierigkeiten und zwar in der Weise, das Insolvenzrecht dem Privatrecht oder dem öffentlichen Recht zuzuordnen[26].

Seiner Rechtsnatur nach soll das Insolvenzrecht grundsätzlich dem Gebiet des Privatrechts zugeordnet werden, da es Regelungen für die in Selbstbestimmung und Selbstverantwortung getroffenen Entscheidungen gleichberechtigter Bürger trifft[27]. Es reguliert die zivilrechtliche Haftungsordnung des Schuldners zu seinen Gläubigern im Falle einer Krise[28]. Auf der anderen Seite darf aber nicht außer Acht gelassen werden, dass auch staatlichen Funktionen durch das

22 Lepa § 2 A II, S. 25; Für eine umfassende und ausführliche Betrachtung siehe: Brita Lepa Insolvenzordnung und Verfassungsrecht 2002.

23 Bork InsO Rn. 1.

24 Häsemeyer InsO, Rn. 1.01.

25 Henckel KTS 1989, 477, 487.

26 Lepa, § 2 II, S. 25 f.

27 Larenz/Wolf BGB AT § 1, Rn. 2ff; Gerhardt AcP Bd. 200, 427 ff; Balz ZIP 1988, 273, 275; Häsemeyer InsO, Rn. 1.05.

28 Smid PraxisInsO § 1 Rn. 1, Braun InsO/Kießner 5. Aufl. § 1 Rn. 3.

Insolvenzverfahren ausgeübt werden, was wiederum für eine Zuordnung in den öffentlich rechtlichen Bereich spräche[29].

Eine eindeutige Zuordnung und die daraus resultierende Art der verfassungsrechtlichen Beurteilung fällt somit schwer, da eine ganz wesentliche Eigenschaft des Insolvenzrechts die Verstrickung von materiellrechtlichen und verfahrensrechtlichen Vorschriften ist[30].

Dies lässt sich anhand einiger Beispiele besser verdeutlichen. Im Insolvenzverfahren ist es möglich, auf verschiedenste Art und Weise auf die Rechtsposition des Schuldners Einfluss zu nehmen, um das eigentliche Ziel aus § 1 InsO, nämlich eine gleichmäßige Gläubigerbefriedigung, herbeizuführen[31]. Dies geschieht durch den Einsatz verschiedener Vorschriften, wie §§ 80,103 InsO, oder die Entscheidung über die Verwertungsart des Vermögens des Schuldners[32]. Diese materiellrechtlichen Vorschriften werden durch das in der InsO beinhaltete Verfahrensrecht durchgesetzt[33].

Aufgrund dieser Verwobenheit muss demnach für jede Norm einzeln bestimmt werden, ob sie von materiellrechtlicher oder eher verfahrensrechtlicher Natur ist, da der Grad, nach dem die einzelnen Vorschriften am Verfassungsrecht zu messen sind, dementsprechend variiert. Man kann also nicht die InsO einfach über einen Kamm scheren und ohne weiteres die Rechtsnatur entweder dem öffentlichen oder dem privaten Recht zuordnen. Insofern ist es nötig, eine genaue Bestimmung der Rechtsnatur der Eröffnungsgründe vorzunehmen.

Warum dieses Erfordernis der Zuordnung von so großer Bedeutung ist, soll im Folgenden diskutiert werden.

b) Erfordernis der Zuordnung

Wie zuvor diskutiert, beinhaltet die InsO also sowohl materiellrechtliche als auch verfahrensrechtliche Vorschriften. Eine simple Zuordnung der Rechtsnatur der InsO und damit entweder zum öffentlich rechtlichen oder privatrechtlichen Bereich ist demnach nicht möglich. Es muss für jede Norm gesondert festgestellt werden, welche Rechtsnatur sie aufweist. Der BGH argumentiert in seiner

---

29 Merz/Henckel, S 197, 204 f.

30 Henckel KTS 1989, 477 f; Berges KTS 1960, 3; Für eine Diskussion dieser Problematik siehe: Häsemeyer InsO, Rn. 1.05, 3.01 ff; Berges KTS 1957, 49 ff; Münzel ZZP 66 (1953) 334, 337 ff; Bötticher ZZP 1986, 373 ff; Schönke/Baur 9. Aufl. § 52 II, III; Über die Struktur des Insolvenzverfahrens Smid PraxisInsO § 1 Rn. 76 ff.

31 Becker InsO Rn. 129.

32 Henckel KTS 1989, 477, 487.

33 Bötticher 1972 ZZP 85; Häsemeyer InsO, Rn. 3.02; Jauernig JuS 1971, 329 ff.

Entscheidung ganz wesentlich mit den grundrechtlich geschützten Positionen des Schuldners und dies im Zusammenhang mit den Eröffnungsgründen. Es stellt sich die Frage, ob eine solche verfassungsrechtliche Argumentation überhaupt zulässig ist.

Für den Umfang der verfassungsrechtlichen Beurteilung ist es wichtig, ob eine Vorschrift eher dem privatrechtlichen oder dem öffentlich rechtlichen Bereich zuzuordnen ist[34]. Während sich öffentlich rechtliche Normen immer an den Grundrechten messen lassen müssen, so ist dies bei privatrechtlichen Normen erheblich komplizierter. Grundrechte haben nämlich im Privatrecht grundsätzlich keine unmittelbare Wirkung[35]. Wären also die Eröffnungsgründe dem privatrechtlichen Bereich zuzuordnen, so wäre eine verfassungsrechtliche Argumentation, wie sie der BGH vorgenommen hat, äußerst zweifelhaft.

Eine umfassende Diskussion des Einflusses der Grundrechte in den privatrechtlichen Bereich kann aber dahinstehen, wenn die Eröffnungsgründe als öffentlich rechtlich qualifiziert werden können.

c) Qualifizierung der Eröffnungsgründe

Es stellt sich also die Frage, welche Rechtsnatur die Eröffnungsgründe aufweisen.

Die materiellrechtlichen Vorschriften des Insolvenzrechts wirken auf die privaten Rechtsverhältnisse des Schuldners ein und sind demnach dem Privatrecht zuzuordnen[36]. Dies ist aber bei den Eröffnungsgründen eben nicht der Fall. Vielmehr fassen sie die gesamte Situation des Schuldners zusammen, indem sie die finanzielle Lage des Schuldners bewerten. Es findet aber durch die Vorschriften der Eröffnungsgründe kein Einwirken auf die vorhandenen Rechtsverhältnisse statt.

Eine systematische Argumentation könnte hier eher Aufschluss liefern. Die Eröffnungsgründe stehen im 2. Teil der InsO, der sich zunächst mit der Eröffnung des Insolvenzverfahrens beschäftigt. Sie stehen weiterhin in der Nähe der verfahrensrechtlichen Vorschriften des Eröffnungsantrags. Das Insolvenzverfahrensrecht ist öffentlich rechtlich und wird auch als das Recht des Insolvenzverfahrens als Gesamtverfahren bezeichnet[37]. Unter dieses Gesamtverfahrensrecht fällt auch die Eröffnung mit ihren Voraussetzungen[38]. Dazu gehören auch die

---

34 Lepa § 2 A II, S. 25; Für eine umfassende und ausführliche Betrachtung siehe: Brita Lepa Insolvenzordnung und Verfassungsrecht 2002.

35 BVerfG NJW 1987, 827.

36 Kissel § 13, Rn.9 ff; zur Abgrenzung von Privatrecht und öffentlichem Recht siehe Larenz/Wolf BGB AT § 1 Rn. 18 ff.

37 Häsemeyer InsO, 3.06.

38 Häsemeyer InsO, 3.06.

Eröffnungsgründe, da diese eine Grundvoraussetzung für die Zulässigkeit der Verfahrenseröffnung darstellen.

Zwar gibt es auch verfahrensrechtliche Vorschriften innerhalb der InsO, die dem Privatrecht zugeordnet werden müssen, da nicht nur die Insolvenzgerichte sondern auch die Gläubiger das Insolvenzverfahren gestalten, dies ist aber bei den Eröffnungsgründen nicht der Fall[39]. Das Insolvenzverfahren wird gemäß § 13 I 1 InsO nur auf Antrag eingeleitet, da eine Verfahrenseröffnung von Amts wegen mit der Wirtschafts- und Privatrechtsordnung nicht vereinbar wäre[40]. Diese wäre auch wegen des hohen organisatorischen Aufwandes kaum realisierbar[41]. Das Eröffnungsverfahren steht demnach zur Disposition der Verfahrensbeteiligten, was sich insbesondere darin äußert, dass auch bei Vorliegen der materiellen Voraussetzungen eines Insolvenzverfahrens, also das Vorliegen eines Eröffnungsgrundes, des Schuldners dem Gericht die Befugnis entzogen werden könnte, das Insolvenzverfahren zu eröffnen[42]. Eine private Beteiligung an dieser Verfahrensvorschrift liegt demnach vor, so dass man unter Umständen eine privatrechtliche Zuordnung erwägen könnte. Die Prüfung der Voraussetzungen für das Vorliegen der Eröffnungsgründe ist aber Aufgabe des Insolvenzgerichts, dass sich an die objektiven Kriterien der Eröffnungsgründe zu halten hat. Diese entziehen sich dem Zugriff der übrigen Verfahrensbeteiligten. Mit der Zulassung des Antrags hat das Insolvenzgericht von Amts wegen das Vorliegen des Insolvenzgrundes zu ermitteln, da ab diesen Zeitpunkt aufgrund des Schutzbedürfnisses des Rechtsverkehrs vor insolventen Schuldnern ein öffentliches Erkenntnisinteresse besteht[43]. Auch dies spricht für den öffentlich-rechtlichen verfahrensrechtlichen Charakter dieser Normen.

Hieran ändert sich auch nichts, wenn ein Gutachten von einem Dritten über die Zahlungsunfähigkeit erstellt wird. Dies insbesondere auch deshalb, weil der Gutachter aufgrund der aus § 5 I InsO resultierenden Amtsermittlungspflicht bestellt wird. Im Ausgangsfall hatte der vorläufige Insolvenzverwalter ein Gutachten über die Zahlungsunfähigkeit erstellt[44]. Zwar wird überwiegend

39 Lepa § 2 A III 2, S. 27 ff. Als Beispiele werden genannt die §§ 156 InsO ff, bei denen die Gläubiger über die Ziele des Insolvenzverfahrens bestimmen, oder die §§ 243 InsO ff, durch die die Annahme des Insolvenzplans zwingend der Zustimmung der Gläubiger bedarf.

40 Gottwald/Uhlenbruck/Vuia § 4 Rn. 1.

41 Gottwald/Uhlenbruck/Vuia § 4 Rn. 1.

42 Smid jurisPR-InsR 18/2007 Anm. 2.

43 Nöll ZInsO 2007 S. 255.

44 BGH IX ZB 204/04.

angenommen, dass der Insolvenzverwalter privatrechtlich handelt, so dass man unter Umständen doch eine privatrechtliche Beteiligung Dritter bei diesen Verfahrensvorschriften annehmen könnte[45]. Dennoch hat sich dieser aber an die vom BGH entwickelten objektiven Kriterien zu halten, wenn er das Vorliegen einer Insolvenz nachweisen möchte, da es ansonsten zu einer Haftung kommen würde[46]. Insofern hat der Insolvenzverwalter nur eine unterstützende und keine eigenständige Funktion gegenüber dem Insolvenzgericht, vergleichbar mit der eines Sachverständigen im Zivilprozess.

Die Eröffnungsgründe sind also aufgrund der verschiedenen Auslegungsmethoden als verfahrensrechtliche Vorschriften innerhalb der InsO als öffentlich-rechtlich zu qualifizieren.

d) Der verfassungsrechtlich Maßstab der Eröffnungsgründe

Durch die zuvor erfolgte öffentlich rechtliche Qualifizierung der verfahrensrechtlichen Normen der Eröffnungsgründe ergibt sich, dass die Normen auf zwei Stufen an den Grundrechten gemessen werden müssen. Zum einen, ob die Normen verfassungsgemäß sind und zum anderen, ob die Anwendung dieser Normen innerhalb des verfassungsmäßigen Rahmens geschieht.

(1) Verfassungsmäßigkeit der Norm

Die Verfassungsmäßigkeit der Eröffnungsgründe soll hier außer Acht bleiben, da eine offensichtliche Verfassungswidrigkeit nicht zu erkennen ist. Selbst bei Bedenken über die Verfassungsmäßigkeit bliebe immer noch das unbestrittene Mittel der verfassungskonformen Auslegung[47].

(2) Verfassungsrechtliche Erwägungen für die Auslegung

Da es sich bei den Eröffnungsgründen um öffentlich rechtliche Verfahrensvorschriften handelt, sind diese ohne Einschränkungen direkt an den Grundrechten zu messen. Dies resultiert aus der Grundrechtsbindung der staatlichen Gewalt, die sich aus Art 1 III GG ergibt. Diese Grundrechtsbindung umfasst sowohl die Verfahrensgrundrechte, welche die Rechte auf ein Gerichtsverfahren und die Rechte im Gerichtsverfahren umfassen als auch die materiellen Grundrechte[48].

45 Holzer Rn. 512; Bork InsO Rn.68; zu den einzelnen Theorien siehe: Bork InsO Rn. 64 ff.

46 Smid jurisPR-InsR 18/2007 Anm. 2.

47 Siehe ständige Rspr: BVerfGE 86, 28, 45; BVerfGEm 86, 288, 320; BVerfGE 95, 64, 93; Hesse, Grundzüge Rn. 79 m. w. N.

48 Stern Staatsrecht III/1 S 1437 ff, 1472.

Als nächstes stellt sich die Frage, wie die Grundrechte von den Normanwendern berücksichtigt werden müssen. Die Grundrechtsbindung gewinnt vor allem immer dann an Bedeutung, wenn die Norm einen Spielraum bietet. Dies ist immer dann der Fall, wenn der Gesetzgeber Generalklauseln, unbestimmte Rechtsbegriffen oder Ermessensvorschriften verwendet. Die Eröffnungsgründe beinhalten diesen vom Gesetzgeber beabsichtigten Spielraum. Zwar bietet die InsO in § 17 eine Legaldefinition für diesen Eröffnungsgrund, dennoch ist dieser selbst auslegungsbedürftig[49].

Dies bedeutet als Konsequenz sowohl für die Wahl des Zeitpunktes für das Vorliegen der Eröffnungsgründe als auch für die Bestimmung der objektiven Kriterien, dass bei der Auslegung immer die Grundrechte berücksichtigt werden müssen. Die Eröffnungsgründe bedürfen also einer verfassungskonformen Auslegung.

(3) Der Interessenausgleich bei der verfassungskonformen Auslegung

Die Eröffnungsgründe bedürfen also aufgrund ihrer Auslegungsbedürftigkeit und der Grundrechtsbindung der staatlichen Gewalt einer verfassungskonformen Auslegung, was der BGH in seiner oben aufgeführten Entscheidung ja auch getan hat[50]. Diese Auslegung beschränkt sich jedoch nicht allein auf die Grundrechte des Schuldners. Es muss, wenn mehrere verschiedene gegenläufige Interessen vorhanden sind, immer ein Ausgleich vorgenommen werden. Welche Interessen und Grundrechte dabei berücksichtigt werden müssen, soll im Folgenden geklärt werden.

(a) Der Staat

Der Staat hat mit der Insolvenzrechtsreform von 1999 mehrere Ziele verfolgt, wie die Erleichterung der Verfahrenseröffnung, Verbesserung der Gleichbehandlung der Gläubiger, die Deregulierung und Gläubigerautonomie[51]. Hierbei muss zunächst einmal herausgefiltert werden, welche dieser Ziele sich auf die Eröffnungsgründe bzw. auf das Eröffnungsverfahren beziehen.

Eines der Hauptprobleme der KO war die hohe Anzahl von Ablehnungen von Verfahrenseröffnungen aufgrund von Masselosigkeit, da die Insolvenzverfahren in der Regel nicht rechtzeitig genug eröffnet wurden[52]. Dies führte dazu, dass

---

49 Smid Grundzüge InsO § 3, Rn. 31; Temme, Eröffnungsgründe S. 7 f., 10; Braun InsO/Bußhardt 5. Aufl. § 17 Rn. 3.

50 BGH IX ZB 204/04.

51 Smid PraxisInsO § 1, Rn. 38ff.

52 Braun InsO 3. Aufl Vor § 1 Rn. 18 ff; MüKo InsO/Ganter (1. Aufl.) § 1 Rn. 32 ff.

das Konkursrecht weitestgehend funktionsunfähig geworden war[53]. Zeitweise stieg die Zahl der abgelehnten Verfahren aufgrund Masselosigkeit auf über 75 % an. Mit der Insolvenzrechtsreform von 1999 sollte diesem Problem begegnet werden. Dies spiegelt sich beispielhaft in der Einführung des neuen Eröffnungsgrundes der drohenden Zahlungsunfähigkeit wieder[54]. Dieser neue Insolvenzgrund sollte nach der Auffassung der Kommission für Insolvenzrecht für die Möglichkeit schaffen, bei einer sich andeutenden Insolvenz vor ihrem Eintritt rechtzeitig verfahrensrechtliche Gegenmaßnahmen einzuleiten[55].

Um das Verfahrensziel der möglichst frühen Eröffnung zu fördern, hat der Gesetzgeber unter anderem auch einige Anreize für den Schuldner geschaffen[56]. Hierunter fällt beispielsweise auch die Restschuldbefreiung, die nur dem redlichen Schuldner vorbehalten ist[57].

Dieses oft zitierte Verfahrensziel des Staates der frühzeitigen Verfahrenseröffnung, was auch in der Literatur einhellig aufgegriffen wird, scheint aber inzwischen nicht mehr aktuell und sollte kritisch diskutiert werden. Betrachtet man die letzten 14 Jahre so fällt auf, dass der Staat immer öfter in das wirtschaftliche Geschehen eingegriffen hat, wie z.B. Holzmann 1999 oder diverse Staatsbeteiligungen an Banken wie der Commerzbank. Auch der Autobauer Opel hätte abgewickelt werden müssen. Die Voraussetzungen für eine Verfahrenseröffnung lagen vor. Dennoch kam es nicht dazu. Allerdings muss man sagen, dass der Staat auch durchaus wieder zurückhaltendere Tendenzen zeigt, auch wenn diese Entscheidungen oftmals als unpopulär erscheinen mögen, wie bei der insolventen Drogeriemarkt Kette Schlecker. In diesem Zusammenhang fällt vor allem das Stichwort der Systemrelevanz. Statt also einzig und allein die Begründung auf das Argument der frühzeitigen Verfahrenseröffnung zu reduzieren, könnte man in diesem Kontext stattdessen ein weiteres Argument hinzufügen und zwar das Ziel der Haftungsverwirklichung des Gemeinschuldners durch ein effektives Verfahren[58]. Bei einem Insolvenzverfahren handelt es sich um ein Gesamtvollstreckungsverfahren, in dessen Zuge die Gläubiger in ihrer Gesamtheit befriedigt werden sollen[59]. Dieses Ziel ist schließlich auch in § 1 InsO normiert.

---

53 BT-Drucks. 12/2443 Rn.5.

54 BT_Drucks 12/2443 S. 81, Rn. 73.

55 BMJ; Erster Bericht, Einleitung Ziff. 6.a).

56 BT-Drucks 12/2443 Rn. 73.

57 BT-Drucks 12/2443 Rn. 84.

58 Smid DZWIR 2004, 1–23, S. 12 über juris.

59 Frege/Keller/Riedel Rn. 23; Smid DZWIR 2004, 1–23, S. 12 über juris; Beck/Depré Beck § 1 Rn. 121, 122.

Insofern liegt es nahe, bei den Interessen des Staates auch auf dieses Argument zu verweisen. Dann muss allerdings noch zusätzlich ausgeführt werden, dass in einem solchen Fall nicht die staatlichen sondern die Gläubigerinteressen im Vordergrund stehen, da diese diejenigen sind, die von dem Verfahren profitieren sollen.

Ferner sollte man sich bei den Zielen des Staates vor Augen halten, was hinter dem § 1 InsO steht. Das Insolvenzrecht markiert eine Duldungsgrenze für den Staat und die Wirtschaft. Bis zu einem gewissen Punkt werden Unternehmen und natürliche Personen am Markt geduldet[60]. Laut Haarmeyer und Frind stellt das Insolvenzrecht sogar die wichtigsten Regelungen jeder marktwirtschaftlichen Ordnung dar[61]. Die Wirtschaft und deren Teilnehmer müssen geschützt werden, daher ist Liquidität die Grundvoraussetzung für die Teilnahme am Marktgeschehen[62]. Eine Fehldefinition des Duldungszeitpunkts kann zu einer Kettenreaktion führen, ein Dominoeffekt, und andere Unternehmen oder Unternehmer zusätzlich in die Insolvenz bringen[63]. Das gilt es zu verhindern.

Das vorrangige Interesse des Gesetzgebers im Eröffnungsverfahren, das somit auch bei der Auslegung der Eröffnungsgründe zu berücksichtigen ist, ist also eine möglichst frühe Verfahrenseröffnung, um dadurch unter anderem die Sanierungschancen für den Schuldner zu erhöhen, oder im Falle einer Liquidation bessere Verfahrensergebnisse zu erzielen[64]. Auch dient die frühzeitige Verfahrenseröffnung dem Schutz der Wirtschaft, da zahlungsunfähige Unternehmen einen weiteren erheblichen Schaden anrichten können, wenn diese nicht rechtzeitig aus dem Geschäftsverkehr entfernt werden[65]. Dieses Interesse darf bei der Auslegung der Eröffnungsgründe nicht außer Acht gelassen werden und muss demnach auch bei der Festlegung der einzelnen objektiven Kriterien erkennbar sein.

(b) Der Schuldner

Im Insolvenzverfahren kommt es, wie es der vorliegende Fall deutlich gemacht hat, zu einer Beeinträchtigung grundrechtlich geschützter Positionen des Schuldners[66]. Der Schuldner wird unter anderem durch den Insolvenzverwalter

---

60 Haarmeyer/Frind InsO 1. Kap. I Rn. 4.

61 Haarmeyer/Frind InsO 1. Kap. I Rn. 4.

62 Haarmeyer/Frind InsO 1. Kap. I Rn. 4.

63 Haarmeyer/Frind InsO 1. Kap. I Rn. 4.

64 BT-Drucks 12/2443 Rn. 73.

65 Nöll ZInsO 2007 S 254; Haarmeyer/Frind InsO 1. Kap. I Rn. 4.

66 Siehe oben Teil 1 A I 2 b.

abgelöst und verliert gemäß § 80 seine Verfügungsbefugnis[67]. Mit anderen Worten wird der Schuldner entmachtet, enteignet und entmündigt[68]. Es kommt zu erheblichen Eingriffen in die Grundrechte des Schuldners aus Art 2 I, 12, 14 GG und diese müssen bei der Auslegung der Eröffnungsgründe, da es sich hierbei um öffentlich rechtliche Verfahrensnormen handelt, berücksichtigt werden[69].

(4) Zwischenergebnis

Die Eröffnungsgründe sind nach der oberen Darstellung als öffentlich-rechtliche Verfahrensvorschriften einzustufen. Diese sind trotz Legaldefinition auslegungsbedürftig und somit direkt im Lichte der Grundrechte des Schuldners auszulegen. Des Weiteren darf auch der Wille des Gesetzgebers bei der Auslegung nicht außer Betracht bleiben. Bei der Bestimmung der objektiven Kriterien ist demnach ein Ausgleich herbeizuführen zwischen den widerstreitenden Interessen des Staates und des Schuldners.

4. Weitere verfassungsrechtliche Erwägungen im Zusammenhang mit dem Verfahrenscharakter des Eröffnungsverfahrens

Vorausgehend ist die Rechtsnatur der in § 17 InsO normierten Zahlungsunfähigkeit diskutiert worden. Hierbei handelt es sich um eine öffentlich rechtliche Norm, die voll an den Grundrechten zu messen ist[70]. Ferner ist nachfolgend erörtert worden, was bei der Auslegung des unbestimmten Begriffs der Zahlungsunfähigkeit zu berücksichtigen ist, nämlich die Interessen des Staates und die des Schuldners[71].

An dieser Stelle soll aber noch einen Schritt weiter gegangen werden. Um den grundrechtlichen Einschlag im Eröffnungsverfahren noch deutlicher zu machen, soll die Sachverständigenentscheidung des BGH vom 04.03.2004 diskutiert werden[72]. In dieser Entscheidung wird unter anderem auf den Verfahrenscharakter des Eröffnungsverfahrens eingegangen und die sich daraus ergebenden grundrechtlichen Konsequenzen. Ging es also in dem Abschnitt zuvor um den öffentlich rechtlichen Charakter der Norm, soll nun im Folgenden noch das Eröffnungsverfahren an sich beleuchtet werden.

---

67 Smid PraxisInsO § 8 Rn. 17ff.
68 Oetker, Grundbegriffe 1891, passim.
69 Siehe oben Teil 1 A I 3 ff.
70 Siehe oben Teil 1 A I 3 ff.
71 Siehe oben Teil 1 A I 3 ff.
72 BGH IX ZB 133/03.

a) *Die Sachverständigenentscheidung (BGH IX ZB 133/03)*

Das Finanzamt stellte gegen den schuldnerischen Rechtsanwalt einen Antrag auf Eröffnung des Insolvenzverfahrens wegen einer Steuerforderung in Höhe von ca. 39.000,00 €. Das Insolvenzgericht ordnete die Einholung eines Sachverständigengutachtens ein und ermächtigte diesen, die Wohn- und Geschäftsräume des Schuldners zu betreten, sofern dies für die Erstellung des Gutachtens notwendig war. Hiergegen wandte sich der Schuldner.

b) *Insolvenzordnung streitige oder freiwillige Gerichtsbarkeit*

Der Beschluss des BGH in der Sachverständigenentscheidung setzt an einem interessanten Punkt an und zwar geht er unter anderem auf den Charakter des Eröffnungsverfahrens ein[73]. Es geht um die Zuordnung des Eröffnungsverfahrens zur nichtstreitigen oder streitigen Gerichtsbarkeit. Dies ist deshalb von Interesse, da es auch Auswirkungen auf die verfassungsrechtliche Einordnung des Eröffnungsverfahrens hat.

Einleitend sei zu sagen, dass die Differenzierung zwischen der streitigen und der nichtstreitigen Gerichtsbarkeit ein Erbe aus dem römischen Recht ist[74]. Sie findet sich demnach in allen zentral- und südeuropäischen Staaten wieder, die auf dem römischen Recht basieren[75]. Die Abgrenzung zwischen den beiden Gerichtsbarkeiten ist oftmals schwierig. Es war beispielsweise im Rahmen des FGG nicht klar, ob es sich bei der Abgrenzung zwischen streitiger oder nichtstreitigen Gerichtsbarkeit um eine Frage der Zulässigkeit des Rechtswegs, der sachlichen Zuständigkeit, der gesetzlichen Geschäftsverteilung oder der Zuordnung unter die Zuständigkeit verschiedener zum Bereich der ordentlichen Gerichtsbarkeit gehörigen Gerichte mit unterschiedlichen Verfahrensordnungen handele[76].

Aber nicht nur im FGG sondern auch im Rahmen der InsO gibt es hinsichtlich der Zuordnung kontroverse Ansichten und Diskussionen. So gibt es einige Stimmen, die das Insolvenzverfahren der streitigen Gerichtsbarkeit zuordnen und andere wiederum der nichtstreitigen Gerichtsbarkeit[77]. Ganter

---

73 BGH IX ZB 133/03.

74 Hierzu ausführlich sieheWacke DNotZ 1988, S. 732.

75 Wacke DNotZ 1988, S. 732.

76 Keidel FamFG Rn. 46; BGH JZ 1956, 327; BGHZ 13 324, 327; BGHZ 71 264, 270.

77 Für die streitige Gerichtsbarkeit siehe unter anderem: Haarmeyer/Wutzke Förster Kap. 2 Rn. 4; Uhlenbruck InsO/Pape § 1 Rn. 2; FK-InsO/Schmerbach § 1 Rn. 5, § 4 Rn. 2; Kölner Schrift/Vallender 2. Aufl. S. 249, 251; Kölner Schrift/Prütting 2. Aufl. S. 221 f; die Nähe zur freiwilligen Gerichtsbarkeit betonen hingegen: Nerlich/Römermann/

hingegen führt diesbezüglich aus, dass der Streit nur von geringer praktischer Relevanz sei[78].

Smid befasst sich eingehend mit der Zuordnungsproblematik des Eröffnungsverfahrens und hebt hervor, dass die rechtliche Struktur dieses Verfahrens dabei zu berücksichtigen sei[79]. Im Falle der – von Smid nicht vertretenen – Zuordnung des Eröffnungsverfahrens zu einem streitigen Verfahren, wäre es nicht sinnvoll von einer Verhältnismäßigkeit insolvenzgerichtlicher Maßnahmen zu sprechen, da deren Verhältnismäßigkeit sich aus dem Vorliegen der gesetzlichen Voraussetzungen ergebe[80]. Es ginge in einem Eröffnungsverfahren nicht um die Richtigkeit des Vortrags des Antragsstellers oder Antragsgegners und somit um deren Recht bzw. Recht haben, es ginge vielmehr darum, dass mit dem Eröffnungsbeschluss, der am Ende des Eröffnungsverfahrens stehe, die Haftungsverwirklichung des Gemeinschuldners realisiert werde[81]. Dies spreche für eine Zuordnung zur nichtstreitigen Gerichtsbarkeit. Oetker führt hierzu aus, dass der Konkurs bzw. die Insolvenz als Verfahren der richterlichen Hilfestellung bei der Haftungsverwirklichung zu qualifizieren sei[82]. Ferner spreche als ein weiteres Argument für eine Zuordnung zur freiwilligen Gerichtsbarkeit die Normierung eines besonderen Feststellungsprozesses in der InsO[83]. Dies sei gerade deshalb erforderlich, weil es sich bei einem Insolvenzverfahren gerade nicht um einen Prozess handele[84]. Das Insolvenzrecht sei eben nicht nur eine besondere Form der Zwangsvollstreckung[85]. Des Weiteren beinhalte diese Art der Zuordnung zur freiwilligen Gerichtsbarkeit den Vorteil, dass dadurch deutlich werde, dass es im Insolvenzverfahren um die Regelung von einer Vielzahl von Rechtsbeziehungen durch das Insolvenzgericht und dem von ihm eingesetzten Insolvenzverwalter ginge[86].

Der BGH hat mit seinem Beschluss das Eröffnungsverfahren der nichtstreitigen freiwilligen Gerichtsbarkeit zugeordnet und damit unter anderem die

---

Becker § 2 RdNr 23; Smid DZWIR 2004 1–23, S. 12 über juris; Smid DZWIR 2004 359–367, S. 5 über juris; Häsemeyer InsO 2. Aufl. Rn. 3.05.

78 MüKo InsO/Ganter vor § 2 Rn. 3.

79 Smid DZWIR 2004, 1–23, S. 12 über juris.

80 Smid DZWIR 2004, 1–23, S. 12 über juris.

81 Smid DZWIR 2004, 1–23, S. 12 über juris.

82 Oetker Grundbegriffe S. 13 ff.

83 Smid DZWIR 2004, 1–23, S. 12 über juris.

84 Smid DZWIR 2004, 1–23, S. 12 über juris.

85 Schönke/Baur 9. Aufl. § 52, II, III.

86 Smid DZWIR 2004, 1–23, S. 12 über juris.

Literaturmeinung Smids bestätigt[87]. Dies ist deshalb von Interesse, weil der BGH in diesem Zusammenhang auch wieder verfassungsrechtliche Ausführungen tätigt, die thematisch zu der verfassungsrechtlichen Problematik aus dem Beschluss BGH IX ZB 204/04 passt. Deshalb soll diese Argumentation des BGH im Folgenden dargestellt werden.

c) Die Argumentation des BGH im verfassungsrechtlichen Kontext

Der Beschluss des BGH in der Sachverständigenentscheidung setzt an einem interessanten Punkt an und zwar geht er unter anderem auf den Charakter des Eröffnungsverfahrens ein und ordnet dieses der nichtstreitigen freiwilligen Gerichtsbarkeit zu[88]. Wie bereits zuvor dargestellt, gibt es hierzu unterschiedliche Ansichten in der Literatur[89].

Der BGH führt in seinem Beschluss aus, dass Gerichte als öffentliche Gewalt im Sinne von Art 19 Abs. 4 GG einzuordnen seien, sofern diese Aufgaben außerhalb des spruchrichterlichen Bereichs übernähmen[90]. Der BGH zählt hierzu ausdrücklich auch die richterliche Tätigkeit im Insolvenzverfahren[91]. Zwar sei der Richter im Eröffnungsverfahren unabhängig, er nehme aber, in funktionaler Hinsicht, einen typischen Eingriff der vollziehenden Gewalt vor, den das Gesetz aufgrund rechtsstaatlicher Erwägungen nicht der Exekutive überlassen könne[92]. Smid greift diesen Beschluss auf und formuliert es so, dass das insolvenzrechtliche Eröffnungsverfahren der nichtstreitigen freiwilligen Gerichtsbarkeit angehöre, in dem man zwar Aufgaben der materiellen Verwaltung wahrnehme, soweit aber Grundrechtseingriffe vorlägen, der Rechtsweg aufgrund Art. 19 Abs. 4 eröffnet sein müsse[93].

---

87 BGH IX ZB 133/03 Rn. 7, über juris.

88 BGH IX ZB 133/03 Rn. 7, über juris.

89 Für die streitige Gerichtsbarkeit siehe unter anderem: Haarmeyer/Wutzke Förster Kap. 2 Rn. 4; Uhlenbruck InsO/Pape § 1 Rn. 2; FK-InsO/Schmerbach § 1 Rn. 5, § 4 Rn. 2; Kölner Schrift/Vallender 2. Aufl. S. 249, 251; Kölner Schrift/Prütting 2. Aufl. S. 221 f; die Nähe zur freiwilligen Gerichtsbarkeit betonen hingegen: Nerlich/Römermann/Becker § 2 RdNr 23; Smid DZWIR 2004 S. 359 ff, S. 5 über juris; Smid DZWIR 2004 S. 1–23, S. 12 über juris; von geringer Relevanz siehe MüKo InsO/Ganter vor § 2 Rn. 3.

90 BGH IX ZB 133/03 Rn. 7 mit Verweis auf BVerfGE 96, 27, 39 ff; BVerfGE 104, 220, 231 ff; BGH III ZR 25/58.

91 BGH III 25/58.

92 BGH IX ZB 133/03 Rn. 7.

93 Smid DZWIR 2004 S. 359 ff, S. 5 über juris; in Fortsetzung zu Smids bisherigen Ausführungen in: DZWIR 2004 S. 1–23, S. 12 über juris.

d) *Diskussion und Stellungnahme*

Die Argumentation des BGH vermag zu überzeugen.

Das Eröffnungsverfahren mit dem am Ende stehenden Eröffnungsbeschluss, darin ist dem BGH zuzustimmen, stellt eine Maßnahme der öffentlichen Gewalt dar, auch wenn es sich um eine gerichtliche und nicht administrative Tätigkeit handelt, es ist eine Maßnahme der öffentlichen Gewalt im Sinne von Art. 19 Abs. 4 GG[94]. Smid spricht in diesem Zusammenhang von Maßnahmen mit materiellem Verwaltungscharakter[95]. Liegt also eine Maßnahme der öffentlichen Gewalt vor, die in die in subjektive Rechte eingreift, so ist gemäß Art. 19 Abs. 4 GG der Rechtsweg eröffnet[96]. Der Eröffnungsbeschluss stellt einen massiven hoheitlichen Eingriff im Sinne des Art. 19 Abs. 4 GG in die Grundrechte des Schuldners dar, gegen den sich ein Schuldner wehren können muss[97]. In diesem Zusammenhang ist es dann auch aus systematischen Gründen logisch, wenn die Maßnahmen, die im Zusammenhang bzw. im Vorfeld zum Eröffnungsbeschluss stehen, einer richterlichen Überprüfung zugänglich sind. Auch hier hat der BGH wieder einmal die Bedeutung der Grundrechte im Eröffnungsverfahren mit seinem Verweis auf Art 19 Abs. 4 GG ausdrücklich betont[98].

Diese Argumentation überzeugt insbesondere, wenn man sie mit dem bisher gesagten hinsichtlich der Qualifizierung der Eröffnungsgründe und deren Rechtscharakter in einen Kontext setzt[99]. § 17 InsO soll den Eingriff in die Grundrechte des Schuldners rechtfertigen[100]. Mit dem Eröffnungsbeschluss wird festgestellt, ob die Voraussetzungen der Zahlungsunfähigkeit und somit für ein Insolvenzverfahren vorliegen oder nicht.

In dem BGH Beschluss IX ZB 204/04 ging es um den relevanten Zeitpunkt für das Vorliegen des Eröffnungsgrundes. Hier sieht das Gesetz ein Rechtsmittel vor[101]. Die Sachverständigenentscheidung geht noch einen Schritt weiter und lässt auch dann eine richterliche Überprüfung im Eröffnungsverfahren trotz

---

94 BGH IX ZB 133/03.

95 Bähr/Smid S. 128.

96 Bähr/Smid S. 128.

97 BGH IX ZB 204/04; BGH IX ZB 133/03; Smid PRaxisInsO § 8 Rn. 3 ff; Smid PraxisInsO § 14 Rn. 2 ff; Oetker, Grundbegriffe 1891, passim.; Pape/Uhlenbruck NJW Rn. 296.

98 BGH IX ZB 133/03 Rn. 7.

99 Siehe oben Teil 1 A I 3.

100 Gottwald/Uhlenbruck/Gundlach § 6 Rn. 1; Smid PraxisInsO § 3, Rn. 2.

101 BGH IX ZB 204/04.

Enumerationsprinzip zu, wenn Grundrechte verletzt werden, auch wenn im Gesetz kein Rechtsmittel vorgesehen ist[102].

Beschränken sich die Ausführungen des BGH in seinem Beschluss BGH IX ZB 204/04 ausschließlich auf den Zeitpunkt für das Vorliegen Zahlungsunfähigkeit und somit praktisch allein auf die Norm § 17 InsO, so geht die Sachverständigenentscheidung einen Schritt weiter, indem es das Eröffnungsverfahren in seiner Gesamtheit in ein verfassungsrechtliches Licht rückt.

Nach diesem Einschub der Sachverständigenentscheidung und den Ausführungen hinsichtlich der Rechtsnatur soll nun der Beschluss BGH IX ZB 204/04 diskutiert werden. Der Argumentation des BGH soll dabei eine Literaturmeinung gegenübergestellt werden, die sich gegen die Auffassung des BGH stellt.

5. *Diskussion Beschluss BGH IX ZB 204/04*

Die Eröffnungsgründe sind von ihrer Rechtsnatur her also dem öffentlich-rechtlichen Bereich zuzuordnen[103]. Diese Qualifizierung war notwendig, da der BGH mit der Beeinträchtigung der grundrechtlich geschützten Positionen argumentiert hat, was fraglich gewesen wäre, wenn es sich um privatrechtliche Normen gehandelt hätte[104]. Da sich im Eröffnungsverfahren die gegenläufigen Interessen des Staates und des Schuldners gegenüber stehen, ist es des Weiteren notwendig, einen Ausgleich dieser Interessen vorzunehmen. Ferner hat die Sachverständigenentscheidung gezeigt, dass der BGH das Eröffnungsverfahren im Bereich der freiwilligen Gerichtsbarkeit einordnet und es sich bei richterlichen Maßnahmen im Eröffnungsverfahren typischerweise in funktionaler Hinsicht um Maßnahmen der öffentlichen Gewalt handelt[105].

Mit diesem Hintergrund soll nun eine Diskussion des vorliegenden BGH Beschlusses erfolgen. Die BGH Auffassung soll hierbei einer Literaturmeinung gegenübergestellt werden, die sich der neuen Linie des BGH nicht anschließen möchte.

a) Ansicht des BGH

Die Argumentation des BGH scheint zunächst zu überzeugen.

Insbesondere die Ausführungen über den leerlaufenden Rechtsschutz und die teleologische verfassungsrechtliche Argumentation verdeutlichen, dass eigentlich

---

102 BGH IX ZB 133/03.

103 Siehe oben Teil 1 A I 3 c).

104 BVerfG NJW 1987, 827.

105 BGH IX ZB 133/03 Rn. 7.

der einzig relevante Zeitpunkt für das Vorliegen der Eröffnungsgründe nur derjenige des Eröffnungsbeschlusses sein könne[106]. Durch die Wahl des Zeitpunkts der letzten Tatsachentscheidung kam es im vorliegenden Fall zu einer Verletzung der Verfahrensgrundrechte des Schuldners[107]. Dies würde aber der zwingenden verfassungskonformen Auslegung widersprechen, die sich daraus ergibt, dass die Eröffnungsgründe öffentlich-rechtliche Verfahrensnormen sind. Schon der Zeitpunkt allein zeigt die extrem hohe Relevanz der Grundrechte bei den Eröffnungsgründen, die sich demnach eben nicht nur auf die Bestimmung der objektiven Kriterien beschränkt, sondern die Anwendung dieser Norm in allen Facetten bestimmt.

Dies wird umso deutlicher, wenn man die weitere Begründung betrachtet. Der BGH argumentiert mit der erheblichen Verschlechterung der wirtschaftlichen Lage des Schuldners, die unter anderem aus der Anwendung der insolvenzrechtlichen Vorschriften resultiert, die mit Eröffnung des Verfahrens greifen[108]. Diese Beispiele, die der BGH anführt, sind praktisch nur die Konkretisierung von Grundrechtseingriffen. Anstatt also die Argumentation abstrakt zu führen, verdeutlicht der BGH seinen Standpunkt durch die realen Konsequenzen, die der Schuldner zu tragen hätte.

Die Eröffnungsgründe sind die letzte Instanz zwischen der frei bestimmten wirtschaftlichen Existenz des Schuldners und dem Insolvenzverfahren, welches praktisch zu einer Vernichtung dieser wirtschaftlichen Existenz führt[109]. Wenn man sich die massiven Eingriffe vor Augen führt, die ein Insolvenzverfahren mit sich bringt, dann wird auch im Umkehrschluss die angemessene Berücksichtigung der Grundrechte des Schuldners deutlich[110]. Das Insolvenzgericht muss deshalb besondere Sorgfalt anwenden, da eine Verfahrenseröffnung regelmäßig zu einer Vernichtung der wirtschaftlichen Existenz des Schuldners bzw. Schuldnerunternehmens führt[111].

Zwar darf der Wille des Gesetzgebers nicht außer Acht bleiben, aber eben dieser findet durch Art 1 III GG seine Einschränkungen in der Bindung an die Grundrechte[112].

---

106 Gundlach NJW 2006, S. 3556.

107 BGH IX ZB 204/04.

108 BGH IX ZB 204/04 Rn. 12.

109 Pape/Uhlenbruck NJW Rn. 296.

110 Smid PRaxisInsO § 8 Rn. 3 ff; Smid PraxisInsO § 14 Rn. 2 ff; Oetker, Grundbegriffe 1891, passim.; Pape/Uhlenbruck NJW Rn. 296; Smid jursPr-InsR 18/2007 Orientierungssatz zur Anmerkung.

111 Pape/Uhlenbruck NJW Rn. 296.

112 Dreier, Art 1 III Rn. 37.

Deutlicher in seiner Begründung in Bezug auf die Grundrechte wird der BGH in seinen Ausführungen über den Verstoß gegen Art 19 IV GG, da der BGH an dieser Stelle auch direkt mit dem Verfahrensgrundrecht argumentiert[113]. Dies ist auch das Hauptargument des BGH in dieser Entscheidung[114]. Dieses Verfahrensgrundrecht des Schuldners würden durch den späteren Zeitpunkt massiv beeinträchtigt werden[115]. Laut BGH führt dies sogar praktisch zu einer Entwertung dieses Verfahrensgrundrechts des Schuldners, da aufgrund der Konsequenzen, die ein Insolvenzverfahren mit sich bringe, der Schuldner schlussendlich zum späteren Zeitpunkt auf jeden Fall insolvent wäre[116]. Dieses Argument folgt der Linie des BGH in dieser Entscheidung über die verfassungskonforme Auslegung, da diese nicht nur die materiellen Grundrechte sondern auch die Verfahrensgrundrechte umfasse[117]. Das Rechtsmittel, das die InsO für diese Art von Fallgestaltung vorsehe, müsse auch tatsächlichen Rechtsschutz bieten und es dürfe eben nicht durch später regelmäßig eintreffende Ereignisse zu einer nachträglichen Legitimation eines rechtswidrigen Eröffnungsbeschlusses kommen[118].

In dieser Entscheidung kommt es des Weiteren auch zu einer Änderung in der bis dahin vertretenen Rechtsprechung des BGH. In seinem Beschluss vom 05.02.2004 vertrat der BGH noch die Auffassung, dass nur der Zeitpunkt der letzten Tatsachenentscheidung für das Vorliegen der materiellen Eröffnungsvoraussetzungen von Bedeutung sei[119]. Dort lag der Sachverhalt allerdings anders. In diesem Fall wurde eine Forderung vom Schuldner nach Antragsstellung aber vor dem Eröffnungsbeschluss getilgt. Hier entschied das zuständige Landgericht, dass eine sofortige Beschwerde des Gläubigers abgewiesen werden musste, da zum Zeitpunkt der letzten Tatsachenentscheidung die Eröffnungsvoraussetzungen eben nicht mehr vorlagen[120]. Die Sachverhalte ähneln sich allerdings an den entscheidenden Stellen nicht, so dass hier keine genaue Prüfung bezüglich des Zeitpunkts vorgenommen wurde. Vielmehr zitiert der BGH in einem obiter dictum die noch bis dahin vertretene einhellige Meinung in Rechtsprechung und Literatur über den Zeitpunkt der letzten Tatsachenentscheidung[121].

---

113 BGH IX ZB 204/04 Rn. 23.
114 Gruber DZWIR 2007 S. 151–157 (über juris S. 8).
115 BGH IX ZB 204/04.
116 BGH IX ZB 204/04; Pape/Uhlenbruck NJW Rn. 296.
117 BGH IX ZB 204/04.
118 Gundlach NJW 2006 S. 3556 f.
119 BGH IX ZB 29/03 oder NZI 2004, 587.
120 BGH IX ZB 29/03 oder NZI 2004, 587.
121 Gundlach NJW 2006 S. 3556; BGH IX ZB 204/04 Rn. 9; BGH IX ZB 29/03 III 2.

b) Ansicht Nölls

Nöll vertritt als Gegenposition zum BGH weiterhin die Ansicht, dass der Zeitpunkt der letzten Tatsachenentscheidung derjenige sei, der für die Beurteilung des Vorliegens der Eröffnungsgründe relevant sein müsste[122].

In seiner Argumentation geht Nöll zunächst auf die Wortlautargumentation des BGH ein und stimmt mit diesem darin überein, dass sich der Zeitpunkt für das Vorliegen der Eröffnungsgründe allein aus der InsO zu ergeben habe[123]. Dem Argument des BGH aus § 27 II Nr. 3 InsO habe er aber entgegen zu halten, dass die an den Zeitpunkt geknüpften materiellen Wirkungen in dieser Form nicht bestünden, da der Schuldner seine Vermögensverwaltungsrechte zu diesem Zeitpunkt schon längst verloren habe[124]. Dies resultiere in der Regel gemäß § 21 II Nr. 2 InsO aus der Einsetzung eines vorläufigen starken Insolvenzverwalters. Auch würde die Relevanz der genauen Angabe des Zeitpunkts im Eröffnungsbeschluss vom BGH eine zu große Bedeutung beigemessen[125]. As Beispiel hierfür führt Nöll das allgemeine Vollstreckungsverbot an aus § 89 InsO an[126]. Dies sei zum einen in den meisten Fällen sowieso schon gemäß § 21 II Nr. 3 InsO in Kraft und zum anderen würde immer noch die gesetzliche Rückschlagsperre gemäß § 88 InsO in den Fällen greifen, in denen ein solches Vollstreckungsverbot nicht bereits angeordnet worden sei[127].

Weiterhin widerspricht Nöll der Schlussfolgerung des BGH, dass bei Vorliegen der Eröffnungsvoraussetzungen zum Zeitpunkt des Eröffnungsbeschlusses und einem nachträglichen Wegfall die § 212 InsO ff. anzuwenden seien[128]. Bei einer nachträglichen finanziellen Genesung des Schuldners müsse diesem im Beschwerdeverfahren die Möglichkeit gegeben werden, den Eröffnungsbeschluss aufheben zu lassen. Würden die § 212 InsO ff Anwendung finden, wäre dies nur möglich, wenn auch gesichert sei, dass auch der Eröffnungsgrund der drohenden Zahlungsunfähigkeit nicht mehr gegeben sei[129]. Dies sei kontraproduktiv und würde der auf Schuldnerschutz ausgerichteten Argumentation des BGH zuwider laufen[130].

---

122 Nöll ZInsO 2007 S. 249 ff.
123 Nöll ZInsO 2007 S. 251.
124 BGH IX ZB 204/04 Rn. 11; Nöll ZInsO 2007 S. 251.
125 Nöll ZInsO 2007 S. 251, 252.
126 Nöll ZInsO 2007 S. 252.
127 Nöll ZInsO 2007 S. 252.
128 Nöll ZInsO 2007 S. 253.
129 Eben da.
130 Eben da.

Berücksichtigt man dies gerade gesagte, würde es laut Nöll auch nicht zu einer Entwertung des Rechtsmittels der sofortigen Beschwerde kommen und somit wäre auch kein Verstoß gegen das Verfahrensgrundrecht aus Art. 19 IV GG gegeben[131].

Auch sei die Feststellung des BGH falsch, dass ein Abstellen auf den Zeitpunkt der Verfahrenseröffnung zu sachgerechteren Ergebnissen führen würde, da es nämlich zweifelhaft sei, ob die nach der Verfahrenseröffnung anzuwendenden Normen wie §§ 41, 52, 103 InsO überhaupt bei einer Prüfung der Vermögensverhältnisse berücksichtigt werden dürften[132].

Weiterhin verweist Nöll darauf, dass es nicht sachgerecht sein kann, wenn nun zwischenzeitlich insolvente Unternehmen weiterhin am Rechtsverkehr teilnehmen dürfen, da dies noch zu einer Vergrößerung des Insolvenzschadens führen würde[133].

Abschließend verweist der Verfasser in seinen Schlussfolgerungen darauf, dass das insolvenzrechtliche Stichtagsprinzip bei Kapitalgesellschaftsinsolvenzen keine Rolle spiele und deshalb in diesen Fällen ohne Bedenken auf den Zeitpunkt der Beschwerdeentscheidung abgestellt werden könne. Grund hierfür sei vor allem der unverhältnismäßige Eingriff in die Grundrechte der Gesellschafter, wenn bei zwischenzeitlichem Entfallen des Insolvenzgrundes aus rein formalen Gründen ein nicht mehr insolvenzreifes Unternehmen zerschlagen würde[134].

Bei der natürlichen Person sei das insolvenzrechtliche Stichtagsprinzip zu beachten, da in diesem Bereich naturgemäß die ständige Möglichkeit des Entstehens neuer Verbindlichkeiten besteht und deshalb eine klare Grenzziehung erforderlich sei[135]. Auch hier argumentiert Nöll damit, dass in dem Fall, in dem anfänglich ein Eröffnungsgrund vorläge, dieser aber nachträglich entfalle, dies einen unverhältnismäßigen Eingriff in das Grundrecht des Schuldners aus Art 14 GG und dem darin beinhalteten Verhältnismäßigkeitsprinzips darstelle und es des Weiteren dadurch auch zu einem Verstoß gegen das der InsO innewohnende Effizienzprinzips käme[136].

All dies würde nach Meinung von Nöll für den Zeitpunkt der letzten Tatsachenentscheidung sprechen.

---

131 Eben da.

132 Nöll ZInsO 2007 S. 254; in diesem Argument unterstützend Gruber DZWIR 2007 S. 151–157 (über juris S. 7).

133 Nöll ZInsO 2007 S. 254.

134 Nöll ZInsO 2007 S. 254.

135 Nöll ZInsO 2007 S. 256.

136 Nöll ZInsO 2007 S. 256.

c) Streitentscheid

Zunächst einmal ist festzustellen, dass sowohl Nöll als auch der BGH darin übereinstimmen, dass sich der Zeitpunkt für das Vorliegen der Eröffnungsvoraussetzungen nur aus der InsO selbst ergeben kann[137]. Die Argumentation beider Seiten geht aber ab diesem Punkt auseinander, so dass nun erörtert werden muss, welcher Auffassung zu folgen ist.

Die Wortlautauslegung des BGH wird von Nöll in der Weise kritisiert, dass nicht eindeutig aus den vom BGH zitierten Normen geschlossen werden könne, dass der Zeitpunkt des Eröffnungsbeschlusses der relevante sei[138]. Jede Auslegung einer Norm beginnt zunächst mit dem Wortlaut[139]. Die Wortlautauslegung lässt durchaus Raum für verschiedene Interpretationen, so dass in der Regel nicht unmittelbar die Bedeutung festgestellt werden kann[140]. Insofern ist Nöll zuzustimmen, dass die Interpretation des BGH von § 16 und § 27 InsO nicht eindeutig auf den Zeitpunkt des Eröffnungsbeschlusses hinweist[141]. Dennoch bieten diese Normen einen Anhaltspunkt, den die Gegenauffassung nicht mit ähnlichen Wortlautargumenten begegnen kann. Zumindest werden keine angeführt.

Kritisch betrachtet wird von Nöll des Weiteren die Berücksichtigung der an die Verfahrenseröffnung geknüpften vermögensrechtlichen Wirkungen[142]. Hier erscheint es allerdings zweifelhaft, ob diese bei einer zweiten Prüfung nach der Auffassung des BGH zu berücksichtigen seien, oder ob diese doch außen vor gelassen werden sollten[143]. Die Rechtswirkungen der Eröffnungsentscheidung, die sich unter anderem aus § 41 InsO ergeben, dürften insofern nicht in eine zweite Prüfung mit einfließen[144]. Der BGH kontert allerdings diesen Überlegungen damit, dass dies wohl mit kaum zu überwindenden Abgrenzungsschwierigkeiten verbunden wäre[145].

Dennoch sind die rein faktische Konsequenzen, die die Eröffnung eines Insolvenzverfahrens für den Schuldner mit sich bringt, nicht von der Hand zu weisen. Ein Insolvenzverfahren hat Außenwirkung. Die wirtschaftliche Lage des

137 BGH IX ZB 204/04 Rn. 10; Nöll ZInsO 2007 S. 251.

138 Nöll ZInsO 2007 S. 251.

139 Vergl. statt vieler Hamann, Rn. 80.

140 Bork BGB AT Rn. 545; BGHZ 124, 39,44 f; BGH NJW-RR 2002, S. 852; Hamann Rn. 80.

141 Nöll ZInsO 2007 S. 251; Aber unterstützend für die BGH Auffassung Gruber DZWIR S. 151–157(über juris S. 7).

142 Nöll ZInsO 2007 S. 254.

143 Gruber DZWIR 2007 S. 151–157 (über juris S. 7); Nöll ZInsO 2007 S. 254.

144 Nöll ZInsO 2007 S. 254.

145 BGH IX ZB 204/04 Rn. 26.

Schuldners verschlechtert sich in einem erheblichen Maße und es sind zusätzlich noch eine Vielzahl von weiteren nachteiligen Auswirkungen an eine solche Verfahrenseröffnung geknüpft[146]. Mit anderen Worten kommt es zu einer massiven Grundrechtsbeeinträchtigung des Schuldners und es stellt sich die Frage, wie man mit dieser umzugehen hat.

Nöll lässt die Frage zur verfassungskonformen Auslegung und der damit verbundenen Berücksichtigung der Grundrechte des Schuldners zum größten Teil unbeantwortet. Zwar geht Nöll auch auf die Grundrechte des Schuldners ein, dies geschieht bei ihm aber nur bei der Fallkonstellation, in der ein Eröffnungsgrund nachträglich wegfällt und es für den Schuldner unverhältnismäßig wäre, eine Beendigung des Verfahrens über § 212 InsO zu erreichen[147]. Er verliert kein Wort darüber, inwiefern die Grundrechte im Vorfeld zu berücksichtigen sind.

Die Entscheidung des BGH ergibt sich aber als notwendige Konsequenz aus der verfassungskonformen Auslegung der Eröffnungsgründe[148]. Sie hat als Ziel den Schuldnerschutz und zwar in einer präventiven Art und Weise. Wird der entscheidungsrelevante Zeitpunkt auf den des Eröffnungsbeschlusses verlagert, hat dies weitreichende Konsequenzen. Hierdurch werden unter anderem Amtshaftungsansprüche sowohl gegen das Gericht als auch gegen etwaige Gutachter bzw. vorläufige Insolvenzverwalter konkretisiert[149]. Einer eventuelle Haftung kann folglich nur entgangen werden, wenn die Prüfung für das Vorliegen eines Eröffnungsgrundes schon im Vorfeld mit der notwendigen Sorgfalt durchgeführt wird und es eben nicht möglich ist, einen rechtswidrigen Eröffnungsbeschluss basierend auf einer oberflächlichen Prüfung der Finanzen des Schuldners nachträglich durch eine zweite Prüfung der Beschwerdeinstanz zu heilen[150]. Eben dies wäre kontraproduktiv und würde zu einer absoluten Unverhältnismäßigkeit führen, da auf diese Weise sowohl die materiellen als auch die verfahrensrechtlichen Grundrechte des Schuldners völlig an Bedeutung verlieren würden[151].

---

146 Smid PraxisInsO § 8 Rn. 3 ff; Smid PraxisInsO § 14 Rn. 2ff; Pape/Uhlenbruck NJW Rn. 296; Smid jurisPR-InsR 18/2007 Anm. 2; Gottwald/Eickmann § 30 Rn. 1 ff.

147 Nöll ZInsO 2007 S. 256.

148 Siehe oben Teil 1 A I 3 ff.

149 Smid jurisPR-InsR 18/2007 Anm. 2; BGH IX ZB 204/04 Rn. 26; HamK InsO/Schröder § 17 Rn. 34.

150 Smid jurisPR-InsR 18/2007 Anm. 2.

151 BGH IX ZB 204/04 Rn. 24; Gottwald/ Eickmann § 30 Rn. 37; Lepa § 2 A I, S. 22 ff; Pape/Uhlenbruck NJW Rn. 296; BGH KTS 1957, 12; BGH IX ZB 151/05.

Auch die Ausführungen von Nöll bezüglich der Anwendung der §§ 212 ff InsO vermögen nicht zu überzeugen[152]. Liegt ein rechtmäßiger Eröffnungsbeschluss vor, ist die InsO anzuwenden. Daraus resultiert dann auch die konsequente Anwendung der §§ 212 ff InsO, wenn sich der Schuldner nachträglich auf den Wegfall des Eröffnungsgrundes beruft[153]. An dieser Stelle wird von Nöll mit einer Verletzung der Grundrechte des Schuldners und der ihnen immanente Verhältnismäßigkeitsgrundsatz argumentiert[154]. Dies ist aber insofern unpassend, da bei Berücksichtigung der BGH Rechtsprechung schon vor dem Eröffnungsbeschluss eine hinreichende Berücksichtigung der Grundrechte des Schuldners stattfindet, was ja auch notwendig ist, wenn man den massiven Eingriff bedenkt, der daraus resultiert. Ist das Insolvenzverfahren erst einmal rechtmäßig eröffnet worden, so sind in der Regel auch die damit verbundenen Grundrechtseingriffe gerechtfertigt[155]. Folglich bestehen keine Bedenken, wenn es bei einer nachträglichen wirtschaftlichen Genesung des Schuldners eben nur zu einer Anwendung der §§ 212 ff InsO kommt.

Es ist somit der Auffassung des BGH zu folgen, da nur diese aus einer gebotenen verfassungskonformen Auslegung berücksichtigt und somit der Schuldner hinreichend geschützt wird.

6. *Ergebnis*

Der BGH bestimmt den Zeitpunkt für das Vorliegen der Eröffnungsgründe dadurch, dass er diese verfassungskonform auslegt. Nichts anderes kann also für die Bestimmung der objektiven Kriterien gelten. Diese müssen genauso den verfassungsrechtlichen Anforderungen genügen und sind demnach auch durch verfassungskonforme Auslegung zu bestimmen oder müssen einer verfassungsrechtlichen Prüfung standhalten.

II. Der Zeitpunkt der letzten Tatsachenentscheidung (BGH IX ZB 144/07)

Anhand des zuvor genannten Beschlusses wurde der entscheidungsrelevante Zeitpunkt für das Vorliegen der Eröffnungsgründe diskutiert. Aufgrund einer verfassungskonformen Auslegung ist grundsätzlich der Zeitpunkt des Eröffnungsbeschlusses maßgebend. Nun soll aber noch ein anderer Beschluss des

152 Nöll ZInsO 2007 S. 253.

153 Gruber DZWIR 2007 S. 151–157 (über juris S. 9).

154 Nöll ZInsO 2007 S. 256.

155 Gottwald/Uhlenbruck/Gundlach § 6 Rn. 1; Smid PraxisInsO § 3, Rn. 2.

BGH zum besseren Verständnis dieser Thematik der verfassungskonformen Auslegung und des entscheidungsrelevanten Zeitpunkts kurz angesprochen werden, da in diesem Beschluss der BGH von dem zuvor genannten Grundsatz abweicht. Am 27.03.2008 hatte der BGH folgenden Fall zu entscheiden:

1. Sachverhalt

Eine Gläubigerin hatte einen Antrag auf Eröffnung des Insolvenzverfahrens gestellt. Dieser Antrag wurde aufgrund des Fehlens eines rechtlichen Interesses als unzulässig abgewiesen, da bereits im Vorjahr ein Insolvenzverfahren über das Vermögen des Schuldners eröffnet wurde und noch anhängig war und zudem von der Gläubigerin eine von diesem Verfahren nicht erfasste Sondermasse nicht dargelegt hatte.

2. Rechtliche Einordnung

In diesem Beschluss nimmt der BGH eine klare Abgrenzung vor zu dem Beschluss vom 27.02.2006[156]. Der BGH unterscheidet in diesem Beschluss zwischen der Situation, in der über die Rechtmäßigkeit eines Eröffnungsbeschlusses zu entscheiden ist, und jener Situation, in der ein Eröffnungsantrag zunächst abgewiesen worden ist[157].

Ein anfänglich rechtswidriger Eröffnungsbeschluss darf nicht durch das spätere Vorliegen der Eröffnungsvoraussetzungen nachträglich legitimiert werden[158]. Dies ergibt sich aus der verfassungskonformen Auslegung, aus der zwingend der Zeitpunkt des Eröffnungsbeschlusses folgt[159].

Wurde der Eröffnungsantrag abgewiesen, sind in dieser Entscheidung aber schon hinreichend die Grundrechte des Schuldners berücksichtigt worden. Kommt es dann im Zuge einer sofortigen Beschwerde zu einer Neubeurteilung der Situation des Schuldners, spricht nichts gegen den Zeitpunkt der letzten Tatsachenentscheidung[160]. Das Beschwerdegericht ist eine vollwertige zweite Tatsacheninstanz und kann somit gemäß § 571 II 2 ZPO bei der Entscheidung den Zeitpunkt letzten Tatsachenentscheidung zugrunde legen[161].

---

156 BGH IX ZB 204/04.

157 Flöther/Morgner jurisPR-InsR 13/2008.

158 Siehe oben Teil 1 A I 5 ff; Flöther/Morgner jurisPR-InsR 13/2008.

159 Siehe oben Teil 1 A I 3 ff.

160 Flöther/Morgner jurisPR-InsR 13/2008.

161 BGH IX ZB 144/07; Musielak ZPO § 571 Rn. 3.

Das Abgrenzungskriterium ist demnach, ob Gegenstand der Beschwerde die Rechtmäßigkeit des Eröffnungsbeschlusses ist[162]. Eine nachträgliche Legitimation eines rechtswidrigen Eröffnungsbeschlusses ist aufgrund der Grundrechte des Schuldners nicht möglich. Diese entwickeln jedoch keine Sperrwirkung für die Neubeurteilung der Insolvenz des Schuldners, wenn Gegenstand der Beschwerde eben nicht die Rechtmäßigkeit des Eröffnungsbeschlusses ist, da ja in diesem Fall die Grundrechte des Schuldners eben schon berücksichtigt worden sind.

B. Ergebnis Teil 1

Durch den BGH Beschluss vom 27.7.2006 wird die Problematik, die im Eröffnungsverfahren liegt, sehr gut verdeutlicht.

Im Eröffnungsverfahren und vor allem in den Eröffnungsgründen treffen gegensätzliche Interessen aufeinander, die einer ausgleichenden Regelung bedürfen. Die Aufgabe des Insolvenzrechts besteht in der Haftungsverwirklichung im Interesse der Gläubiger[163]. Mit der Eröffnung des Insolvenzverfahrens wird der Schuldner als Konsequenz in seiner Privatautonomie erheblich beschränkt. Er verliert seine Verwaltungs- und Verfügungsmacht[164]. Dieser Eingriff bedarf einer Legitimation durch das Vorliegen eines Eröffnungsgrundes[165]. Da es sich hier um einen äußerst intensiven Eingriff in die Rechte des Schuldners handelt, werden die Eröffnungsgründe zum Träger der Grundrechte des Schuldners im Eröffnungsverfahren. Sie haben die Aufgabe, den Schuldner zu schützen. Als öffentlich-rechtliche verfahrensrechtliche Normen sind diese voll an den Grundrechten zu messen, was sich in logischer Konsequenz somit auf alle Bereiche und demnach auch auf den entscheidungsrelevanten Zeitpunkt der Eröffnungsgründe auswirkt[166].

Ferner hat die Sachverständigenentscheidung gezeigt, dass der BGH das Eröffnungsverfahren im Bereich der nichtstreitigen Gerichtsbarkeit einordnet und es sich bei richterlichen Maßnahmen im Eröffnungsverfahren typischerweise in

162 Flöther/Morgner jurisPR-InsR 13/2008; BGH IX ZB 144/07.

163 Wimmer/Dauernheim/Hefermehl 1. Kap., Rn. 142; Smid PraxisInsO § 1 Rn. 13; MüKO InsO/Ganter (2. Aufl.) § 1 Rn. 9 ff.

164 Bork InsO, Rn. 125 u. 136; in diesem Sinne: Gundlach DZWIR 1999, 363 f, 367; Häsemeyer InsO Rn. 7.16.

165 Häsemeyer InsO Rn. 7.15; Kübler/Prütting/Pape § 16 Rn. 2.

166 Siehe oben Teil 1 A I 3 ff.

funktionaler Hinsicht um Maßnahmen der öffentlichen Gewalt handelt[167]. Auch hier verweist der BGH auf die Grundrechte des Schuldners und die Möglichkeit der Überprüfbarkeit bei grundrechtsrelevanten Eingriffen[168].

Die verfassungskonforme Auslegung ist folglich der bestimmende Faktor, wenn es um das Verständnis der Eröffnungsgründe und die Bestimmung der objektiven Kriterien geht.

Im nächsten Teil soll der Eröffnungsgrund der Zahlungsunfähigkeit gemäß § 17 InsO diskutiert werden. Die Erkenntnisse aus dem ersten Teil werden dann an den entsprechenden Stellen aufgegriffen und dort dann weiter vertiefend diskutiert werden.

167 BGH IX ZB 133/03 Rn. 7.

168 BGH IX ZB 133/03 Rn. 7.

Teil 2

A. Die Zahlungseinstellung § 17 II S. 2 InsO

Die Zahlungseinstellung ist der in der Praxis am häufigsten auftretende Auslöser für ein Insolvenzverfahren. Aus diesem Grunde soll im Rahmen dieser wissenschaftlichen Arbeit über die Eröffnungsgründe zunächst auf diese eingegangen werden. Dabei sollen die von der Rechtsprechung entwickelten objektiven Kriterien, die daraus zu ziehenden Schlüsse, die Dogmatik und die verfassungsrechtliche Einordnung thematisiert werden.

I. Die Dogmatik der Zahlungseinstellung

Will man zunächst die Dogmatik verstehen, die hinter der Zahlungseinstellung steht, muss man sich zunächst am Wortlaut orientieren. Der Rechtscharakter der Zahlungseinstellung ist zunächst als Grundlage für die anschließende Diskussion durch Auslegung zu ermitteln. Es soll vorab geklärt werden, ob es sich bei der Zahlungseinstellung um einen eigenständigen Eröffnungsgrund handelt.

1. Systematik und Wortlaut des § 17 II S. 2 InsO

Gemäß § 17 II S. 2 InsO ist Zahlungsunfähigkeit in der Regel anzunehmen, wenn der Schuldner seine Zahlungen eingestellt hat.

Schon der Wortlaut des § 17 II S. 2 InsO lässt aus dogmatischer Sicht zunächst nur den Schluss zu, dass es sich hierbei um eine gesetzliche Regelvermutung handelt, was auch dem Willen des Gesetzgebers entsprach[169]. Die Wortlautauslegung wird hierbei noch unterstützt, wenn man die Auslegungsmethode der Systematik noch hinzuzieht. Die Zahlungseinstellung ist nicht gesondert in einer Norm aufgeführt, sondern bezieht sich, wie sich auch wiederum aus dem Wortlaut ergibt, auf die Zahlungsunfähigkeit. Die Erwähnung der Zahlungseinstellung innerhalb des Eröffnungsgrundes der Zahlungsunfähigkeit in § 17

169 Vgl. Begr. zum RegE, zitiert bei: Balz/Landfermann S. 223; Häsemeyer InsO 7.21; Kölner Schrift/Kirchhof S. 287; Pape/Uhlenbruck NJW Rn. 301; Foerste Rn. 110; Reischl InsO, Rn. 110.

InsO lässt aus systematischer Sicht darauf schließen, dass es sich hierbei nicht um einen eigenständigen Eröffnungsgrund handeln soll.

2. *Teleologische Auslegung des § 17 II S. 2 InsO*

Auch der Sinn und Zweck des § 17 II S. 2 InsO lässt zunächst nichts anderes vermuten. Würde die Zahlungseinstellung als die offenbarte Zahlungsunfähigkeit behandelt, so wäre diese gemäß einiger Stimmen in der Literatur überflüssig, da durch die zusätzliche Voraussetzung der Erkennbarkeit an sie höhere Anforderungen als an die Zahlungsunfähigkeit gestellt würden[170].

Grundsätzlich gilt im Eröffnungsverfahren bei der Ermittlung des Eröffnungsgrundes der Amtsermittlungsgrundsatz gemäß § 5 I InsO, was bedeutet, dass das Gericht für die Ermittlung der Voraussetzungen der Eröffnungsgründe zuständig ist[171]. Für die Feststellung der Zahlungsunfähigkeit müsste zunächst also eine umfangreiche Liquiditätsprüfung erfolgen[172]. Des Weiteren ist es in der Praxis schwierig, die Zahlungsunfähigkeit von der Zahlungsstockung abzugrenzen. Eine nur vorübergehende Zahlungsstockung begründet eben keine Zahlungsunfähigkeit und eben diese Abgrenzung fällt schwer[173].

Die gesetzliche Regelvermutung verfolgt aber den Zweck, die Ermittlung der Zahlungsunfähigkeit zu erleichtern, da sie die Ermittlung der Zahlungsunfähigkeit anhand eines Liquiditätsstatus erspart[174]. In der Literatur wird vertreten, dass dann eine weitere Prüfung insofern nach dem Sinn und Zweck dieser Vorschrift nicht mehr notwendig sei und nur noch in Ausnahmefällen erfolgen solle[175]. Die Frage ist allerdings, wann ein solcher Ausnahmefall vorliegt und ab diese Auffassung einfach so hingenommen werden kann. Insbesondere kann auch gelegentlich einfach eine Zahlungsunwilligkeit vorliegen. Ist sich beispielsweise ein Schuldner der Strafbarkeit bei Nichtabführen der Sozialversicherungsbeiträge nicht bewusst und stellt diese Zahlungen einfach hinten an, weil er auf eine Mahnung wartet, wie es bei anderen Forderungen regelmäßig der

170 Temme, Eröffnungsgründe, S. 39; wohl auch Bork InsO Rn. 85; Bork KTS 2005, 1, 2f; Harz/Baumgartner/Conrad ZInsO 2005, 1304, 1306ff.

171 BGH IX ZB 204/04 Rn. 12; Smid PraxisInsO § 4 Rn. 1; zur Reichtweite des Amtsermittlungsgrundsatzes BGH IX ZB 248/03; Gottwald/Uhlenbruck/Schmahl § 13 Rn. 1.

172 MüKo InsO/Eilenberger, (2. Aufl.) § 17 Rn. 10 ff; Gottwald/Uhlenbruck/Gundlach § 6 Rn. 13; siehe unten Teil 2 B III ff.

173 BGH IX ZR 123/04 Rn. 10; Harz/Baumgartner/Conrad ZInsO 2005 S. 1307.

174 Häsemeyer InsO Rn. 7.21; Foerste Rn. 110; Gogger S. 27; MüKo InsO/Eilenberger, (2. Aufl.) § 17 Rn. 27, 28.

175 Bork InsO Rn. 85; Hölzle ZIP 2007, S. 617; Temme, Eröffnungsgründe, S. 39.

Fall wäre, so wäre es in einem solchen Fall übereilt, die Zahlungsunfähigkeit aufgrund dieses normalerweise aussagekräftigen Indizes anzunehmen. Liegen also Tatsachen vor, die auf eine Zahlungseinstellung schließen lassen und es somit grundsätzlich zu einer Vermutung der Zahlungsunfähigkeit kommt, so darf dies nicht automatisch dazu führen, dass keine Prüfung mehr vorgenommen wird. Ein Finanzstatus muss erstellt werden, auch schon aus dem Grund, um eine eventuelle Haftung auszuschließen. Bei der Antragsstellung reicht hingegen ein Indiz der Zahlungseinstellung zur Glaubhaftmachung erst einmal aus[176].

Die Zahlungseinstellung ist also eine nach außen hin in Erscheinung tretende Zahlungsunfähigkeit, die sich durch eine Anhäufung von Indizien für die beteiligten Verkehrskreise erkennbar macht[177].

3. *Zwischenergebnis*

Dogmatisch gesehen handelt es sich somit nach dem Wortlaut, der Systematik und dem Sinn und Zweck bei der Zahlungseinstellung um eine Regelvermutung, die der Beweiserleichterung dienen soll, womit die vorab gestellte Frage über den Rechtscharakter der Zahlungseinstellung beantwortet wäre[178]. Eine Prüfung muss jedoch dennoch durchgeführt werden.

Fraglich ist aber, ob sich diese Auffassung mit der insolvenzrechtlichen Praxis vereinbaren lässt. In der Literatur werden teilweise andere Stimmen laut, die diese dogmatische Einordnung der Zahlungseinstellung nicht unterstützen. Nach Hölzle handelt es sich zwar dogmatisch, nicht aber in der Sache um eine bloße Beweiserleichterung zum Nachweis der Zahlungsunfähigkeit[179]. Was dies zu bedeuten hat, soll im Folgenden dargestellt werden.

4. *Die Zahlungseinstellung als eigener Eröffnungsgrund*

Es stellt sich also die Frage, wie Hölzle zu dieser Auffassung über die Dogmatik der Zahlungseinstellung kommt, wo man doch bei einer methodischen Betrachtungsweise zunächst zu dem Schluss kommt, dass es sich hierbei um eine Regelvermutung für die Zahlungsunfähigkeit und eben nicht um einen eigenständigen Eröffnungsgrund handelt[180].

---

176 MüKo InsO/Schmahl/Vula 3. Aufl. § 14 Rn. 77.

177 Pape/Uhlenbruck NJW Rn. 301.

178 Hölzle ZIP 2007, S. 617.

179 ebenda.

180 Siehe oben Teil 2 A I.

Nach dieser Ansicht ist Zahlungseinstellung im Sinne des § 17 II S. 2 InsO ein Verhalten des Schuldners, das zwar nicht eine Zahlungsunfähigkeit im Sinne des § 17 II S 1 InsO begründet, diese aber typischerweise indiziert[181]. Diese Definition ist nicht neu, aber der Schluss den Hölzle aus dieser zieht. Es kommt nämlich laut Hölzle bei Vorliegen entsprechender Indizien zu einem normativen Zwang des Faktischen, welcher vom Anfechtungsgegner zum Beispiel in einem insolvenzrechtlichen Anfechtungsprozess zu widerlegen sei[182].

Wie sich also laut Hölzle aus der BGH Rechtsprechung und dessen Präjudizienbestand[183] ableiten lässt, werden für die Ermittlung der Zahlungsunfähigkeit und der Zahlungseinstellung jeweils andere Parameter zugrunde gelegt[184]. Liegen verschiedene Ermittlungsmethoden vor, muss es sich konsequenterweise also auch um verschiedene voneinander unabhängige Eröffnungsgründe handeln[185]. Wenn schon nicht dogmatisch, dann aber zumindest in der Praxis[186]. Um was für Ermittlungsmethoden es sich hierbei genau handelt, soll im Folgenden dargestellt werden.

a) Die Ermittlung der Zahlungsunfähigkeit

Die genaue Ermittlung der Zahlungsunfähigkeit soll erst später im Detail erfolgen[187]. An dieser Stelle soll es ausreichen, diese Ermittlungsmethode nur im Groben darzustellen.

Die Zahlungsunfähigkeit wird rechnerisch aufgrund einer Liquiditätsbilanz ermittelt[188]. Es findet also eine genaue gutachterliche Prüfung der finanziellen Verhältnisse des Schuldners statt. Der BGH hat in seinem Grundsatzurteil vom 24.05.2005 die Parameter festgelegt, wie die Zahlungsunfähigkeit zu ermitteln ist[189]. Anhand dieser objektiven Kriterien, die in eine betriebswirtschaftliche

---

181 Kölner Schrift/Kirchhof S. 291; Hölzle ZIP 2006, S. 104.

182 Hölzle ZIP 2006, S. 104.

183 BGHZ 149, 178 ff BGH ZIP 2006, 2222; BGH ZIP 2004, 513 ff; BGH ZIP 2001, 1155, BGH ZIP 2001, 524 ff; BGH ZIP 2008, 420 ff; OLG Stuttgart ZIP 1997, 652; BGH ZIP 2006 1056; BGH ZIP 2006 1457 ff; BGH ZIP 2008 Rn. 20.

184 Hölzle ZIP 2007 S. 617.

185 Hölzle ZIP 2007 S. 617.

186 Hölzle ZIP 2007 S. 617.

187 Siehe unten Teil 2 B ff.

188 BGH IX ZR 123/04; Becker InsO Rn. 417; Reischl InsO, Rn. 100 ff; Häsemeyer InsO, 7.20; Foerste Rn. 109; MüKo InsO/Eilenberger, (2. Aufl.) § 17 Rn. 10 ff.

189 BGH IX ZR 123/04; Wolf/Kurz DStR 2006 S. 1339 ff; Zeuner jurisPR-InsR 2/2007 Anm. 2.

Prüfung eingebaut werden müssen, muss die Zahlungsunfähigkeit des Schuldners bestimmt werden.[190].

b) *Die wirtschaftskriminalistische Ermittlungsmethode der Zahlungseinstellung*

Im Gegensatz zur Zahlungsunfähigkeit findet bei der Zahlungseinstellung eben gerade keine rechnerische Ermittlung statt. Bei der Ermittlung der Zahlungseinstellung wird auf die wirtschaftskriminalistische Feststellungsmethode zurückgegriffen, die vor allem im Strafrecht aufgrund praktischer Erwägungen in der Regel angewendet wird[191]. Bei dieser Methode wird auf eine exakte rechnerische Aufstellung der finanziellen Situation wie bei der Ermittlung der Zahlungsunfähigkeit verzichtet[192]. Es werden aussagekräftige Indizien herangezogen, die eben nach außen hin auf eine Zahlungsunfähigkeit schließen lassen. Da es sich aber bei diesen Indizien in der Regel um Verbindlichkeiten handelt, die solange wie möglich bedient werden, führt diese Methode dazu, dass die Zahlungsunfähigkeit durch die Regelvermutung der Zahlungseinstellung erst Recht spät angenommen wird[193]. So handelt es sich hierbei zwar um ein sehr verlässliches Feststellungsmittel, aber aufgrund der für diese Ermittlungsmethode zugrunde gelegten Indizien verhältnismäßig wirkungslose, wenn man die Ziele der InsO bedenkt. Eine möglichst frühe Verfahrenseröffnung ist mit der Regelvermutung grundsätzlich nicht zu erreichen.

5. *Diskussion und Stellungnahme*

Die Ansicht von Hölzle wirft durchaus Fragen auf. Zwar lässt sich dogmatisch die Zahlungseinstellung als eigener Eröffnungsgrund nicht begründen, von der Hand zu weisen sind dessen Argumente dennoch nicht. Sowohl die Zahlungsunfähigkeit, die drohende Zahlungsunfähigkeit als auch die Überschuldung werden aufgrund verschiedener objektiver Kriterien bestimmt[194]. Indem bei der Zahlungseinstellung wiederum eigene Kriterien zu deren Bestimmung herangezogen werden, scheint die Ansicht vertretbar, dass auch die Zahlungseinstellung ein für sich allein stehender Eröffnungsgrund ist[195].

---

190 Siehe unten Teil 2 B III 2, 3, 6.

191 NStZ 2003, 546; BGH StR 437/02; Wolf/Kurz DStR 2006 S. 1340; Bork KTS 2005, 2; Harz/Baumgartner/Conrad ZInsO 2005, 1306, 1308.

192 Wolf/Kurz DStR 2006 S. 1340.

193 Kölner Schrift/Kirchhof S. 286.

194 Siehe z.B. BGH IX ZR 123/04; BGH IX ZR 228/03; BGH IX ZR 231/04.

195 Hölzle ZIP 2006 S. 104; Hölzle ZIP 2007 S. 617.

Diese Argumentation übersieht aber die wesentliche Verbindung zwischen den objektiven Kriterien zur Ermittlung der Zahlungsunfähigkeit und derer zur Ermittlung der Zahlungseinstellung. Die wirtschaftskriminalistische Methode zur Ermittlung der Zahlungseinstellung orientiert sich an den objektiven Kriterien der Zahlungsunfähigkeit[196]. Dies ist eine zwingende Konsequenz, da der Wortlaut von § 17 II S. 2 InsO rückbezüglich ist. Die Regelvermutung aus § 17 II S. 2 InsO dient dazu, die Zahlungsunfähigkeit sichtbar zu machen und die Voraussetzungen des Eröffnungsgrundes der Zahlungsunfähigkeit zu erleichtern[197]. Die Verhaltensweisen des Schuldners, die als objektive Kriterien zur Bestimmung der Zahlungseinstellung dienen, sind einzig und allein die erkennbare Manifestation der objektiven Kriterien der Zahlungsunfähigkeit[198]. Die Erkennbarkeit ist jedoch kein zusätzliches Merkmal, sondern es werden die regulären Voraussetzungen durch die Erkennbarkeit eines typischen Verhaltens ersetzt.

Es handelt sich also in dogmatischer Hinsicht nicht um eine eigene Ermittlungsmethode sondern nur um eine Evaluation des Offensichtlichen zur Vereinfachung der Feststellung im Eröffnungsverfahren.

II. Verfassungsrechtliche Betrachtungsweise der Zahlungseinstellung

Bei der Zahlungseinstellung handelt es sich in dogmatischer Hinsicht, wie eben dargestellt, nicht um einen eigenen Eröffnungsgrund sondern um eine Regelvermutung, die die objektiven Kriterien der Zahlungsunfähigkeit in der Erkennbarkeit zusammenfasst und ersetzt.

Da die Regelvermutung der Zahlungseinstellung aus § 17 II S. 2 InsO als Teil des Insolvenzgrundes der Zahlungsunfähigkeit auch eine öffentlich rechtliche Verfahrensnorm ist, ist diese auch voll an den Maßstäben der Grundrechte zu messen, wie dies bereits im ersten Teil aufgezeigt worden ist[199]. Deshalb soll nun im Folgenden der verfassungsrechtliche Hintergrund der Zahlungseinstellung beleuchtet werden, um auf diese Weise den Rahmen für die Bestimmung der objektiven Kriterien dieser abzustecken.

---

196 Wolf/Kurz DStR 2006, S. 1340; Kölner Schrift/Kirchhof S. 287; BGH IX ZR 123/04; BGH 27.11.1974, WM 1975, 6; BGH IX ZR 48/01; Kummer, jurisPR-BGHZivilR 1/2007 Anm. 3, S. 2.

197 Wolf/Kurz DStR 2006 S. 1340.

198 In diesem Sinne Kölner Schrift/Kirchhof S. 287.

199 Siehe oben Teil 1 A I 3 ff, 5 c.

1. Problematik der Regelvermutung mit Verfassungsrecht

Die Zahlungseinstellung begründet eine widerlegbare Vermutung für das Bestehen einer Zahlungsunfähigkeit[200]. Es kommt also aufgrund der Vermutung zu einer Umkehr der Darlegungslast, die den Schuldner, will er die Eröffnung des Insolvenzverfahrens verhindern, zu einer schlüssigen und substantiierten Gegendarstellung zwingt[201]. Der Schuldner muss also in dieser Situation selbst aktiv werden.

Dies wirkt zunächst vielleicht etwas befremdlich, bedenkt man die Ausführungen des BGH zum Zeitpunkt des Vorliegens der Eröffnungsgründe[202]. Aufgrund des erheblichen Grundrechtseingriffs beim Schuldner sind die Anforderungen an die Insolvenzgründe hoch und dies nicht nur bei der Bestimmung des Zeitpunkts für das Vorliegen der Eröffnungsgründe[203]. Die Begründung des BGH für die Bestimmung des entscheidungserheblichen Zeitpunkts kann man im Kern auch auf die Regelvermutung übertragen. Das resultiert daraus, dass der Insolvenzgrund der Zahlungsunfähigkeit und damit auch der Zahlungseinstellung der Rechtfertigungsgrund für den Grundrechtseingriff beim Schuldner ist[204]. Dieser Grundgedanke muss vom Rechtsanwender berücksichtigt werden.

Im Falle der Regelvermutung aus § 17 II S. 2 InsO steht der Schuldner nun in doppelter Hinsicht schlecht dar, denn zum einen droht ihm die Eröffnung eines Insolvenzverfahrens und zum anderen trägt er nun auch noch die Last zur Darlegung entsprechender Umstände, wenn er die Eröffnung noch verhindern will[205]. Sein grundrechtlicher Schutz, der sich teilweise auch im Amtsermittlungsgrundsatz ausdrückt, wird somit noch weiter beschränkt. Der Amtsermittlungsgrundsatz greift nur noch in Ausnahmefällen, nämlich nur dann, wenn tatsächlich Anhaltspunkte vorliegen, die etwas Gegenteiliges vermuten lassen[206].

Die Grundrechtsbeeinträchtigung beim Schuldner wird durch die Regelvermutung also noch erheblich verschärft. Fraglich ist inwiefern dies nun im Einklang mit den Grundrechten des Schuldners stehen kann.

---

200 Foerste, Rn. 110; Smid PraxisInsO § 3, Rn. 49; BGH IX ZR 38/04, Rn. 15; Pape/Uhlenbruck NJW Rn. 301; Kölner Schrift/Kirchhof S. 285.

201 in diesem Sinne:Häsemeyer InsO, 7.21; Harz/Baumgartner/Conrad ZInsO 2005, 1306; Hölzle ZIP 2007 617; Hölzle ZIP 2006 S. 101.

202 BGH IX ZB 204/04 Rn. 9 ff; genauere Erläuterungen siehe oben Teil 1 A I 5 ff.

203 Siehe oben Teil 1 A I 3, 5.

204 Gottwald/Uhlenbruck/Gundlach § 6 Rn. 1; Smid PraxisInsO § 3, Rn. 2.

205 Wimmer/Dauernheim/Hefermehl 1. Kap., Rn. 172; Temme, Eröffnungsgründe, S. 39; in diesem Sinne Häsemeyer InsO, 7.21.

206 Häsemeyer InsO, 7.21; Temme, Eröffnungsgründe, S. 39; Gogger, S. 27.

2. *Lösungsansatz Interessenausgleich durch Abwägung*

Da es also zu einer Verschärfung der Grundrechtsbeeinträchtigung beim Schuldner aufgrund dieser Vermutung kommt, könnte man also die These aufstellen, dass es hier einen Konflikt gibt zwischen der Regelvermutung und den eigentlich schützenswerten Positionen des Schuldners. Fraglich ist dann, wie mit dieser Problematik umzugehen ist und wie sie sich auswirkt.

An der Verfassungsmäßigkeit des § 17 InsO bestehen keine Zweifel. Auch an der Zahlungseinstellung als Regelvermutung bestehen insofern keine Zweifel an deren Verfassungsmäßigkeit.

Bei der Regelvermutung handelt es sich um ein vom Gesetzgeber zusätzliches installiertes Instrument, um eine Verfahrenseröffnung zu erleichtern, da die rechnerisch zu ermittelnde Zahlungsunfähigkeit in der Regel schwer nachzuweisen ist[207]. Sie ist demnach ein legitimer Ausdruck der staatlichen Intention, die Eröffnung des Insolvenzverfahrens zu beschleunigen. Es wäre eine sinnlose Förmelei, bei Vorliegen offensichtlicher Anzeichen noch die Erstellung einer umfangreichen Liquiditätsbilanz zu verlangen, wobei eine Prüfung, wenn auch vielleicht nur im reduzierten Maße, allein schon aus haftungsrechtlichen Gesichtspunkten trotzdem zu erfolgen hat. Bedient man sich aber dieses Mittels, muss dies auch im Rahmen der verfassungsmäßigen Grenzen geschehen, die für die Zahlungsunfähigkeit gelten[208]. So ist demnach auch die Zahlungseinstellung bei der Bestimmung der objektiven Kriterien verfassungskonform auszulegen. § 17 II S. 2 InsO beinhaltet schon eine Interessenabwägung. Das ergibt sich bereits aus dem Wortlaut, da von einer Zahlungsunfähigkeit regelmäßig auszugehen ist, wenn die Zahlungen eingestellt worden sind. Liegt also ein entsprechendes Kriterium vor, muss nicht nachträglich noch einmal abgewogen werden. Im Folgenden soll diese bereits erfolgte Abwägung bei den einzelnen gleich dargestellten Kriterien, deren Vorliegen regelmäßig zur Annahme einer Zahlungsunfähigkeit führt, einmal aufgezeigt werden.

III. Die abstrakten Anforderungen an die objektiven Kriterien der Zahlungseinstellung

Da die Zahlungseinstellung, wie eben festgestellt, an die Zahlungsunfähigkeit anknüpft, muss die Regelvermutung dementsprechend auch die

207 BGH IX ZR 188/98 Rn. 9 ff; Kölner Schrift/Kirchhof, S. 285; Häsemeyer InsO, 7.21; Foerste Rn. 110; BGH IX ZR 81/99 Rn. 9,12.

208 Siehe oben Teil 1 A I 5 c.

verfassungsmäßigen Grenzen einhalten, die ja schon für die Zahlungsunfähigkeit gelten[209]. Bevor nun die objektiven Kriterien anhand von einigen Fallbeispielen untersucht werden, soll zunächst der Rahmen bestimmt werden, innerhalb welchem sich die verschiedenen Indizien zu bewegen haben. Hierbei müssen zwei wesentliche Aspekte berücksichtigt werden.

1. Konnexität zwischen Zahlungsunfähigkeit und Zahlungseinstellung

Objektive Kriterien, die auf eine Zahlungseinstellung hindeuten, müssen bestimmte Voraussetzungen erfüllen. Die Zahlungseinstellung selbst ist im Gesetz im Gegensatz zur Zahlungsunfähigkeit nicht definiert, was die Bestimmung der objektiven Kriterien zunächst einmal erschwert[210]. Dennoch muss man einen Bezugspunkt finden, mit dessen Hilfe man zu einer solchen Bestimmung ansetzen kann.

Als Regelvermutung für die Zahlungsunfähigkeit müssen die objektiven Kriterien der Zahlungseinstellung ein Rückschluss für die objektiven Kriterien der Zahlungsunfähigkeit sein[211]. Möchte man also die objektiven Kriterien der Zahlungseinstellung bestimmen, muss man sich konsequenterweise zunächst an denen der Zahlungsunfähigkeit orientieren[212]. Es besteht eine Verbindung zwischen diesen beiden, da die Zahlungseinstellung an die Zahlungsunfähigkeit anknüpft[213]. Dies muss also als Ausgangspunkt für die Festlegung des Rahmens der objektiven Kriterien der Zahlungseinstellung herangezogen werden.

2. Erkennbarkeit

Da sich die Kriterien der Zahlungseinstellung an denen der Zahlungsunfähigkeit zu orientieren haben, stellt sich nun die Frage, worin sich diese unterscheiden. Bei der Ermittlung der Zahlungseinstellung wird auf die wirtschaftskriminalistische Ermittlungsmethode zurückgegriffen[214]. Da es nicht zu einer exakten

---

209 Siehe oben Teil 1 A I 3 ff, 5.

210 Kölner Schrift/Kirchhof S. 287.

211 In diesem Sinne wohl: Reischl InsO, Rn. 110; BGH NZI 2007, 36,37; BGH NZI 2008 231, 232; Kölner Schrift/Kirchhof S. 287.

212 In diesem Sinne wohl auch: Häsemeyer InsO, 7.21; Kölner Schrift/Kirchhof S. 287; Keller Rn. 560; Foerste Rn. 110; Pape/Uhlenbruck NJW Rn. 301.

213 Wimmer/Dauernheim/Hefermehl 1. Kap., Rn. 172; Pape/Uhlenbruck NJW Rn. 301; Kölner Schrift/Kirchhof S. 287; in diesem Sinne: Gogger S. 27; BGH IX ZR 147/94.

214 NStZ 2003, 546; BGH StR 437/02; Wolf/Kurz DStR 2006 S. 1340; Bork InsO Rn. 85; Bork KTS 2005, 2; Harz/Baumgartner/Conrad ZInsO 2005, 1306, 1308.

rechnerischen Ermittlung kommt, brauchen die Indizien ein anderes Element, um sich von der Zahlungsunfähigkeit abzugrenzen und gleichzeitig diese zu indizieren. Die objektiven Kriterien der Zahlungseinstellung müssen so beschaffen sein, dass sie sich durch das Element der Erkennbarkeit auszeichnen, was der BGH auch in seiner Definition der Zahlungseinstellung aufgreift[215].

Dieses äußerlich erkennbare Verhalten muss so eindeutig sein, dass ohne große Probleme auf die Zahlungsunfähigkeit geschlossen werden kann.

3. *Verfassungskonforme Auslegung und Interessenabwägung*

Als weitere Voraussetzung müssen die verfassungsrechtlichen Schranken, die sich aus den Grundrechten des Schuldners ergeben, berücksichtigt werden. Nicht nur die objektiven Kriterien der Zahlungseinstellung müssen ebenso in verfassungskonformer Weise ermittelt werden, sondern auch die Kriterien der Zahlungsunfähigkeit, da sich ja die Zahlungseinstellung an der Zahlungsunfähigkeit orientiert[216]. Dies ist die logische Konsequenz, die sich aus dem öffentlich rechtlichen Charakter dieser Verfahrensnorm ergibt[217].

Hier kommt es demnach einmal mehr zu einer Interessenabwägung zwischen denen des Staates und der Gläubiger auf der einen Seite und denen des Schuldners auf der anderen. Es findet also wiederum eine Gegenüberstellung der legitimen staatlichen Zwecke der beschleunigten Verfahrenseröffnung, der Haftungsverwirklichung des Gemeinschuldners durch ein effektives Verfahren im Verhältnis zu den Grundrechten des Schuldners statt[218].

Hier liegt die eigentliche Schwierigkeit bei der Bestimmung der objektiven Kriterien, denn es stellt sich die Frage, wie weit man sich dem Interesse des Staates und der Gläubiger nähern kann, ohne die grundrechtlichen Positionen des Schuldners zu verletzen. Möchte man den Zielen des Insolvenzverfahrens allerdings gerecht werden, muss dieser Spielraum ausgereizt werden. Überschreitet man allerdings die Grenze, so führt dies gegebenenfalls zur Rechtswidrigkeit

---

215 BGH NJW 1984, 1953; BGH KTS 1960, 38, BGH ZIP 1985, 363, BGH ZIP 2000, 1026; Häsemeyer, 2. Teil 7.21; Haarmeyer/Wutzke/Förster Kap. 1, IV, Rn. 86; Rattunde jurisPR-InsR 11/2007 Anm 3.

216 In diesem Sinne: Reischl InsO, Rn. 110; BGH NZI 2007, 36,37; BGH NZI 2008 231, 232; Kölner Schrift/Kirchhof S. 287; in diesem Sinne wohl auch: Häsemeyer InsO, 7.21; Keller Rn. 560; in diesem Sinne wohl auch Foerste Rn. 110; Pape/Uhlenbruck NJW Rn. 301.

217 Siehe oben Teil 1 A I 3 c.

218 BT-Drucks 12/2443 Rn. 73; in diesem Sinne: Smid PraxisInsO § 3, Rn. 1, 2, § 1, Rn. 38; Smid DZWIR 2004, 1–23, S. 12 über juris.

der Eröffnung des Verfahrens, wenn sowohl keine Zahlungseinstellung als auch keine Zahlungsunfähigkeit vorliegt. Kriterien, die zu dicht an den Interessen des Schuldners gelagert sind, haben zunächst keine negativen Auswirkungen auf die Rechtmäßigkeit des Eröffnungsverfahrens.

4. *Ergebnis*

Der Rahmen der objektiven Kriterien besteht somit aus einer Orientierung an den objektiven Kriterien der Zahlungsunfähigkeit und aus einer verfassungskonformen Auslegung, die die Interessen des Schuldners und des Staates innerhalb des Eröffnungsverfahrens gegeneinander abwägt. Des Weiteren zeichnen sich diese durch das Element der Erkennbarkeit nach außen hin aus.

IV. Die Rechtsprechung des BGH zur Zahlungseinstellung

Die objektiven Kriterien der Zahlungseinstellung müssen ein Ausdruck der objektiven Kriterien der Zahlungsunfähigkeit sein und müssen diese erkennbar machen. Gleichzeitig müssen aber die verfassungsrechtlichen Grenzen eingehalten werden.

Zur Förderung des Verständnisses der Zahlungseinstellung soll deshalb nun die Rechtsprechung des BGH und die daraus folgenden objektiven Kriterien exemplarisch an zwei Urteilen erörtert werden.

1. *Die Nichtzahlung von Löhnen als Indiz der Zahlungseinstellung (BGH IX ZR 38/04)*[219]

Dieser Entscheidung lag zunächst folgender Sachverhalt zugrunde:

a) *Sachverhalt*

> Die Beklagte gewährte der später insolventen J GmbH am 6.3 und 8.4.1998 zwei Darlehen über insgesamt 550 000 DM. Zur Kreditsicherung wurden der Beklagten in beiden Fällen Gegenstände des Betriebes zur Sicherung übereignet. Bereits Anfang 1998 ging man zum Insolvenzgericht um einen Antrag zu stellen, da es schon seit 1997 Schwierigkeiten gab, die Löhne der Arbeiter zu bezahlen. Der Zahlungsrückstand habe zu diesem Zeitpunkt circa 2 Monate betragen. Aufgrund der Zusage frischen Geldes wurde der Insolvenzantrag dann allerdings noch verschoben. Am 1.12.1998 wurde das Insolvenzverfahren eröffnet.
>
> Der Kläger begehrt die Feststellung, dass der Beklagten aus den Sicherungsübereignungen keine durchsetzbaren Rechte an dem Verwertungserlös zustehen.

---

219 BGH IX ZR 38/04 in ZInsO 2008, 378–381.

b) Entscheidung

Der BGH geht in seiner Entscheidung zunächst auf die Definition der Zahlungseinstellung ein.

Die Zahlungseinstellung setze zum einen die objektive Zahlungsunfähigkeit und zum anderen deren Kundgabe nach außen voraus, wobei eine Einstellung aller Zahlungen nicht erforderlich sei, auch wenn weiterhin beachtliche Summen gezahlt würden, schließe dies die Zahlungsunfähigkeit nicht aus, da es genüge, dass der wesentliche Teil der Verbindlichkeiten nicht bedient werde[220]. Etwas prägnanter und vielleicht auch präziser ausgedrückt erfordere die Zahlungseinstellung die nach außen hin für die beteiligten Verkehrskreise erkennbar gewordene Nichtzahlung der wesentlichen Verbindlichkeiten[221]. Lege eine solche vor, könne von der Zahlungseinstellung auf die Zahlungsunfähigkeit geschlossen werden[222]. Die objektive Zahlungsunfähigkeit ist demnach grundsätzlich nicht eine Voraussetzung für die Zahlungseinstellung, sondern indiziere diese nur[223].

Der BGH hatte in dieser Entscheidung festzustellen, ob und wann eine Zahlungseinstellung vorlag. Der Geschäftsführer gab an, schon 1997 Probleme mit den Lohnzahlungen gehabt zu haben und im Januar 1998 circa 2 Monate mit den Zahlungen im Rückstand gewesen zu sein[224]. Die schleppende Zahlung von Löhnen und Gehältern ist nach allgemeiner Ansicht ein Indiz für eine Zahlungseinstellung[225].

Dieses Indiz wurde aber vom Berufungsgericht mit der Begründung abgelehnt, dass die Arbeitnehmer von der schlechten finanziellen Lage Kenntnis gehabt hätten, diese hinnahmen und somit von einer Stundung auszugehen sei. Diese Argumentation sei laut BGH deshalb nicht haltbar, da für die Ermittlung des richtigen Zeitpunkts auch solche Gläubiger zu berücksichtigen seien, die eine Aufforderung zur Zahlung getätigt, aber auf sonstige weitere Bemühungen verzichtet haben[226]. Eine stillschweigende Einwilligung zu einer späteren oder nachrangigen

---

220 BGHZ 149, 100, 108; BGH IX ZR 34/83; IX ZR 147/94; BGH IX ZB 36/07.

221 Bork InsO Rn. 85; BGH ZIP 2006, 2222 Rn. 13; BGH ZIP 2004, 513, 515 f; Foerste Rn. 110.

222 Häsemeyer InsO, Rn. 7.21; Foerste Rn. 110; Bork InsO Rn. 85; Smid PraxisInsO § 3 Rn. 49.

223 Häsemeyer InsO, Rn. 7.21; in diesem Sinne Foerste Rn. 110; Bork InsO Rn. 85.

224 BGH IX ZR 38/04 Rn. 17.

225 Jaeger/Henckel, § 30 Rn. 28; Wimmer/Dauernheim Hefermehl 1. Kap., Rn. 173.

226 BGH IX ZR 38/04 Rn. 21.

Befriedigung seiner Forderung sei in der Regel eher abzulehnen[227]. Laut BGH gelte dies gerade im Rahmen von erzwungenen Stundungen bei Arbeitnehmern, da diesen oft keine Wahl bliebe und aus Angst um ihren Arbeitsplatz eher still hielten[228].

c) Diskussion

Das hier zur Beurteilung herangezogene Indiz, ob Zahlungseinstellung vorliegt oder nicht, ist die Nichtzahlung der Löhne an die Arbeitnehmer. Im Folgenden soll nun überprüft werden, ob dieses Indiz die Voraussetzungen für die Vermutung einer Zahlungseinstellung erfüllt.

(1) Die Nichtzahlung als objektives Kriterium

Die Nichtzahlung von Löhnen gilt als typisches Indiz für die Zahlungseinstellung in der Rechtsprechung[229]. Diese müsste demnach auch aufgrund der Konnexität zur Zahlungsunfähigkeit diese spiegelbildlich zum Ausdruck bringen[230]. Zahlungsunfähigkeit liegt grundsätzlich vor, wenn eine Liquiditätslücke von 10% oder mehr vorliegt und diese nicht innerhalb von drei Wochen zu beseitigen ist und keine besonderen Umstände etwas Gegenteiliges vermuten lassen[231]. Das Indiz der Nichtzahlung von Löhnen müssten nun in der Lage sein, diese objektiven Kriterien auszudrücken.

Bei Lohnkosten handelt es sich um Verbindlichkeiten, die in der Regel recht lange bedient werden. Diese werden grundsätzlich nur dann nicht mehr bei Fälligkeit bezahlt, wenn der Schuldner das Geld nicht mehr aufbringen kann[232]. Löhne sind wie Miet- oder Grundpfandzinsen, Sozialversicherungsbeiträge, Energiekosten und Telekommunikationsleistungen essentiell wichtig für den Geschäftsbetrieb und dessen Aufrechterhaltung[233]. Deshalb kann bei einer Nichtzahlung von Löhnen auch als typisches Indiz für die Zahlungseinstellung in der Rechtsprechung ausgegangen werden[234]. Es findet bei

---

227 Jaeger/Müller § 17 Rn. 10; Uhlenbruck InsO/Uhlenbruck (12. Aufl.) § 17 Rn. 8; BGH IX ZR 38/04 Rn. 22.

228 BGH IX ZR 38/04 Rn. 23.

229 BGH ZIP 2008, 706; BGH NZI 2001, 247; RG Recht 1910 Nr. 3594; Jaeger/Henckel § 30 Rn. 28; Kuhn/Uhlenbruck KO § 30 Rn. 3c.

230 Siehe oben Teil 2 A III 1.

231 BGH IX ZR 123/04; Wolf/Kurz DStR 2006, S. 1339; Gäbel jurisPR-InsR 5 2007 Anm. 4; BGH IX ZR 228/03.

232 BGH NZI 2006, 591; BGH NZI 2007, 36, 37.

233 Gummert/Gehde § 11 Rn. 192.

234 BGH ZIP 2008, 706; BGH NZI 2001, 247; RG Recht 1910 Nr. 3594; Jaeger/Henckel § 30 Rn. 28; Kuhn/Uhlenbruck KO § 30 Rn. 3c.

den anfallenden Verbindlichkeiten eine unterschiedliche Gewichtung statt, da die Schuldner dazu tendieren, an die drängendsten Gläubiger zuerst zu zahlen[235]. Dies ist ein logisches Verhaltensmuster, da während einer Krise vom Schuldner Prioritäten gesetzt werden müssen. Dieses typischerweise auftretende Verhalten kann insofern als Indiz genutzt werden und lässt einen Rückschluss auf das Vorliegen der objektiven Kriterien der Zahlungsunfähigkeit zu. Liegt eine Nichtzahlung von Löhnen vor, so lässt dies in der Regel auf finanzielle Situation schließen, die jenseits dieser vom BGH aufgestellten Grenze liegt.

Die Nichtzahlung von Löhnen bietet sich für den Arbeitgeber insbesondere deswegen an, da er noch die Möglichkeit hat, betriebsintern mit seinen Gläubigern zu reden. Verhandlungen mit Energieversorgern und Sozialversicherungsträgern dürften sich als schwieriger darstellen. Die Arbeitnehmer hingegen könnten sich unter Umständen leichter davon überzeugen lassen, ihrer Gehälter Stunden zu lassen, wenn in Aussicht stünde, dass dadurch der Arbeitsplatz und die Zukunft des Betriebes gesichert wäre. Die Löhne und die Arbeitnehmer stellen somit quasi einen letzter Puffer für den Schuldner dar. Hier kann er sich tatsächlich noch am ehesten kurzfristig Luft verschaffen.

(2) Die Nichtzahlung von Löhnen im verfassungsrechtlichen Kontext

Dieses Indiz ist nun im verfassungsrechtlichen Kontext zu betrachten. Wie bereits erörtert, muss das Indiz der Nichtzahlung von Löhnen bestimmte Voraussetzungen erfüllen, um als Regelvermutung auf die Zahlungsunfähigkeit schließen zu lassen[236]. Die Zahlungseinstellung markiert grundsätzlich den letzten Zeitpunkt der Krise, da die Zahlungsunfähigkeit in der Regel schon viel früher eingetreten ist[237].

Fraglich ist allerdings, welcher Zeitpunkt damit eigentlich genau markiert wird. Zunächst einmal ist von Bedeutung, dass durch das Indiz der Nichtzahlung von Löhnen ein Zeitpunkt bestimmt wird, der hinter dem Zeitpunkt liegt, der von den objektiven Kriterien zur Zahlungsunfähigkeit definiert wird. Dies ergibt sich praktisch aus dem Merkmal der Erkennbarkeit[238]. Die objektiven Merkmale der Zahlungsunfähigkeit sind bei ihrem Eintreten grundsätzlich nicht so offensichtlich, ansonsten wäre die Regelvermutung auch überflüssig. Sobald sich aber ein äußerlich deutlich erkennbares Verhalten zeigt, muss dieses an den

235 Andres/Leithaus/Leithaus InsO § 17 Rn. 3.

236 Siehe oben Teil 2 A II.

237 Kölner Schrift/Kirchhof S. 286.

238 Siehe oben Teil 2 A III 2.

verfassungsrechtlichen Vorgaben gemessen werden, wenn man es als Indiz für die Regelvermutung gelten lassen will[239].

Im vorliegenden Fall geschieht die Berücksichtigung der Grundrechte des Schuldners über die mit dem Indiz verbundene zeitliche Komponente. Zum einen beinhaltet das Indiz der Nichtzahlung der Löhne schon einen gewissen Zeitraum, da dieses in der Regel erst später auftritt, und zum anderen wurden vorliegend die Löhne über einen Zeitraum von 2 Monaten nicht gezahlt. Dem Schuldner wird also durch dieses Indiz genügend Zeit gegeben, so dass es nicht zu einer unsachgemäßen Benachteiligung der Interessen des Schuldners kommt.

Die verfassungskonforme Auslegung äußert sich also in verschiedene Weise. Sie äußert sich oberflächlich in der erkennbaren Nichtzahlung von Löhnen, da im vorliegenden Fall erst dies zur Regelvermutung führt, steckt aber vielmehr in der darin enthaltenen zeitlichen Komponente. Die grundrechtlichen Interessen des Schuldners werden dadurch gewahrt und dieser wird nicht zu früh einer Beweislastumkehr ausgesetzt.

Bei den Indizien für die Regelvermutung muss immer wieder bedacht werden, dass § 17 InsO ein Rechtfertigungsgrund für einen erheblichen Eingriff in die Grundrechte des Schuldners darstellt und dass die Regelvermutung zu einer erheblichen Verschlechterung der Position des Schuldners im Eröffnungsverfahren führt.

2. *Die Nichtabführung von Sozialversicherungsbeiträgen als Indiz der Zahlungseinstellung (BGH IX ZB 238/05)*

Dieser zweiten Entscheidung lag folgender Sachverhalt zugrunde.

a) Sachverhalt

> Die beteiligte Krankenkasse beantragte wegen rückständige Sozialversicherungsbeiträge für die Monate Februar 2004 bis einschließlich August 2004 sowie Zwangsvollstreckungskosten, Säumniszuschlägen und Mahngebühren in Höhe von insgesamt 7.440,90 Euro am 20.09.2004 die Eröffnung des Insolvenzverfahrens. Zur Glaubhaftmachung wurde ein Auszug aus dem Heberegister vorgelegt. Am 1.10.2004 wurde dem Insolvenzgericht von der Krankenkasse mitgeteilt, dass eine Teilzahlung in Höhe von 1.152,25 Euro erfolgt ist. Der noch ausstehende Betrag belief sich danach auf 6.367,92 Euro.

239 Siehe oben Teil 1 A I 3 ff.

b) Entscheidung

Die Vorinstanzen bejahten das rechtliche Interesse der Krankenkasse und sahen auch die geltend gemachte Forderung als glaubhaft an[240]. Da aber weder eine Fruchtlosigkeitsbescheinigung des Gerichtsvollziehers noch das Protokoll einer eidesstattlichen Versicherung vorlag, sei das Vorliegen des Eröffnungsgrundes der Zahlungsunfähigkeit für die erste Instanz nicht wahrscheinlich. Die Nichtabführung der Sozialversicherungsbeiträge über mehrere Monate sei lediglich ein Indiz, dass in einer Gesamtschau vom Insolvenzgericht berücksichtigt werden könne. Alleine reiche dieses jedoch nicht aus[241]. Auch die Strafandrohung aus § 266 a StGB führe nicht automatisch zu der Annahme, dass der Schuldner diese Verbindlichkeiten in der Regel vorrangig bedienen würde. Des Weiteren sei auch wieder eine Teilzahlung an die Krankenkasse erfolgt, was schließlich als gegenteiliges Indiz gegen eine Zahlungsunfähigkeit spräche[242].

Diese Argumentation wird vom BGH abgelehnt, da diese die Anforderungen an die Glaubhaftmachung des Insolvenzgrundes über die Maßen erhöhe[243]. Bei einem Rückstand der Zahlungen der Sozialversicherungsbeiträge von insgesamt mehr als sechs Monaten hat der Antragssteller laut BGH den Eröffnungsgrund gemäß § 294 ZPO glaubhaft gemacht[244].

Die Zahlungsunfähigkeit kann nach Ansicht des BGH nicht nur durch eine Liquiditätsbilanz[245] sondern auch durch entsprechende Indizien festgestellt werden[246]. Die Nichtabführung von Sozialversicherungsbeiträgen stellt gerade aufgrund seiner Strafandrohung aus § 266a StGB ein gewichtiges Indiz dar, da gerade deshalb solche Forderungen vorrangig und bis zuletzt bedient werden[247]. Laut BGH lässt die Strafbewährung das Vorliegen einer bloßen Zahlungsunwilligkeit als unwahrscheinlich erscheinen. Liegen keine weiteren Indizien vor, die eventuell für eine Zahlungsfähigkeit sprächen, dann reicht das Indiz der Nichterfüllung der Sozialversicherungsbeiträge aus[248].

---

240 BGH IX ZB 238/05 Rn. 4

241 BGH IX ZB 238/05 Rn. 4.

242 BGH IX ZB 238/05 Rn. 8.

243 BGH IX ZB 238/05 Rn. 5.

244 BGH IX ZB 238/05 Rn. 5.

245 BGH IX ZR 123/04.

246 BGH IX ZR 175/02.

247 BGHZ 149,178,187; IX ZR 89/02; ZInsO 2000, 560, 561; Braun InsO/Bußhardt 5. Aufl § 14 Rn. 22; FK-InsO/Schmerbach § 14 Rn. 77; HK-InsO/Kirchhof § 17 Rn. 34; MüKo InsO/Schmahl (2. Aufl.) § 14 Rn. 35.

248 BGH IX ZB 238/05 Rn. 6.

c) Diskussion

Als Indiz für die Zahlungseinstellung wird hier die Nichtabführung der Sozialversicherungsbeiträge angeführt. Im Folgenden soll nun dieses Indiz dahingehend überprüft werden, ob es den Anforderungen gerecht wird.

Der BGH nimmt eine Zahlungseinstellung an, wenn die Sozialversicherungsbeiträge über einen Zeitraum von 6 Monaten nicht bedient worden sind[249]. Aufgrund der Strafandrohung ist dies ein gewichtiges Indiz dafür, dass es sich hier um eine vorrangige Verbindlichkeit handele, die in der Regel so lange wie möglich bedient werden[250]. Ist dies nicht mehr der Fall so kann davon ausgegangen werden, dass der Schuldner die Zahlungen eingestellt hat[251].

Bei der Nichtabführung der Sozialversicherungsbeiträge handelt es sich um ein sehr aussagekräftiges Indiz. Dies ergibt sich aus dem Zusammenhang mit dem § 266a StGB. Wiederum findet bei diesem Indiz eine starke Berücksichtigung der grundrechtlichen Position des Schuldners statt. Die Grenze wird durch den § 266a StGB markiert.

Des Weiteren beinhaltet dieses Indiz wiederum eine zeitliche Komponente. Der BGH nimmt erst eine Zahlungseinstellung an, wenn die Sozialversicherungsbeiträge über einen Zeitraum von 6 Monaten nicht gezahlt worden sind[252]. Erst dann würde die Regelvermutung eingreifen. Dies ist zweifellos eine Konsequenz der verfassungskonformen Auslegung, die natürlich auch für die objektiven Kriterien der Zahlungseinstellung zu gelten hat.

Die objektiven Kriterien für die Zahlungseinstellung müssen so deutlich beschaffen sein, dass sie die Bedenken bezüglich der Grundrechte des Schuldners überwinden. Deshalb nimmt der BGH auch nicht gleich beim ersten Fall des Nichtabführens der Sozialversicherungsbeiträge eine Zahlungseinstellung an. Ob es dennoch erforderlich ist, den Zeitraum auf 6 Monate auszudehnen ist, ist fraglich. Immerhin handelt es sich um ein strafbewährtes Verhalten. Sollte ein Schuldner tatsächlich schon 3 Monate lang nicht in der Lage gewesen sein, die Sozialversicherungsbeiträge zu bedienen, spricht grundsätzlich nichts dagegen, auch dann schon die Zahlungsunfähigkeit durch die Regelvermutung anzunehmen.

Insofern ist hier das zeitliche Element durch den BGH überbetont worden. 6 Monate erscheinen anlässlich der Bedeutung, die das Nichtabführen von Sozialversicherungsbeiträgen hat, übertrieben.

---

249 BGH IX ZB 238/05 Rn. 5.

250 BGH IX ZB 238/05 Rn. 6.

251 BGH IX ZB 238/05 Rn. 6.

252 BGH IX ZB 238/05 1. Leitsatz.

V. Ergebnis zur Zahlungseinstellung

Die Zahlungseinstellung stellt eine gesetzliche Regevermutung für die Zahlungsunfähigkeit dar.

Die objektiven Kriterien der Zahlungsunfähigkeit werden durch andere Kriterien für die Regelvermutung ersetzt, müssen diese aber indizieren können. Ferner tritt das Merkmal der Erkennbarkeit hinzu.

Auch die Kriterien für die Zahlungseinstellung müssen sich an der verfassungskonformen Auslegung messen lassen. Da es zu einer Regelvermutung zuungunsten des Schuldners kommt und dadurch seine Position im Eröffnungsverfahren erheblich verschlechtert wird, wird die Erkennbarkeit erheblich stärker betont.

Bereits im ersten Teil ist die Bedeutung der verfassungskonformen Auslegung für die Eröffnungsgründe erörtert wurden. Bei der Zahlungseinstellung ist aufgezeigt worden, wie sich die verfassungskonforme Auslegung abstrakt und konkret auf deren objektive Kriterien auswirkt und wie diese beschaffen sein müssen, wenn man solche bestimmen möchte.

Dieser Gedanke soll nun im Begriff der Zahlungsunfähigkeit fortgeführt werden und aufzeigen, wie sich die verfassungskonforme Auslegung auf die vom BGH entwickelten objektiven Kriterien ausgewirkt hat und diese prägt.

B. Die Zahlungsunfähigkeit gemäß § 17 II S. 1 InsO

I. Einleitung

Der Begriff der Zahlungsunfähigkeit ist der Dreh- und Angelpunkt der Insolvenzordnung. Die Eröffnungsgründe sind die Rechtfertigung für den Eingriff in die Grundrechte des Schuldners[253]. Des Weiteren hat der Begriff der Zahlungsunfähigkeit vor dem Hintergrund gesetzlicher Insolvenzantragspflichten auch erhebliche Bedeutung in Zusammenhang mit haftungs- und strafrechtlichen Sanktionen[254]. Die Definition der Zahlungsunfähigkeit steckt den Rahmen ab, innerhalb dessen ein solcher Grundrechtseingriff erfolgen darf.

Die Zahlungsunfähigkeit ist vom Gesetzgeber legaldefiniert worden[255]. Die Diskussion über die Definition der Zahlungsunfähigkeit und insbesondere das Weglassen der Merkmale der Dauer und Wesentlichkeit im Zusammenhang mit der Reform von 1999 soll hier nicht noch einmal behandelt werden[256]. Es stellt sich vielmehr die Frage, aus welchen Elementen sich diese nicht mehr ganz neue Legaldefinition genau zusammensetzt und welche Möglichkeiten diese verschiedenen Elemente dem Rechtsanwender zur Verfügung stellen.

Ein wesentliches Problem der Zahlungsunfähigkeit ist deren Feststellung, da der Begriff der Liquidität im rechtlichen und im betriebswirtschaftlichen Bereich unterschiedlich definiert wird und zusätzlich im Gesetz keine Anhaltspunkte zur Feststellung der Liquidität oder Illiquidität zu finden sind[257].

Im Folgenden sollen nun anhand des Urteils vom 24.5.2005 die durch den BGH entwickelten objektiven Kriterien zum Begriff der Zahlungsunfähigkeit und somit dessen Konkretisierung durch die Rechtsprechung erörtert werden.

II. Die objektiven Kriterien der Zahlungsunfähigkeit (BGH IX ZB 123/04)

Der Beklagte ist alleiniger Geschäftsführer und hälftiger Gesellschafter der J. GmbH (fortan: Schuldnerin). Diese wurde von der K. GmbH beauftragt, für ein Entgelt von -zunächst – 1.980.000 DM Konstruktionsleistungen für die Automobilindustrie

253 Gottwald/Uhlenbruck/Gundlach § 6 Rn. 1; Smid PraxisInsO § 3, I, Rn. 2.

254 Wolf/Kurz DStR 2006 S. 1339.

255 BT DruckS 12/2443, S. 114 f.

256 Siehe umfassend zu der Diskussion: Kölner Schrift/Drukarczyk/Schüler S. 95 ff, 106 f; MüKo InsO/Eilenberger (2. Aufl.) § 17 Rn. 5; Himmelsbach/Thonfeld NZI 2001, 11 ff; Kuhn/Uhlenbruck KO § 102 Rn. 2a, b; *Braun/Uhlenbruck*, S. 279 ff; Dahl NJW-Spezial 2008 S. 53 ff; Gottwald/Huber (2. Aufl.), § 6 Rn. 6.

257 Gottwald/Uhlenbruck/Gundlach § 6 Rn. 7 ff.; Wolf/Kurz DStR 2006 S. 1340.

zu erbringen. Sie schaltete ihrerseits die S. und die SW. GmbH als Subunternehmer ein. Wegen der Abwicklung des Auftrags kam es zu einem Rechtsstreit zwischen der Schuldnerin und K., der am 9. September 1999 vergleichsweise wie folgt beendet wurde: Die Schuldnerin verpflichtete sich, die vertragliche Leistung bis 14. September 1999 zur Verfügung zu stellen. K verpflichtete sich, an die Schuldnerin bis 15. September 1999 700.000 DM zu zahlen und bis zum 30. September weitere 700.000 DM, von denen sie allerdings 400.000 DM sollte zurückbehalten dürfen, sofern sie die Leistung für nicht in Ordnung befinden und deswegen eine „qualifizierte Rüge" erheben sollte. Auf weitergehende Ansprüche von angeblich 2,6 Mio. DM verzichtete die Schuldnerin. K., die von ihrem Zurückbehaltungsrecht Gebrauch machte, zahlte auf den Vergleich insgesamt 1 Mio DM, davon 305.090,70 DM unmittelbar an eine Gläubigerin der Schuldnerin.

Die Buchhaltung der Schuldnerin ermittelte zum 9. September Verbindlichkeiten in Höhe von 2.659.151,25 DM. Dem standen gegenüber liquide Mittel und kurzfristig einbringliche Forderungen in Höhe von 1.122.323,04 DM. Dabei waren die Zahlungen der K. in Höhe von 1 Mio DM bereits berücksichtigt. Neben diesen Aktiva waren nur noch Vorräte und Anlagevermögen mit einem Fortführungswert von insgesamt 11.124 DM vorhanden.

Später zahlte der Beklagte an verschiedene Gläubiger 1.175.076,68 DM Nach seinem Vortrag stellte er für die Schuldnerin Ende Dezember 1999 wegen „drohender Zahlungsunfähigkeit" Insolvenzantrag. Mit Beschluss vom 1. März 2000 wurde das Insolvenzverfahren wegen Zahlungsunfähigkeit und Überschuldung eröffnet. Der Kläger wurde zum Insolvenzverwalter bestellt.

Der Kläger, welcher der Auffassung ist, die Schuldnerin sei –wie der Beklagte gewusst habe- bereits mit Abschluss des für sie äußerst nachteiligen Vergleichs zahlungsunfähig und überschuldet gewesen, verlangt von dem Beklagten nach § 64 Abs. 2 GmbHG Schadensersatz in Höhe von 600.807,17 € (=1.175.076,68 DM.

III. Die objektiven Kriterien

Anhand dieses Sachverhalts hat der BGH die objektiven Kriterien für die Bestimmung der Zahlungsunfähigkeit entwickelt, die gleichzeitig auch zur Abgrenzung zur Zahlungsstockung dienen. Im Folgenden soll nun auf diese objektiven Kriterien näher eingegangen werden, wobei zunächst jedoch der Begriff der Zahlungsstockung erörtert werden soll, um die Bedeutung der objektiven Kriterien deutlich zu machen.

1. Die Zahlungsstockung

Um die Zahlungsunfähigkeit und die vom BGH entwickelten objektiven Kriterien zu verstehen, ist es zunächst erforderlich, den Begriff der Zahlungsstockung vorab zu klären. Aus diesem Begriff heraus ergibt sich nämlich die

Notwendigkeit für die objektiven Kriterien, die dazu dienen sollen, eine insolvenzrechtlich unbeachtliche Zahlungsstockung von der Zahlungsunfähigkeit abzugrenzen[258].

Der BGH definiert in seiner Entscheidung vom 24.5.2005 in seinem ersten Leitsatz die Zahlungsstockung. Eine bloße Zahlungsstockung sei dann anzunehmen, wenn der Zeitraum nicht überschritten werde, den eine kreditwürdige Person benötige, um sich die erforderlichen Mittel zu leihen[259]. Der BGH verknüpft die Zahlungsstockung also mit einem zeitlichen Element.

Bei der Zahlungsstockung handelt es sich im Gegensatz zur Zahlungsunfähigkeit aufgrund der zeitlichen Begrenzung des finanziellen Unvermögens um einen insolvenzrechtlich unbeachtlichen Illiquiditätszustand[260]. Der Begriff der Zahlungsstockung ist als Gegenpart der Zahlungsunfähigkeit insofern sowohl für den Gläubiger als auch für den Schuldner von enormer Bedeutung. Schon dem Regierungsentwurf zur Insolvenzordnung lässt sich entnehmen, dass ganz geringfügige Liquiditätslücken außer Betracht bleiben müssten[261].

In der Praxis kommt es häufiger vor, dass Unternehmen unter kurzfristigen finanziellen Engpässen zu leiden haben. Dies kann vielfältige Gründe haben, unter anderem der Ausfall eines inzwischen insolventen Hauptschuldners oder saisonal bedingte Schwierigkeiten[262]. Liegen solche kurzfristigen Engpässe vor, so ist es nicht die Intention des Gesetzgebers, diese an sich gesunden Unternehmen in einem Insolvenzverfahren zu liquidieren[263]. Dies zu verhindern ist die Aufgabe des Begriffs der Zahlungsstockung, wobei eine klare Abgrenzung zwischen Zahlungsunfähigkeit und Zahlungsstockung die eigentliche Schwierigkeit darstellt[264].

Dennoch darf bei dieser Problematik der Konkretisierung des Begriffs der Zahlungsstockung nicht außer Acht gelassen werden, dass es eines der Ziele des Gesetzgebers gewesen ist, die Auslegungsspielräume bei der Feststellung der Zahlungsunfähigkeit und somit gleichzeitig auch den Anwendungsbereich der

---

258 Harz/Baumgartner/Conrad, ZInsO 2005, S. 1304; Hölzle, ZIP 2006, S. 102; Neumaier NJW 2005, S. 3041; Stahlschmidt ZInsO 2005, S. 1086. Kamm/Köchling, ZInsO 2006, S. 733.

259 BGH IX ZR 123/04 1. Leitsatz.

260 Knolle/Tetzlaff, ZInsO 2005, S. 897; Begr. zu §§ 20, 21 TegE InsO, BT-Drucks, 12/2443, S. 114; Stahlschmidt ZInsO 2005, S. 1086.

261 Begr. des RegE zu § 17 InsO, abgedruckt in: Balz/Landfermann, S. 90.

262 Staufenbiel/Hoffman, ZinsO 2008, S. 840, 841.

263 Balz/Landfermann, a.a.O. S. 90.

264 Uhlenbruck, InsO § 17, 13. Aufl. 2010, Rn. 19.

Zahlungsstockung zu verkleinern, um eine möglichst frühe Verfahrenseröffnung zu erreichen[265].

Diesen Gedanken greift der BGH in seiner Entscheidung auch noch einmal auf. So hat der Gesetzgeber absichtlich auf die Begriffe der Dauer und Wesentlichkeit verzichtet, um eine Ausweitung des Begriffs der Zahlungsstockung und eine Verkürzung des Anwendungsbereichs Zahlungsunfähigkeit zu verhindern[266]. Es gab zu Zeiten der KO durchaus Tendenzen, eine über Wochen oder Monate fortbestehende Illiquidität noch als Zahlungsstockung einzustufen[267]. Hier zeigt sich wieder die große Bedeutung des vorzunehmenden Interessenausgleichs zwischen denen des Staats und denen des Schuldners, der durch die Rechtsprechung in seiner Konkretisierung der relevanten Begriffe berücksichtigt werden muss.

Als Zahlungsstockung ist unter Berücksichtigung der Rechtsprechung des BGH vom 24.5.2005 somit die Illiquidität zu verstehen, die den Zeitraum nicht überschreitet, den eine kreditwürdige Person benötigt, um sich die erforderlichen finanziellen Mittel zu leihen, oder mit anderen Worten: die auf den Zeitpunkt bezogene Unfähigkeit, die fälligen Zahlungspflichten zu erfüllen, die aber innerhalb eines vertretbaren Zeitraums wieder beseitigt werden kann[268]. Diese Definition wird wiederum auch bei der drei Wochenfrist verwendet[269].

Aus dieser Definition des BGH ergibt sich, dass die Abgrenzung zwischen Zahlungsunfähigkeit und Zahlungsstockung im Wesentlichen von zwei Faktoren abhängt. Dies ist zum einen die Dauer des finanziellen Engpasses und zum anderen die Wesentlichkeit der Liquiditätslücke[270]. Beide Elemente sind in etwas konkreterer Form zwei der drei objektiven Kriterien zur Abgrenzung der Zahlungsstockung und der Zahlungsunfähigkeit und sind vom BGH in seinem Urteil vom 24.5.2005 konkretisiert worden. Diese soll im Nachfolgenden erörtert werden.

---

265 Kölner Schrift/Drukarczyk/Schüler, S. 107; Hölzle, ZIP 2006, S. 102; Harz/Baumgartner/Conrad, ZInsO 2005, S. 1304; Balz/Landfermann, a.a.O., S. 223.

266 BGH IX ZR 123/04 Rn. 10.

267 Pape, WM 2008, S. 1949, 1950; BGH IX ZR 123/04 Rn. 10.

268 BGH IX ZR 123/04 Rn. 13; Hölzle, ZIP 2006, S. 102; HK-InsO/Kirchhof, § 17 Rn. 17 ff; FK-InsO/Schmerbach, § 17 Rn. 16.

269 BGH IX ZR 123/04 Rn. 13.

270 Neumaier NJW 2005, S. 3041, 3042; BGH IX ZR 123/04 Rn. 13; Wolf/Kurz DStR 2006, S. 1340; Stahlschmidt ZInsO 2005 S, 1089, 1090.

2. *Die 10 % Regelung*

Es muss also eine Abgrenzung der Zahlungsunfähigkeit von der Zahlungsstockung erfolgen, um den Rahmen für den Grundrechtseingriff abzustecken. Der BGH hat in seiner Entscheidung als ein Kriterium eine prozentuale Grenze eingefügt, um die Zahlungsunfähigkeit von der Zahlungsstockung abzugrenzen[271]. Diese flexible Grenze hat der BGH auf 10% festgelegt[272].

Die 10 % Regelung kann auch mit dem aus der Kostenordnung bekannten Begriff der Wesentlichkeit verglichen werden. Dessen Umsetzung in der Insolvenzordnung soll im Folgenden dargestellt werden.

a) *Das Merkmal der Wesentlichkeit und die Position des Gesetzgebers bei der Reform*

Mit der gesetzlichen Neugestaltung durch die Insolvenzordnung 1999 wurde das Merkmal der Wesentlichkeit bei der Liquiditätslücke als notwendige Voraussetzung für das Vorliegen der Zahlungsunfähigkeit bewusst vom Gesetzgeber nicht mehr berücksichtigt, obwohl sich dieses in der bisher für die Zahlungsunfähigkeit entwickelte Definition sowohl in der Literatur als auch in der Rechtsprechung durchgesetzt hatte[273]. Das Weglassen des Begriffs der Wesentlichkeit hatte also eine zusätzliche Signalwirkung, die von der Rechtsprechung bei Ihrer Interpretation berücksichtigt werden sollte. Dies sei mit Rücksicht auf die übermäßig einschränkende Auslegung des Zahlungsunfähigkeitsbegriffes geschehen[274]. Ein Argument, dass der BGH ausdrücklich in seinen Ausführungen noch einmal mit aufnimmt und hervorhebt[275].

Trotz der Nichtberücksichtigung der Merkmale der Dauer und der Wesentlichkeit in der gesetzlichen Definition findet sich dennoch im Regierungsentwurf, dass selbstverständlich ganz geringfügige Liquiditätslücken außer Betracht bleiben müssten[276]. Der Gesetzgeber hat aber darauf verzichtet zu erläutern, was eine ganz geringfügige Liquiditätslücke ist[277]. Die Bedeutung dieses Einschubs des Gesetzgebers in seinem Regierungsentwurf ist klar.

271 BGH IX ZR 123/04 Rn. 22–29.

272 BGH IX ZR 123/04 Rn. 29.

273 Harz/Baumgartner/Conrad, ZInsO 2005, S. 1304; Stahlschmidt ZInsO 2005, S. 1087.

274 Balz/Landfermann, a.a.O., S. 223.

275 BGH IX ZR 123/04 Rn. 10.

276 Begr. des RegE zu § 17 InsO, abgedruckt in: Balz/Landfermann, S. 90.

277 Kamm/Köchling ZInsO 2006, S. 734; Begr. des RegE zu § 17 InsO, abgedruckt in: Balz/Landfermann, S. 90.

Mit diesem will man noch einmal die Interessen des Schuldners und dessen Schutzwürdigkeit hervorheben, wie weit die Schutzwürdigkeit jedoch reicht und was genau unter geringfügigen Liquiditätslücken zu verstehen ist, sagt der Regierungsentwurf jedoch nicht. Dies mit Inhalt auszufüllen ist Aufgabe der Rechtsprechung.

b) Die unterschiedlichen Ansätze zur Wesentlichkeit in Literatur und Rechtsprechung bis zur BGH Entscheidung

In der Literatur und Rechtsprechung sind bis zur Entscheidung des BGH diverse Lösungsansätze zu der Frage entstanden, wann es sich um einen wesentlichen bzw. unwesentlichen Teil der Verbindlichkeiten handelte. Hierbei hatten sich verschiedene prozentuale Schwellenwerte herausgebildet. Dies ergibt sich aus der mangelnden Konkretisierung des Begriffs der geringfügigen Liquiditätslücke in der Gesetzesbegründung[278]. Dieser lässt Raum für Interpretation sowohl in der Literatur als auch in der Rechtsprechung.

Sowohl das Amtsgericht Köln mit seinem Beschluss aus dem Jahre 1999 als auch Stimmen in der Literatur vertraten die Auffassung, dass ab einer Unterdeckung von 5 % von der Zahlungsunfähigkeit des Schuldners auszugehen sei[279]. Auch gab es durchaus Stimmen in der Literatur die eine Unterdeckung von bis zu 25 % vertraten[280].

Ferner wurde auch die Auffassung vertreten, dass durch die Nichtberücksichtigung des Merkmals der Wesentlichkeit der Schuldner schon dann als zahlungsunfähig anzusehen sei, wenn er schon nur einen kleinen Teil seiner Verbindlichkeiten nicht mehr erfüllen könne, so dass es im Endeffekt nach dieser Auffassung zu einer Verneinung einer Quote kam, quasi eine „Null-Toleranz-Politik“[281]. Diese Ansicht stützte sich auf die Aussage des Gesetzgebers, dass eine übermäßig einschränkenden Auslegung des Begriffs der Zahlungsunfähigkeit nicht gewollt sei[282].

Mönning stellt insbesondere auf den Regierungsentwurf ab und führt aus, dass aufgrund der Gesetzesbegründung die Grenze der Unbeachtlichkeit schwierig zu definieren sei und ein Wegfall des Wesentlichkeitsmerkmals dazu führen müsse, dass die in der Literatur vertretenen prozentualen Grenzwerte, 10 bis 25 %,

278 Begr. des RegE zu § 17 InsO, abgedruckt in: Balz/Landfermann, S. 90.

279 AG Köln Beschl. 9.6.1999 – 73 IN 16/99; Möhlmann Wpg 1998, 953.

280 Harz, ZInsO 2001, 193, 196.

281 Temme, Eröffnungsgründe, S. 35 ff; Niesert, ZInsO 2001, 737 f; Pape/Uhlenbruck NJW, Rn. 300; Beck/Depré/Ampferl § 2 Rn. 51.

282 BT Drucks, 12/2443, S. 114.

deutlich zu verringern seien[283]. Mönning vertritt die Ansicht, dass die Grenze, bis zu der noch eine Zahlungsstockung angenommen werden könne, bei unter 5 % der Gesamtverbindlichkeiten zu liegen habe[284].

Reck vertritt die Auffassung, dass sich die Geringfügigkeit im Rahmen der Pauschalwertberichtigung halten müsse[285].

Auch gab es Stimmen, die sich unter Berufung auf die verfassungsrechtlichen Grenzen für eine Rückkehr zum Zahlungsunfähigkeitsbegriffs der KO aussprachen[286].

Diese Diskussion hat der BGH mit seiner Entscheidung nun beendet.

c) Die Argumentation des BGH

Der BGH greift in seiner Entscheidung die verschiedenen Ansichten und die bisherige Rechtsprechung zu der Frage der Wesentlichkeit auf[287]. Der BGH lehnt es aber ausdrücklich ab, einen Schuldner für zahlungsunfähig zu erkennen, der seine Verbindlichkeiten nicht innerhalb der Frist zu 100% erfüllen könne[288].

Dafür spräche zwar die erheblichere Klarheit des Begriffes und das Argument der Rechtssicherheit, was von Vorteil für Gläubiger und Schuldner wäre[289]. Wenn man dieser strengen Lösung nicht folgen würde, könnten benachteiligten Gläubiger bei Annahme einer Unterdeckungsquote nicht mit Aussicht auf Erfolg einen Insolvenzantrag stellen, auch wenn diese geringfügig sei. Deswegen sei es vertretbar, davon auszugehen, dass Unternehmen mit dauerhaften Liquiditätslücken auch nicht erhaltungswürdig erschienen[290].

Der BGH folgt dieser Argumentation jedoch nicht und geht mit seiner Entscheidung in eine andere Richtung.

Das Argument hierfür sei die sich aus dem Regierungsentwurf ergebenden Begründung des Gesetzgebers, dass geringfügige Liquiditätslücken außer Acht

---

283 Nerlich/Römermann/Mönning § 17 Rn. 18; für die einzelnen in der Literatur vertretenen Werte siehe: Kuhn/Uhlenbruck KO § 102 Rn. 2g; Veit, ZIP 1982, 278; Vormbaum/Baumanns DB 1984, 1971 ff; Uhlenbruck GmbH S. 229; Jaeger/Henkkel § 30 Rn. 28; Papke, DB 1969, 736.

284 Nerlich/Römermann/Mönning § 17 Rn. 18.

285 Reck, ZInsO 1999, S. 195 ff.

286 Himmelsbach/Thonfeld, NZI 2001, 15.

287 BGH IX ZR 123/04 Rn. 9 mit Verweis auf: RG JW 1934, 841; BGHZ 118, 171, 174; BGH IX ZR 103/90, ZIP 1991, 39, 40; BGH IX ZR 230/90, ZIP 1991, 1014; BGHSt 31, 32; Jaeger/Henckel § 30 Rn. 28; Kuhn/Uhlenbruck, KO § 102 Rn. 2a.

288 BGH IX ZR 123/04 Rn. 17.

289 BGH, a.a.O. Rn. 18.

290 BGH, a.a.O. Rn. 18.

zu lassen seien. Der BGH sehe in dieser Aussage einen Hinweis darauf, dass diese Einschränkung des Gesetzgebers sowohl zeitlich als auch quantitativ verstanden werden könne[291].

Für das Einführen einer Quote spräche unter anderem, dass ein Insolvenzverfahren in der Regel immer erst dann eingeleitet werden solle, wenn die Einzelzwangsvollstreckung keinen Erfolg mehr verspräche und eine gleichmäßige Befriedigung der Gläubiger nicht mehr gewährleistet sei[292]. Bei geringen Liquiditätslücken sei dem Gläubiger ein Zuwarten eher zumutbar, da bei solchen davon ausgegangen werden könne, dass diese wieder geschlossen werden könnten[293].

Die Auffassung, dass Zahlungsunfähigkeit auf Dauer nur 100 % bedeuten könne, da ein Schuldner, der geringe Forderungen nicht mehr bezahlen könne, erst recht als zahlungsunfähig zu gelten habe, sei nach Ansicht des BGH abzulehnen, da ein zu 90 % liquider Schuldner durchaus dazu in der Lage sei, auch hohe Verbindlichkeiten zu bezahlen[294]. Dass der BGH auch eine dauerhafte Unterdeckung von unter 10 % hinnehme, ergibt sich auch noch einmal aus dem 2. Leitsatz der Entscheidung. In dieser führt der BGH aus, dass eine Unterdeckung von unter 10 %, die über den 3 Wochenzeitraum hinausgeht, unbeachtlich sei, wenn nicht besondere Umstände hinzutreten würden[295].

Auch müsse das Interesse des Schuldners berücksichtigt werden, da es unangemessen sei, bei einer guten Prognose bei einer gleichzeitigen momentanen geringfügigen Unterdeckung gleich einen Insolvenzgrund anzunehmen[296]. Dies sei insbesondere im Hinblick auf die grundrechtlich geschützten Positionen des Schuldners aus Art. 12 und 14 GG im Rahmen der Verhältnismäßigkeit bedenklich[297].

Eine Quote müsse eingeführt werden, die jedoch mit Rücksicht auf die Intention des Gesetzgebers nicht einer starren Grenze unterliegen dürfe[298]. Eine solche würde nämlich keine abschließende Bewertung eines komplexen wirtschaftlichen Sachverhalts erlauben. Aus diesem Grund sei eine Quote nur als widerlegbare Vermutung zulässig[299].

291 Begr. des RegE zu § 17 InsO, abgedruckt in: Balz/Landfermann, S. 90; BGH IX ZR 123/04 Rn. 20.

292 BGH, a.a.O. Rn. 21.

293 BGH, a.a.O. Rn. 21.

294 BGH a.a.O. Rn. 22.

295 BGH a.a.O. 2. Leitsatz.

296 BGH, a.a.O. Rn. 23.

297 BGH, a.a.O. Rn. 23 mit Verweis auf Himmelsbach/Thonfeld NZI 2001, S. 15.

298 BGH, a.a.O. Rn. 25 f.

299 BGH, a.a.O. Rn. 27 f.

Unter Berücksichtigung dieser Argumente sei nach Auffassung des BGH ein Schwellenwert in Höhe von 10 % angemessen, da diese sowohl den Interessen des Gesetzgebers als auch den Interessen des Schuldners gerecht werde[300]. Eine Unterdeckung von unter 10 % reiche daher in der Regel nicht aus, um eine Zahlungsunfähigkeit zu vermuten[301].

d) Die Kritik der Literatur

Diese Argumentation vermag nicht jeden zu überzeugen. So wird in der Literatur kritisiert, dass es an einer Begründung mangele, warum ein Prozentsatz von 5 % keine praktische Wirkung entfalten könne[302]. Wenn schon nach Auffassung des BGH 5 % zu wenig sei und zu sehr einer null Toleranz Politik entspräche, dann müsse der Logik nach aber alles zwischen 5 und 10 % möglich sein[303].

Ferner fehle es auch an einem Lösungsansatz, nach dem eine Prognose erstellt werden könne[304].

Auch sei nicht ersichtlich, wie sich die Bildung des Schwellenwertes von 10 % aus den saisonabhängigen Branchen und deren typische wirtschaftliche Situation ableiten ließe. Gerade diese Unternehmen seien von der Liquiditätsplanung noch mehr in der Pflicht als die saisonunabhängigen, man bedenke insbesondere die regelmäßig abzuführenden Sozialversicherungsabgaben, so dass diese Unternehmen und deren vermeintliche finanzielle Situation nicht zur Begründung der gelegentlich auftretenden Liquiditätslücke herangezogen werden dürften[305]. Aufgrund der Argumentation des BGH könne angenommen werden, dass in den saisonabhängigen Branchen unter Umständen wie noch zur Geltungszeit der KO eine monatelange Unterdeckung noch als Zahlungsstockung interpretiert werden könne[306].

Ferner wird kritisiert, dass die vom BGH geforderte Prognose in Form eines Liquiditätsplans nicht weiter von diesem konkretisiert werde[307]. Zwar habe der BGH nun eine Quote in Verbindung mit einer Vermutungsregelung festgelegt, aber er ließe die Frage offen, wie die 10 % zu berechnen seien, bzw. von welchem Betrag her schlussendlich die 10 % zu berechnen seien. Verschiedene Berechnungsmodelle kämen zu verschiedenen Ergebnissen[308].

---

300 BGH, a.a.O. Rn. 29.
301 BGH, a.a.O. Rn. 30.
302 Blöse S. 1123.
303 Blöse S. 1123.
304 Stahlschmidt ZInsO 2005, S. 1089.
305 Stahlschmidt ZInsO 2005, S. 1089.
306 Hölzle, ZIP 2006, S. 103.
307 Hölzle, ZIP 2006, S. 103.
308 Wolf/Kurz DStR 2006, S. 1340 ff.

Des Weiteren stelle sich auch die Frage, wo der BGH ausgerechnet die 10 % als Grenze hernehme[309]. Die Toleranzwerte wurden auch bereits vor der BGH Entscheidung diskutiert, wobei man von Werten zwischen 10 und 25 % ausging[310]. Allerdings konnte auch damals schon keine sachliche Begründung für diese Werte genannt werden[311]. Diese Problematik setzt sich fort. Nirgendwo fänden sich Anhaltspunkte, weder in der Gesetzesbegründung noch in § 17 InsO, weswegen es willkürlich erscheine, wie der BGH ausgerechnet diese Prozentzahl als Grenze ausgesucht habe[312]. Auch im Urteil selbst fände sich nicht viel an Begründung, außer dass der BGH die 10 % für angemessen halte[313]. Mehr stünde im Widerspruch zu den Interessen des Gesetzgebers und weniger würde nicht praktikabel sein, wobei die Praktikabilität, die der BGH hier anspricht, wohl den Interessenschutz des Schuldners meint[314]. Es stelle sich die Frage, warum zum Beispiel 11 oder 12 % im Vergleich zu den 10 % des BGH nicht mehr im Interesse des Gesetzgebers seien und warum für den BGH nach eigener Aussage unter 10 % nur noch 5 % in Frage kämen und nicht irgendein anderer Wert[315].

Müller vertritt beispielsweise eine strenge Linie hinsichtlich der Unterdeckungsquote[316]. Diese Meinung stammt aber noch aus der Zeit vor der BGH Entscheidung vom 24.05.2005. Müller verweist auch auf die fehlende sachliche Begründung für einen entsprechenden Schwellenwert, stellt aber gleichzeitig klar, dass auch schon geringfügige Liquiditätslücken ein Alarmzeichen darstellten[317]. Die Konkursordnung habe bisher den Schuldnern zu viel Raum gelassen, um auch mit Deckungslücken weiter wirtschaften zu können[318]. Nach Auffassung von Müller werde das Ziel der frühzeitigen Verfahrenseröffnung nicht durch ein moderates Absenken erreicht, wobei die Verhältnismäßigkeit allerdings gewahrt werden müsse, weil ansonsten schon kleinsten Fehler in der Liquiditätsplanung ungeahnte Folgen nach sich zögen[319]. Müller versteht dennoch die Intention des Gesetzgebers dahingehend, dass eine Unterdeckung von lediglich unter 1 %

309 Neumaier, NJW 2005, S. 3042.
310 Burger, DB 1992, S. 2151; Obermüller DB 1973, S. 269; Jäger DB 1986, S. 1442.
311 Jäger DB 1986, S. 1442; Burger, DB 1992, S. 2151; Obermüller DB 1973, S. 269.
312 Neumaier, NJW 2005, S. 3042.
313 Neumaier, NJW 2005, S. 3042.
314 BGH IX ZR 123/04 Rn. 29.
315 Neumaier, 2005, 3042.
316 Jaeger/Müller § 17 Rn. 21 f.
317 Jaeger/Müller § 17 Rn. 21, 22.
318 Jaeger/Müller § 17 Rn. 22.
319 Jaeger/Müller § 17 Rn. 22.

hinnehmbar sei, wobei schon die Nichtzahlung einer einzigen Forderung, sofern diese nicht geringfügig sei, schon für die Annahme einer Zahlungsunfähigkeit ausreiche[320].

Auch wird in der Literatur zum Teil die kleine Bugwelle des BGH kritisiert. Der BGH nehme eine dauerhafte Unterdeckung von unter 10 % in Kauf[321]. Zahlungsfähigkeit könne aber auf Dauer nur 100 % bedeuten, da die Frage der Zahlungsfähigkeit eines Schuldners allein aus logischen Gesichtspunkten auf lange Sicht nur mit ja oder nein beantwortet werden könne[322].

Andere Literaturmeinungen unterstützen die Position des BGH zur dauerhaften Unterdeckung[323]. Smid lehnt die Auffassung, die auch bei einer geringfügigen dauerhaften Unterdeckung Zahlungsunfähigkeit annehmen möchte, ab[324]. Diese sei aufgrund der verfassungskonformen Auslegung der Eröffnungsgründe abzulehnen, da bei guter Auftragslage, bei zu erwartenden weiteren Zahlungseingängen oder einem Vergleich mit einem Gläubiger die Annahme des Insolvenzgrundes der Zahlungsfähigkeit keine Verhältnismäßigkeit gegeben sei[325].

e) Diskussion und Stellungnahme

Die Begründung des BGH scheint zunächst nicht nur im Ergebnis zu überzeugen, auch die Argumentation scheint konsistent.

An der Argumentation zur teleologischen Auslegung des § 17 InsO des BGH zur Frage der Wesentlichkeit und der Einführung einer Quote lässt sich die Abwägung erkennen, die im Wege der verfassungskonformen Auslegung zu erfolgen hat[326]. Dies ist der entscheidende Punkt. Der BGH bleibt sich und seiner verfassungskonformen Auslegung des Begriffs der Zahlungsunfähigkeit treu und folgt dieser Linie bei der Konkretisierung der objektiven Kriterien.

Überzeugend ist zunächst der Ausgangspunkt des BGH. Im Zentrum der Abwägung, die aufgrund der teleologischen Auslegung des § 17 InsO erfolgt, stehen zum einen das Interesse des Staates an einer beschleunigten Verfahrenseröffnung durch Beschränkung der weiten Auslegung als auch das Interesse des Schuldners

---

320 Jaeger/Müller § 17 Rn. 22.

321 BGH IX ZR 123/04 Rn. 20.

322 MüKo InsO/Eilenberger, (2. Aufl.) § 17 Rn. 22; Witte S. 1286; Wolf/Kurz DStR 2006, 1339, 1340; IDW PS 800 Rn. 11.

323 Bruns EWIR 2005 768; Smid, DZWIR 2006, S. 1–23 über juris S. 4.

324 Smid, DZWIR 2006, S. 1–23 über juris S. 4.

325 Smid, DZWIR 2006, S. 1–23 über juris S. 4.

326 Stahlschmidt ZInsO 2005, S. 1088–1090.

und seine grundrechtlich geschützten Positionen[327]. Die anderen Auslegungsmethoden führen in dieser Frage zu keinem Ergebnis. Weder der Wortlaut, noch die Gesetzesmaterialien oder die Systematik sagen irgendwas zu dieser Problematik. Das Gesetz und die Gesetzesmaterialien machen mehr oder weniger absichtlich keine weiteren Angaben, die an dieser Stelle irgendwie weiterhelfen könnten. Hier gilt wieder das erklärte Ziel des Gesetzgebers, eine ausufernde Auslegung des Begriffs der Zahlungsstockung zu verhindern.

Diesen beiden gegensätzlichen Interessen des Staates und des Schuldners werden in der Form Ausdruck verliehen, dass eine flexible Quote mit einer widerlegbaren Vermutung eingeführt wird[328]. Bei der 10 % Regelung handelt es schlichtweg um eine Vermutung bzw. Beweislastregelung, aus der allein gerade nicht unmittelbar gefolgert werden kann oder soll, dass Zahlungsunfähigkeit vorliegt, wenn die Liquiditätslücke 10% oder mehr beträgt[329]. Dies vermag zu überzeugen. Der BGH hat es auf diese Art und Weise geschafft, sowohl den Interessen des Staates als auch den des Schuldners im Eröffnungsverfahren Geltung zu verschaffen und dies ist gerade die Schwierigkeit, die es an dieser Stelle zu bewältigen gilt. Die Vermutungsregelung in Verbindung mit der 10 % Grenze ist ein praktikables Mittel im System der objektiven Kriterien. Die Vermutung und die 10 % dienen als Indikator ohne die Beteiligten sofort vor vollendete Tatsachen zu stellen.

Nicht von der Hand zu weisen ist allerdings, dass, obwohl hier eine Interessenabwägung stattgefunden hat, die 10 % Quote in Form einer Vermutungsregelung mehr Tendenzen zugunsten des Schuldners aufweist. Diese ist nämlich erheblich von der vom BGH als Null Toleranz Grenze erachtete 5 % Quote entfernt. Der BGH sagt selbst, dass 5 % zu wenig und mehr als 10 % zu viel seien[330]. Der BGH hat sich hier also bewusst für die nach seiner Auffassung schuldnerfreundlichere Quote entschieden, als er diese ans obere Ende des Spektrums gelegt hat. Zwar bedeutet dies noch nicht, dass die staatlichen Interessen unberücksichtigt bleiben, es überrascht aber dennoch, wenn man das auch vom BGH zitierte staatliche Ziel der rechtzeitigen Verfahrenseröffnung sowie das Ziel der Haftungsverwirklichung durch ein effektives Verfahren bedenkt[331]. Hinzu kommt, dass

327 Begr. des RegE zu § 17 InsO, abgedruckt in: Balz/Landfermann, S. 90; Himmelsbach/Thonfeld NZI 2001, S. 15; BGH IX ZB 204/04.

328 BGH IX ZR 123/04, 2. Leitsatz.

329 FAS IDW ZIP 2009, S. 203.

330 BGH IX ZR 123/04 Rn. 29.

331 BGH IX ZR 123/04 Rn. 10; BT Drucks, 12/2443, S. 114; Smid DZWIR 2004, 1–23, S. 12 über juris.

es sich hierbei nicht einmal um eine starre Quote sondern nur um eine Vermutung handelt, was man durchaus als Ausdruck der staatlichen Interessen hätte verstehen können. Man darf aber hierbei nicht vergessen, dass die 10 % Quote nur eines von mehreren Kriterien zur Bestimmung der Zahlungsunfähigkeit ist. Selbst wenn man an dieser Stelle ein Ungleichgewicht zuungunsten des Staates annehmen möchte, so kann dies an anderer Stelle durch eine stärkere Berücksichtigung der staatlichen Interessen wieder kompensiert werden. Entscheidend allein ist, dass alle Interessen im Gesamtzusammenhang in angemessener Weise zur Geltung kommen. Die objektiven Kriterien sind, das muss an dieser Stelle vorweggenommen werden, nicht isoliert zu betrachten, wenn es um die verfassungskonforme Auslegung des Begriffs der Zahlungsunfähigkeit geht, sondern als Ganzes. Die 10 % Quote ist also das Ergebnis einer schuldnerfreundlicheren Interessenabwägung, die zwar die staatlichen Interessen nicht unberücksichtigt lässt, diese aber an dieser Stelle leicht in den Hintergrund treten lässt. Ferner ist eine Null-Toleranz-Politik auch im Endeffekt mehr schädigend als von Vorteil für die Gläubiger, wenn jedes Unternehmen bei der kleinsten Unterdeckung Insolvenz anmelden muss, dürfte dies zu einer erheblichen Störung in der Wirtschaft führen. Die Zahlungsstockung ist nun mal ein ungeschriebenes Tatbestandsmerkmal der Zahlungsunfähigkeit und muss von dieser abgegrenzt werden[332]. Dazu gehören die Merkmale der Dauer und der Wesentlichkeit[333].

Dass der BGH die Grenze gerade auf 10 % festgelegt hat, ist nicht weiter zu beanstanden. Zwar ist die Argumentation an dieser Stelle etwas dürftig geraten und es findet sich auch nirgendwo wirklich ein Hinweis darauf, warum es gerade diese Grenze sein soll, dies ist aber nur von geringer Bedeutung, da der BGH darauf hinweist, dass die Grenze ein Ergebnis der Interessenabwägung ist[334]. Der BGH stand vor dem Problem eine praktikable Lösung zu entwickeln und brauchte für die Vermutungsregelung einen Richtwert. Der 10 % Wert ist nur ein Teil des Konstrukts der Vermutungsregelung des BGH und damit diese funktioniert, bedurfte es einer entsprechenden Konkretisierung. Auch kann nicht von Willkür gesprochen werden, da der BGH erkennen lässt, dass auch die Konkretisierung auf eine 10 % Grenze eben auf einer Interessenabwägung beruht[335]. Im Übrigen hat der BGH auch nur beschränkte Möglichkeiten, da der BGH als Revisionsgericht grundsätzlich keine Tatsachenerhebung vornimmt[336].

332 Frege/Keller/Riedel Rn. 308.
333 Frege/Keller/Riedel Rn. 308 ff.
334 BGH IX ZR 123/04 Rn. 29.
335 BGH IX ZR 123/04.
336 Smid DZWIR 2006, S. 1–23 über juris S. 3–4.

Außerdem blieb dem BGH auch nicht viel anderes übrig, als sich schlussendlich für irgendeine Quote zu entscheiden. Dass diese nun bei 10 % und nicht niedriger liegt, kann man der an dieser Stelle gesteigerten Berücksichtigung der Schuldnerinteressen zuschreiben. Die Höhe der Quote ist auch in diesem Zusammenhang nur von sekundärer Bedeutung. Entscheidend ist, wie bereits erwähnt, dass sie das Resultat eines Abwägungsprozesses ist und eben nicht eine willkürliche Festlegung.

Des Weiteren gibt die Festlegung auch Rechtssicherheit. Die beteiligten Parteien haben nun die Möglichkeit, sich an einem Wert zu orientieren. Das ist insbesondere von Vorteil für den Schuldner bzw. den Geschäftsführer eines schuldnerischen Unternehmens, dem im Falle einer Verschleppung des Insolvenzantrags erhebliche rechtliche Konsequenzen droht. Der Schuldner durchläuft auf dem Weg zur Zahlungsunfähigkeit mehrere Krisenstadien, wie die Stakeholder- und Strategiekrise, die Produkt- und Absatzkrise, die Erfolgskrise und Liquiditätskrise[337]. Eine Insolvenz kündigt sich in der Regel vorher an und kommt nicht aus dem Nichts, nur war es bis zu der BGH Entscheidung schwierig zu sagen, ab welchem Zeitpunkt denn nun der Schuldner zahlungsunfähig und somit auch antragspflichtig ist. Diese Unsicherheit ist mit dem BGH Urteil zum größten Teil ausgeräumt worden.

Zwar hat der BGH es in seiner Entscheidung versäumt, weitere Ausführungen zu machen, wie die Prüfung durch einen Finanzplan bzw. Finanzstatus genau auszusehen hat, aber das ändert nichts an der Tatsache, dass die Rahmenbedingungen für eine solche Finanzplanung nun gegeben sind[338]. Die Kritik, dass der BGH nicht näher konkretisiert, wie eine solche Liquiditätsbilanz auszusehen hat, ist zweitrangig[339]. Hierbei handelt es sich um einen betriebswirtschaftliches Problem. Die Aufgabe des BGH ist es, die Rahmenbedingungen festzulegen und keine betriebswirtschaftlichen Pläne zur Messung von Aktiva und Passiva zu erstellen, auch wenn sicherlich ein paar weitere Angaben nicht geschadet hätten, was sich gerade bei den unterschiedlichen Berechnungsmodellen zeigt[340].

Einer besonderen Betrachtung bedarf die Toleranz des BGH gegenüber der dauerhaften geringfügigen Unterdeckung. Eine dauerhafte geringfügige Unterdeckung bei Vorliegen der vom BGH statuierten Voraussetzungen hinzunehmen, ist eine grundsätzliche Frage, die einer eingehenden Diskussion bedarf.

337 IDW ES 6 Ziff. 3.4.

338 Hölzle ZIP 2006, S. 103.

339 Hölzle ZIP 2006, S. 103.

340 Wolf/Kurz DStR 2006 S. 1340 ff.

Die Literaturmeinungen, die sich gegen die dauerhafte geringfügige Unterdeckung aussprechen, haben durchaus gute Argumente auf ihrer Seite[341]. Zunächst spricht einmal der Wortlaut des Begriffs der Zahlungsfähigkeit dafür. Zahlungsfähig bedeutet vom allgemeinen Sprachgebrauch her, dass eine Person in der Lage ist, alle seine Verbindlichkeiten zu bedienen. Auch von betriebswirtschaftlichen Gesichtspunkten her, muss man grundsätzlich davon ausgehen, dass Zahlungsfähigkeit nur bedeuten kann, dass ein Schuldner alle seine Verbindlichkeiten zahlen kann.

Des Weiteren kann man argumentieren, dass sich zwar die 10 % Quote aus einer verfassungskonformen Auslegung zugunsten des Schuldners ergibt, diese aber nur zugunsten des Schuldners angenommen werden könne, wenn sie zeitlich begrenzt sei. Kommt es aber zu einem dauerhaften Zustand, dann müsse unter Umständen einen neue Auslegung in Betracht gezogen werden, die zwar auch verfassungskonform zu erfolgen habe, aber unter Berücksichtigung einer anderen Gewichtung der vertretenen Interessen. Eine auf Dauer angelegte geringfügige Unterdeckung würde schließlich bedeuten, dass einige Gläubiger im Falle einer Liquidation des schuldnerischen Unternehmens mit ihren Forderungen nicht voll befriedigt werden könnten. Dies würde einen Verstoß gegen den Gleichbehandlungsgrundsatz bedeuten und somit dem Sinn und Zweck der Insolvenzordnung zuwider laufen[342]. Daraus könnte man schließen, dass die staatlichen Interessen und die der Gläubiger bei längeren Illiquiditätszeiträumen stärker berücksichtigt werden müssten, während die Interessen des Schuldners gleichzeitig mehr in den Hintergrund treten müssten. Auf diese Weise ließe sich selbst unter Berücksichtigung der verfassungskonformen Auslegung so argumentieren, dass eine dauerhaften geringfügige Liquiditätslücke eben gerade nicht mehr hinzunehmen sei.

Des Weiteren spräche auch das Argument der Rechtssicherheit und Rechtsklarheit gegen die Annahme einer dauerhaften geringfügigen Unterdeckung. Hier stellt sich auch wieder die Problematik der Abgrenzung, wann eine Unterdeckung eigentlich noch geringfügig ist und wann die Grenze überschritten ist. Eine Abgrenzung, die für den Schuldner von erheblicher Bedeutung ist.

Auch wirtschaftliche Gesichtspunkte könnten dafür sprechen. Denn es ist fraglich, wohin eine solche Interpretation des Begriffs der Zahlungsunfähigkeit führen könnte. Eine für alle Schuldner tolerierte geringfügige Unterdeckung

341 MüKo InsO/Eilenberger, (2. Aufl.) § 17 Rn. 22; Witte, S. 1286; Wolf/Kurz DStR 2006, 1342; IDW PS 800 Rn. 11.

342 MüKo InsO/Ehricke (2. Aufl.) § 38 Rn. 4; Müko InsO/Ganter (2. Aufl.) § 1 Rn. 51 f.

könnte zu einer Kettenreaktion führen, die sich negativ auf ein ganzes Wirtschaftssystem auswirken könnte. Wenn alle Unternehmen dauerhaft mit geringfügigen Liquiditätslücken operieren, könne so ein Verhalten auch zu einer Insolvenz vieler Unternehmen führen, wenn alle die gleiche Liquiditätspolitik verfolgen.

Auch spricht gegen eine Annahme der dauerhaften geringfügigen Liquiditätslücke, dass im Falle einer Liquidation des schuldnerischen Unternehmens immer ein Rest an unbezahlten Forderungen zurückbleibt, sei diese auch noch so gering. Die Gläubiger hätten insofern zumindest zum Teil das Nachsehen.

Der Argumentation des BGH ist allerdings dennoch der Vorzug zu geben. Der Begriff der Zahlungsunfähigkeit muss verfassungskonform ausgelegt werden und aus dieser Auslegung heraus ergibt sich auch, dass die dauerhafte geringfügige Liquiditätslücke eben keinen Eröffnungsgrund darstellen darf. Der Schuldner ist, wie bereits zuvor erwähnt, aufgrund des massiven ausstehenden Grundrechtseingriffs in Art 2, 12 und 14 GG, der mit einem Insolvenzverfahren einhergeht, besonders schutzwürdig[343]. Mit diesem Hintergrund erscheint es unverhältnismäßig, Zahlungsunfähigkeit anzunehmen, wenn tatsächlich nur eine geringfügige Liquiditätslücke vorliegt, selbst wenn diese dauerhaft bzw. von längerer Dauer ist.

Aufgrund der verfassungskonformen Auslegung ist auch die Divergenz zwischen dem betriebswirtschaftlichen und dem rechtlichen Begriff der Zahlungsunfähigkeit zu erklären. Der betriebswirtschaftliche Begriff beruht allein auf rechnerischen Erwägungen und muss keine Rücksicht auf die Grundrechte des vermeintlichen Schuldners nehmen. Der Wortlaut von § 17 InsO bzw. des Begriffs der Zahlungsunfähigkeit ist insofern nicht allein maßgebend.

Wie der BGH in seiner Entscheidung zutreffend erwähnt, kann auch ein Schuldner mit einer geringfügigen Unterdeckung größere Forderungen weiterhin bedienen[344]. Die Einzelzwangsvollstreckung ist in einem solchen Fall gerade nicht gefährdet. Zwar muss man die Tatsache akzeptieren, dass in dem Fall, in dem tatsächlich das Geschäft des Schuldners komplett liquidiert wird, ein Rest an unbezahlten Forderungen bleibt, dies ergibt sich aber zwangsläufig aus der verfassungskonformen Auslegung und der Verhältnismäßigkeit.

Im Falle einer kleinen Bugwelle kann der Schuldner grundsätzlich fast alle seine Verbindlichkeiten begleichen. Fälligkeiten von Forderungen treten im allgemeinen Geschäftsverkehr in der Regel nicht alle zu demselben Zeitpunkt

---

343 Smid, DZWIR 2006, S. 1–23 über juris S. 4.

344 BGH IX ZR 123/04 Rn. 22.

ein. Der Schuldner hat also die Möglichkeit die Verbindlichkeiten nacheinander vollständig zu erfüllen, zwar unter Umständen teilweise mit Verzögerungen, aber dennoch vollständig. Eine Benachteiligung würde also erst bemerkbar werden, wenn es tatsächlich zu einer Liquidation des schuldnerischen Unternehmens käme.

Des Weiteren muss berücksichtigt werden, dass geringfügige Liquiditätslücken schnell entstehen können, da sich manche Umstände dem Einflussbereich des Schuldners entziehen. Fällt beispielsweise ein Drittschuldner des Schuldners plötzlich aus, muss diesem die Möglichkeit gegeben werden, in einer solchen Situation weiterarbeiten zu können, um diesen Ausfall kompensieren zu können. Dies kann je nach dem einige Zeit dauern. Genauso schnell lassen sich aber auch geringfügige Liquiditätslücken wieder schließen. Dies kann durch eine Stundung oder durch einen Kredit geschehen.

Anhand der geringfügigen dauerhaften Liquiditätslücke und deren Tolerierung durch den BGH zeigt sich wieder einmal die besondere Bedeutung der verfassungskonformen Auslegung im Rahmen der Eröffnungsgründe. Die Grundrechte des Schuldners werden dabei so erheblich gewichtet, dass der BGH sogar faktisch die Benachteiligung einiger Gläubiger in Kauf nimmt, denn immerhin sind es diese, die für den Fall der Liquidation des schuldnerischen Unternehmens die Unterdeckung zu tragen haben.

3. *Das Kriterium der Drei Wochenfrist*

Die 10 % Regelung stellt nur ein Kriterium zur Abgrenzung der Zahlungsunfähigkeit von der Zahlungsstockung dar. Wie zuvor diskutiert ist sie das Resultat einer verfassungskonformen Auslegung mit einer tendenziellen stärkeren Berücksichtigung der Schuldnerinteressen. Die staatlichen Interessen stehen bei diesem Kriterium etwas zurück. Dies ist aber nur ein Kriterium zur Bestimmung der Zahlungsunfähigkeit.

Diese 10 % Vermutung wird ferner durch ein zeitliches Element ergänzt. Der BGH hat dieses zeitliche Element in seinem Urteil mit einer Drei Wochenfrist konkretisiert[345].

a) Das Merkmal der Dauerhaftigkeit als Orientierung

Gemäß § 102 KO wurde für die Zahlungsunfähigkeit des Schuldners das dauernde Unvermögen zur Begleichung seiner Zahlungsverpflichtungen vorausgesetzt. Die KO verstand die Illiquidität so, dass der Schuldner dauerhaft seine

345 BGH IX ZR 123/04 Rn. 13.

fälligen Verbindlichkeiten nicht mehr erfüllen konnte, bzw. die Ausgaben höher waren als die Einnahmen[346]. Aus dieser Definition heraus ergab sich auch unter anderem ein weiteres Problem, dem der Gesetzgeber mit seiner Reform entgegenwirken wollte, nämlich die Tendenz zu lange Zeiträume für die Zahlungsstockung anzunehmen, was wiederum häufig zu masselosen Verfahren führte[347].

Der Gesetzgeber hat auch wie schon bei dem Merkmal der Wesentlichkeit darauf verzichtet, das Merkmal der Dauerhaftigkeit mit in den Gesetzeswortlaut aufzunehmen. Auch hier ist die Begründung die gleiche. Man wollte eine ausufernde Auslegung des Begriffs der Zahlungsstockung vermeiden und dies hat der Gesetzgeber auch deutlich gemacht[348]. Zwar wird auch in der Gesetzesbegründung noch mal darauf hingewiesen, dass kurzfristige Liquiditätslücken gerade nicht ein Insolvenzverfahren auslösen sollen, aber die Betonung liegt eindeutig auf einer schnellen Verfahrenseröffnung, die durch eine stärkere Berücksichtigung der staatlichen Interessen bei der Auslegung des Begriffs der Zahlungsunfähigkeit erreicht werden soll[349].

b) Die Argumentation des BGH

Die Aufgabe des BGH bestand nun darin, diesen Willen des Gesetzgebers in seiner Entscheidung bei der Definition der objektiven Kriterien umzusetzen. Als Prämisse galt jedoch für den BGH, dass eine kurzfristige Zahlungsunfähigkeit nur als Zahlungsstockung zu gelten habe und deshalb kein Insolvenzgrund darstelle[350].

Der BGH tastet sich in seiner Argumentation an die Problematik des zeitlichen Elements heran. Auch hier wird zunächst auf den in der KO vorherrschenden Zeitraum von einem Monat eingegangen, der aber nach Auffassung des BGH nicht mehr mit der Intention des Gesetzgebers vereinbar sei[351].

Nach der neuen Definition des BGH unter Berücksichtigung dieser neuen Intention des Gesetzgebers lege eine Zahlungsstockung bei einer vorhandenen Illiquidität nur dann vor, wenn diese den Zeitraum nicht überschreite, den eine

346 Kamm/Köchling, ZinsO 2006 S. 733.

347 Begr. des RegE zu § 17 InsO, abgedruckt in: Balz/Landfermann, S. 90.

348 BT-Drucks 12/2443 Rn. 377.

349 BT-Drucks 12/2443 Rn. 377.

350 BGH IX ZR 123/04; Rn. 12, mit Verweis auf Kübler/Prütting/Pape, § 17 Rn. 11; HK-InsO/Kirchhof § 17 Rn. 17 ff; Hess/Weis/Hess § 17 Rn. 2; Scholz GmbHG/Schmidt/Bitter, vor § 64 Rn. 11 f; Rowedder/Schmidt-Leithoff § 63 Rn. 26.

351 BGH IX ZR 123/04 Rn. 13.

kreditwürdige Person benötigt, um sich die erforderlichen Mittel zu leihen[352]. Gemäß der Argumentation des BGH sei ein Zeitraum von einem Monat oder länger zu viel, während 1 bis 2 Wochen zu wenig seien[353]. Der BGH sieht den zulässigen Zeitraum zunächst bei 2 bis 3 Wochen[354].

Gegen diesen kurzen Zeitraum würde auch nicht der systematische Einwand aus § 286 III BGB sprechen[355]. Dies läge zum einen daran, dass es nach Auffassung des BGH unrealistisch erschiene, dass über den Insolvenzantrag eines Gläubiger früher als dreißig Tage nach Fälligkeit entschieden werde und zum anderen werde in § 286 III BGB nur der späteste Zeitpunkt des Verzuges beschrieben[356].

Als weiteres Indiz für die dreiwöchige Frist könne der § 64 GmbHG a.F. herangezogen werden[357]. Nach dieser Vorschrift könne ein Geschäftsführer, wenn eine Unterdeckung vorläge und dieser nach einer gewissenhaften Prüfung der Auffassung sei, alle Gläubiger befriedigen zu können, innerhalb eines dreiwöchigen Zeitraums noch Zahlungen an seine Gläubiger leisten, ohne eine Haftung befürchten zu müssen[358]. Das Gesetz nehme eine Ungewissheit von drei Wochen also hin[359].

c) Kritik der Literatur

Die Kritik der Literatur setzt bei diesem Kriterium an mehreren Punkten an.

Zum einen wird die Argumentationslinie des BGH angegriffen. Insbesondere der als Argumentationshilfe herangezogene § 64 I S. 1 GmbHG a.F. könne zwar als Orientierungshilfe dienen[360], es müsse aber weiterhin deutlich unterschieden werden zwischen der drei Wochenfrist des § 17 InsO und der des § 64 GmbHG

352 BGH, a.a.O. Rn. 13; HK-InsO/Kirchhof § 17, Rn. 17; FK-InsO/Schmerbach § 17, Rn. 13 ff.

353 BGH a.a.O. Rn. 13; Harz, ZInsO 2001, 193, 197; Gottwald/Huber § 47, Rn 9; Haarmeyer/Wutzke/Förster, Kap. 1, IV Rn. 86.

354 BGH, a.a.O. Rn. 13; siehe hierzu auch: LG Bonn ZIP 2001, 346; Burger/Schellberg, 262 f; Temme, Eröffnungsgründe S. 30; Uhlenbruck, § 17 Rn. 9, 18; Kübler/Prütting/Pape, § 17 Rn. 11; HK-InsO/Kirchhof § 17 Rn. 17.

355 Himmelsbach/Thonfeld NZI 2001, 13.

356 BGH, a.a.O. Rn. 14.

357 BGH, a.a.O. Rn. 14.

358 BGH, a.a.O. Rn. 14.

359 BGH, a.a.O. Rn. 13; Baumbach/Hueck/Schulze-Osterloh § 64 Rn. 5; Niesert ZInsO, 2001, S. 738 f.

360 Rowedder/Schmidt-Leithoff, § 63 Rn. 27; Smid DZWIR 2006, S. über juris S. 3.

a.F.[361]. Der BGH behandele beide Fristen deckungsgleich, die Frist des § 17 müsse aber um die des § 64 GmbHG a.F. in den entsprechenden Fällen verlängert werden[362]. Da in § 64 GmbHG a.F. und § 92 AktG die Zahlungsunfähigkeit als Tatbestandsmerkmal enthalten sei, könnten diese Normen kein Ausgangspunkt für die Argumentation des BGH sein[363].

Auch sei die pauschalisierte Festsetzung auf 3 Wochen durch den BGH zu undifferenziert und würde den tatsächlichen Gegebenheiten nicht gerecht werden[364]. Die Kreditvergabe und deren Dauer hingen auch von der Größe des Unternehmens ab, da gerade größere Unternehmen für die Beschaffung eines Kredites mehr Zeit bräuchten als kleinere Unternehmen, da deren Bücher übersichtlicher und deshalb schneller zu beurteilen wären[365]. Deshalb müsse der zeitliche Rahmen wieder erweitert werden, da die vom BGH angesetzten drei Wochen den Unternehmen keine Möglichkeit gäben, sich wirtschaftlich wieder zu erholen[366]. Die Literatur erachtet in diesem Fall einen zeitlichen Rahmen von 6 Wochen als angemessen[367].

Auch weitere Stimmen in der Literatur sehen den Zeitraum von 3 Wochen als zu kurz an. Selbst kreditwürdige Personen bräuchten grundsätzlich länger als 3 Wochen, um sich entsprechende Kredite zu besorgen[368]. Kreditprüfungen, Gremienvorbehalte sowie Spezialkreditabteilungen seien die Realität und deswegen sei auch der Zeitraum von 3 Wochen nicht praxisgerecht[369].

Andere Stimmen hingegen unterstützen die Festlegung des BGH auf 3 Wochen. Zwar erscheine die Fristbemessung des BGH als willkürlich, und zwar schon aufgrund der dünn erscheinenden Argumentation über § 64 GmbHG a.F., eine tatsächliche Bestimmung des Zeitraums, den eine kreditwürdige Person tatsächlich bräuchte, um sich die finanziellen Mittel zum Schließen der Liquiditätslücke, sei aber aufgrund der vielen verschiedenen Faktoren, die Einfluss auf die Kreditbeschaffung haben, nicht möglich[370]. Als Argument für die pauschale

---

361 Bitter/Redeker, S. 793; Knolle/Tetzlaff, ZInsO 2005, S. 901.
362 Bitter/Redeker, S. 794; Blöse, S. 1123.
363 Kamm/Köchling ZInsO 2006 S. 734; Bitter/Redeker S. 793.
364 Kamm/Köchling ZInsO 2006 S. 735.
365 Kamm/Köchling ZInsO 2006 S. 735.
366 Kamm/Köchling a.a.O.
367 Kamm/Köchling a.a.O.
368 Thonfeld NZI 2005 S. 551.
369 Thonfeld NZI 2005 S. 551; Heidbrink FAZ vom 17.8.2005 S. 21.
370 Blöse S. 1123.

Festlegung wird hier die Rechtssicherheit angeführt[371]. Außerdem sei die drei Wochenfrist auch nicht so starr, wie sie anfangs erscheine, sondern das gesamte Konzept eröffne Argumentationsspielräume zur Relativierung der Kriterien[372].

d) Diskussion und Stellungnahme

Dem BGH ist im Ergebnis bei der Festlegung auf 3 Wochen zuzustimmen, auch wenn die Argumentation eines weiteren Ausbaus zu bedürfen scheint.

Bei der Drei-Wochenfrist handelt es sich neben der 10 % Grenze um das zweite Merkmal zur Abgrenzung der Zahlungsunfähigkeit zum ungeschriebenen Tatbestandsmerkmal der Zahlungsstockung[373].

Der Literatur ist zuzustimmen, dass die Argumentation mit § 64 GmbHG a.F. dürftig erscheint, da diese Norm die Zahlungsunfähigkeit bereits voraussetzt[374]. Einen Logikfehler kann man hier also durchaus bejahen. Dennoch kann man sagen, dass diese Argumentationsweise legitim ist. Das Revisionsgericht nimmt grundsätzlich keine Tatsachenerhebung vor und ist aufgrund dessen in seinen Mitteln beschränkt. Dass sich der BGH dann an bereits bestehenden gesetzlichen Regelungen zu orientieren versucht, ist insofern nur konsequent und nicht zu beanstanden[375].

Dennoch ist ein gewisser willkürlicher Charakter bei diesem vom BGH gewählten Weg nicht von der Hand zu weisen. Auch bei der eigentlichen Argumentation hält sich der BGH dezent zurück und verweist allein auf die kreditwürdige Person und die Tatsache, das 1 Monat als Zeitraum als zu lang anzusehen sei. Wer genau nun kreditwürdig ist, sagt der BGH zum Beispiel nicht. Es erscheint deshalb etwas ungenügend, weil der BGH bei der 10 % Quote im direkten Vergleich recht umfangreich auf die staatlichen Interessen und die grundrechtliche Position des Schuldners eingeht und auch eine entsprechende Abwägung vornimmt[376].

Diese Argumentation der 10 % Quote kann jedoch ergänzend für die Begründung des 3 Wochenzeitraums herangezogen werden, da auch für dieses objektive Kriterium dieselbe Maßstäbe gelten müssen wie für die 10 % Regelung. Beide Kriterien sind ein Ergebnis der verfassungskonformen Auslegung des Begriffs

---

371 Blöse S. 1123.

372 Blöse S. 1124.

373 Frege/Keller/Riedel Rn. 308 ff.

374 Kamm/Köchling ZInsO 2006 S. 734; Bitter/Redeker S. 793.

375 Smid DZWIR 2006, S. 1–23 über juris S. 3–4.

376 BGH IX ZR 123/04 23.

der Zahlungsunfähigkeit[377]. Auch kann hier das Literaturargument der Rechtssicherheit angeführt werden[378]. Schlussendlich wissen nun alle Beteiligten, wie viel Zeit der Schuldner zunächst hat und alle Beteiligten können sich darauf einstellen.

Die 10 % Regelung weist jedoch einen recht schuldnerfreundlichen Charakter auf, während dies nicht ohne weiteres von der drei Wochenfrist behauptet werden kann. Diese erscheint doch recht kurz und wird zum Teil in der Literatur als nicht praktikabel angesehen, da es in einem so kurzen Zeitraum praktisch unmöglich sei, entsprechende Kredite zu beschaffen[379].

Die Aufgabe dieses Merkmals ist es jedoch, den Interessen des Staates an einer beschleunigten Verfahrenseröffnung und nicht denen des Schuldners mehr Ausdruck zu verleihen[380]. Eine Insolvenz kommt in der Regel nicht plötzlich. Davor durchläuft das Unternehmen noch mehrere Krisenstadien. Hierunter fallen unter anderem die Stakeholder- und Strategiekrise, die Produkt- und Absatzkrise, die Erfolgskrise und Liquiditätskrise[381]. Des Weiteren wird auch noch das Stadium der drohenden Zahlungsunfähigkeit als notwendiges Durchgangsstadium durchquert. Unter Berücksichtigung dieser Umstände erscheint es mit Hilfe dieses kurzen Zeitraums gerechtfertigt, den Interessen des Staates in den objektiven Kriterien auf diese Weise Ausdruck zu verleihen.

Letztlich muss der Schuldner innerhalb der drei Wochen auch nicht vollends wieder seine Zahlungsfähigkeit herstellen. Es reicht für die Annahme einer Zahlungsstockung grundsätzlich zunächst aus, wenn er es schafft, die Unterdeckung innerhalb der drei Wochen unter die bekannte 10 % Marke zu bringen[382].

Auch würde das Argument nicht greifen, dass das Interesse des Schuldners im Wege der verfassungskonformen Auslegung in diesem Merkmal nicht hinreichend seinen Ausdruck findet, denn ein Ungleichgewicht zu Lasten des Schuldners entsteht dadurch nicht. Die objektiven Kriterien sind nicht isoliert voneinander zu betrachten, sondern es ist vielmehr eine Gesamtschau nötig. Dies ergibt sich daraus, dass beide Kriterien Elemente des Begriffs der Zahlungsunfähigkeit sind. Sowohl das Kriterium der „Wesentlichkeit“ als auch das der „Dauer“ erfüllen beide ihren Zweck als Ausdruck der verfassungskonformen Auslegung, indem sie sowohl die Interessen des Schuldners als auch die Interessen des Staates in den

---

377 BGH IX ZB 204/04; siehe oben Teil 1 A I 3 ff.

378 Blöse S. 1123.

379 Kamm/Köchling, ZInsO 2006, S. 735.

380 BT-Drucks 12/2443 Rn. 73.

381 IDW ES 6, Ziff. 3.4.

382 Wolf/Kurz, DStR 2006, S. 1342; Kamm/Köchling ZInsO 2006, S. 734.

Eröffnungsgrund der Zahlungsunfähigkeit mit einbringen. Der BGH hat die Interessenschwerpunkte gerecht verteilt. Während bei der 3 Wochenfrist die Interessen des Staates stärker durchschlagen, dominieren die Interessen des Schuldners bei dem Kriterium der 10 % Quote. Beides im Gesamtzusammenhang hält sich die Waage, so dass man insgesamt von einer richtigen und vor allem interessengerechten Entscheidung sprechen kann, die zudem noch praktikabel aufgrund ihrer Klarheit ist.

Gerade aufgrund dieser verschiedenen Gewichtung der Interessen bei den jeweiligen Kriterien erscheint es auch deshalb nicht angebracht, die 3 Wochenfrist, wie von einigen Stimmen in der Literatur gefordert, zu verlängern, weil eine Kreditbeschaffung innerhalb dieses Zeitraums nicht möglich erscheint, jedenfalls nicht solange es keine entsprechenden Anpassungen bei den anderen Kriterien gibt. Denn würde man noch zusätzlich zugunsten des Schuldners die 3 Wochenfrist korrigieren und diese verlängern, würde eine deutliches Ungleichgewicht bei der Interessenabwägung entstehen, die ja gerade im Zentrum der gesamten Argumentation der objektiven Kriterien steht. Die Interessen des Staates sind nicht von der Hand zu weisen, stehen diese doch für ein gesundes Wirtschaftssystem und deren Funktionalität, sowie für den Gläubigerschutz[383]. Kommt es zu einer Insolvenz eines Schuldners, gilt es auch, Schadensbegrenzung zu betreiben und solche Unternehmen rechtzeitig aus dem Wirtschaftskreislauf zu entfernen, um weitere Schäden zu vermeiden. Das Insolvenzrecht zieht die Grenze, bis zu welcher der Gesetzgeber und die Wirtschaft es zulassen, dass natürliche, juristische Personen oder Personengesellschaften am Wirtschaftsgeschehen teilnehmen dürfen und stellt damit für die Marktwirtschaft eine immense Bedeutung dar[384]. Auch steigert ein frühzeitig eingeleitetes Insolvenzverfahren unter Umständen die Chancen des schuldnerischen Unternehmens auf eine gelungene Restrukturierung und somit des Weiterbestehens. Insofern kann man hier indirekt auch von einem Interesse des Schuldners sprechen, auch wenn dieser es in der Regel vorzieht, so lange wie möglich selber die Kontrolle über sein Unternehmen zu haben, um dieses noch zu retten.

Der BGH hat es geschafft den Interessen aller Beteiligten so gut wie möglich gerecht zu werden, indem er bei der 10 % Quote und der drei Wochenfrist verschiedene Interessenschwerpunkte gelegt und gleichzeitig noch ein Ergebnis abgeliefert hat, mit dem die Praxis arbeiten kann.

Die Kriterien der 10 % Quote und der drei Wochenfrist werden durch das Urteil des BGH noch um das Merkmal der besonderen Umstände ergänzt. Dieses

383 Haarmeyer/Frind InsO 1. Kap. I Rn. 4.

384 Haarmeyer/Frind InsO 1. Kap. I Rn. 4.

soll im Anschluss an die Erörterungen zum Thema der kreditwürdigen Person zu Zeiten von Basel II ausgeführt werden.

4. *Die kreditwürdige Person zu Zeiten von Basel II und III*

Die Drei Wochenfrist ist ein Produkt der Interessenabwägung innerhalb der verfassungskonformen Auslegung und bringt die staatlichen Interessen im Eröffnungsverfahren zur Geltung. Der BGH nimmt hierbei Bezug auf die kreditwürdige Person. Abgesehen von dem Rechtsvergleich mit § 64 GmbHG a.F. als Vorbild ergibt sich also nach Auffassung des BGH die drei Wochenfrist daraus, dass dies der Zeitraum sei, den eine kreditwürdige Person benötige, um sich die entsprechenden finanziellen Mittel zu besorgen[385]. Was unter einer solchen jedoch genau zu verstehen ist, verschweigt der BGH aber geflissentlich.

Mit der Einführung der 3 Wochenfrist als objektives Merkmal der Zahlungsunfähigkeit hat der BGH, wie bereits oben ausgeführt, mit dieser klaren zeitlichen Grenze mehr Rechtssicherheit und Rechtsklarheit geschaffen[386]. Insbesondere für mittelständische Unternehmen gehört es zum Alltag, das Rechnungen nicht mehr pünktlich oder nur schleppend bezahlt werden, was wiederum zu Liquiditätsschwierigkeiten auf deren Seite führt[387]. Klare Kriterien sind somit ein Muss, insbesondere auch für Geschäftsführer, damit diese wissen, ab wann sie eine eigene persönliche Haftung treffen kann[388].

Dennoch wird die pauschalisierte drei Wochenfrist in der Literatur mit der Begründung kritisiert, dass 3 Wochen für Unternehmen ab einer bestimmten Größe nicht ausreichen würden, um einen entsprechenden Kredit zu erhalten[389]. Ob ein Schuldner nämlich Kredit bekäme, hänge von für ihn innerhalb von drei Wochen nicht beeinflussbaren Faktoren ab[390].

Dies ergäbe sich vor allem aus der heutigen Kreditvergabepraxis, die sich zuvor auf Basel II und nun auf Basel III stützt[391]. Unter diesem Terminus versteht man die Gesamtheit der Eigenkapitalvorschriften, die vom Basler Ausschuss für

---

385 BGH IX ZR 123/04, Rn. 13; HK-InsO/Kirchhof, § 17, Rn. 17; FK-InsO/Schmerbach, § 17, Rn. 17.

386 Kamm/Köchling, ZInsO 2006, S. 735.

387 Flitsch BB 2005, 1927.

388 Flitsch, a.a.O.

389 Kamm/Köchling, ZInsO 2006, S. 735.

390 Kamm/Köchling, a.a.O.

391 Basel II gilt seit 2007. Die vorläufige Endfassung von Basel III wurde im Dezember 2010 veröffentlicht. Siehe auch Homepage der Bank für internationale Zahlungsausgleich http://bis.org/publ/bcbs189.htm.

Bankenaufsicht vorgeschlagen wurden. Diese Regeln von Basel II gelten gemäß der EU Richtlinie 2006/48/EG und 2006/49/EG innerhalb der Europäischen Union für alle Kreditinstitute und Finanzdienstleistungsinstitute[392]. Ziel dieser Richtlinie ist es unter anderem die Stabilität des Bankensystems unter Wahrung der Wettbewerbsgleichheit und Erhalt des Eigenmittelniveaus von Basel I bei gleichzeitig höherer Risikosensitivität der Eigenmittelanforderungen zu gewährleisten[393].

Dies soll durch drei Säulen erreicht werden. Zum einen soll dies mit einer Definition der einerseits anrechenbaren Eigenmittel und andererseits Ansätze zur Bestimmung der erforderlichen Eigenmittel für Kredit-, Markt- und operationellen Risiken geschehen[394]. Ferner durch einen aufsichtsrechtlichen Überwachungsprozess, um die hinreichende Eigenkapitaldeckung sicherzustellen[395]. Als letzte Säule soll die Definition von minimalen Offenlegungspflichten der Banken bezüglich ihrer Risikoprofile und der Eigenmittelunterlegung dienen[396].

Diese Richtlinie wirke sich durch die Eigenkapitalerhöhung auf die Kreditvergabepraxis in der Weise aus, dass es dem Schuldner aufgrund des damit verbundenen Prüfungsaufwandes nahezu unmöglich werde, innerhalb der drei Wochen einen entsprechenden Kredit zu erhalten[397]. Es stellt sich also durchaus die Frage, ob die drei Wochenfrist, die sich laut BGH aus dem Begriff der kreditwürdigen Person ergibt, nicht eventuell einer Anpassung bedarf. Immerhin handelt es sich bei der kreditwürdigen Person um einen unbestimmten Rechtsbegriff, der einer Auslegung bedarf. Und bei dieser müsste auch grundsätzlich die gegenwärtig geltende Rechtslage und die tatsächlichen Gegebenheiten berücksichtigt werden.

Eine Anpassung wäre also vielleicht dann erforderlich, wenn die drei Wochenfrist unter den veränderten Bedingungen nicht mehr einer verfassungskonformen Auslegung entspräche. Wie bereits jedoch zuvor ausgeführt, handelt es sich bei der relativ kurzen Frist um einen Ausdruck des staatlichen Interesses

392 Veröffentlicht im Amtsblatt der Europäischen Union vom 30.6.2006 L 177/1, sowie.

393 Informationen zu Basel II auf der Seite Schweizer Finanzmarkaufsicht http://www.finma.ch/d/finma/internationales/gremien/basel/Seiten/capital-accord.aspx.

394 http://www.finma.ch/d/finma/internationales/gremien/basel/Seiten/capital-accord.aspx.

395 http://www.finma.ch/d/finma/internationales/gremien/basel/Seiten/capital-accord.aspx.

396 http://www.finma.ch/d/finma/internationales/gremien/basel/Seiten/capital-accord.aspx.

397 Kamm/Köchling, ZInsO 2006, S. 735.

an einer beschleunigten Verfahrenseröffnung[398]. Die Interessen des Schuldners und dessen grundrechtlich geschützte Positionen aus Art 12 und 14 GG werden durch das Wesentlichkeitsmerkmal in Form der 10 % Quote gewahrt.[399] Des Weiteren muss auch beachtet werden, dass sich die Praxis durch diese konkreten Vorgaben des BGH auch auf die vom BGH veranschlagten 3 Wochen einstellt und auch hier Anpassungen vorgenommen werden. Weiß der Schuldner, wie viel Zeit ihm bleibt, so kann er dies in seiner Planung berücksichtigen, ebenso wie die Kreditinstitute.

Es bedarf somit keiner Anpassung der drei Wochenfrist seitens des BGH aufgrund der veränderten Kreditvergabepraxis. Das Merkmal der Dauer und die Art und Weise seiner Konkretisierung ist ein Ausdruck des staatlichen Interesses im Eröffnungsverfahren. Würde dieses Merkmal zugunsten des Schuldners abgeändert, dürfte es schwierig werden, überhaupt noch die Interessen des Gesetzgebers bei der Auslegung des § 17 InsO erkennen zu können. Es müsste dann schon eine komplett neue Abwägung vorgenommen werden, bei der vor allem die 10 % Quote einer neuen Beurteilung bedürfen würde.

5. Zeitraum- und Zeitpunktilliquidität

An die Problematik der Dauerhaftigkeit bzw. der Dreiwochenfrist, wie sie zuvor dargestellt worden ist, kann man noch eine weitere Diskussion anschließen, nämlich die der Zeitraum- bzw. Zeitpunktilliquidität. Nach der Insolvenzrechtsreform war nicht ganz klar, ob in Zukunft für das Vorliegen einer Zahlungsunfähigkeit eine Zeitpunkt- oder eine Zeitraumilliquidität erforderlich sei.

a) Zeitraumilliquidität

Der Begriff der Zahlungsunfähigkeit beinhaltet ein zeitliches Element, was insbesondere in der Gesetzesbegründung durch die Formulierung der kurzfristig schließbaren Liquiditätslücke deutlich wird[400]. Durch dieses zeitliche Element soll die Abgrenzung zu der insolvenzrechtlich unbeachtlichen Zahlungsstockung erfolgen[401]. Zeitraumilliquidität bedeutet, dass ein auf einen Zeitraum bezogener Zustand vorliegt, in dem die vorhandenen flüssigen Mittel und kurzfristig

398 BT Drucks, 12/2443, S. 114.

399 Siehe obenTeil 2 B III 2.

400 Pape/Uhlenbruck/Voigt-Salus, Kap. 17, Rn. 9.

401 Knolle/Tetzlaff, ZInsO 2005, S. 897; Begr. zu §§ 20, 21 TegE InsO, BT-Drucks, 12/2443, S. 114; Stahlschmidt ZInsO 2005, S. 1086; Pape/Uhlenbruck/Voigt-Salus, Kap. 17, Rn. 9.

liquidierbare Vermögensgegenstände nicht ausreichen, um die auf einen Zeitraum bezogenen fällig werdenden Verbindlichkeiten zu bedienen[402]. Bei der Zeitraumilliquidität werden die in absehbarer Zeit fälligen Verbindlichkeiten und verfügbaren liquiden Mittel als Bezugsgröße herangezogen[403].

b) Zeitpunktilliquidität

Zeitpunktilliquidität entspricht der Definition, nur dass der Zustand sich dann auf einen Zeitpunkt bezieht[404]. Haarmeyer definiert die Zeitpunktilliquidität als einen Moment, in dem der Schuldner die zu diesem Zeitpunkt fälligen Verbindlichkeiten nicht mehr begleichen kann[405].

c) Meinungsstand Literatur

Es stehen sich in der Literatur verschiedene Meinungen gegenüber.

Einige Stimmen in der Literatur vertreten die Auffassung, dass auch weiterhin, wie schon vorher in der Kostenordnung, in der InsO bei der Bestimmung der Zahlungsunfähigkeit von einer Zeitraumilliquidität ausgegangen werden muss, wobei die Länge des Zeitraums streitig ist[406]. Auch wenn kein zeitliches Element in die gesetzliche Definition mit eingeflossen sei, so ergäbe sich doch aus der Natur der Sache, dass der Schuldner eine gewisse Zeit brauche, um sich weitere liquide Mittel zu besorgen[407]. Die Aufnahme eines Kredites oder jedwede andere Geldmittelbeschaffung, die von anderen Personen abhängen, bräuchten in der Regel Zeit[408]. Auch der Gesetzgeber spräche in den Gesetzesmaterialien von kurzfristigen Liquiditätslücken, was auch auf eine zeitraumbezogene Illiquidität schließen ließe[409]. Uhlenbruck nimmt diese Formulierung der vorübergehenden

---

402 Definition entnommen aus dem Gabler Wirtschaftslexikon online: http://wirtschaftslexikon.gabler.de/Definition/illiquiditaet.html; Beck/Depré/Ampferl § 2, Rn. 67; Kamm/Köchling, ZInsO 2006, S. 733.

403 Haarmeyer/Wutzke/Förster, Kap. 1, I Rn. 2.

404 Pape/Uhlenbruck/Voigt-Salus, Kap. 17, Rn. 9; Kamm/Köchling, ZInsO 2006, S. 733; Beck/Depré/Ampferl § 2, Rn. 67.

405 Haarmeyer/Wutzke/Förster, Kap. 1, I Rn. 2.

406 Harz ZInsO 2001, 193, 196; MüKo InsO/Eilenberger, (2. Aufl.) § 17 Rn. 12; HK InsO/Kirchhof § 17 Rn. 24; Gottwald/ Huber, (2 Aufl) § 47, Rn. 10; Hess/Weis/Hess § 17 Rn. 28; Kübler/Prütting/Pape § 17 Rn. 2 ff; Haarmeyer/Wutzke/Förster, Kap. 1, IV Rn. 86; FK-InsO/Schmerbach 5. Aufl. § 17 Rn. 31; Pape/Uhlenbruck/Voigt-Salus Kap. 17 Rn. 9.

407 Stahlschmidt ZInsO 2005 S. 1087, 1089.

408 Stahlschmidt ZInsO 2005 S. 1087, 1089.

409 Stahlschmidt ZInsO 2005 S. 1087, 1089.

Zahlungsstockung als Hauptargument für eine Zeitraumilliquidität[410]. Dass das Merkmal der Dauer nicht in den Gesetzestext mit aufgenommen worden sei, sei lediglich als präventive Maßnahme des Gesetzgebers gegen zu lange Zeiträume bei der Zahlungsstockung anzusehen[411].

Die andere Literaturmeinung geht schon im Moment der erstmaligen Unfähigkeit zur Begleichung der fälligen Verbindlichkeiten von Zahlungsunfähigkeit aus[412]. Stelle man allein auf den Wortlaut der gesetzlichen Definition ab, so könnte man auch eine Zeitpunktilliquidität bejahen, da von einem Zeitraum hier gerade ausdrücklich nicht die Rede sei[413]. Ferner wird auch damit argumentiert, dass in der Regierungsbegründung ausdrücklich auf das Merkmal der Dauer verzichtet worden sei[414]. Falle dieses Merkmal weg, so würde dies den Weg für die Annahme einer Zeitpunktilliquidität frei machen[415]. Zeuner stellt sich entschieden gegen die Annahme einer Zeitraumilliquidität, auch wenn er das Argument der vorübergehenden insolvenzrechtlich unbeachtlichen Zahlungsstockung nicht von der Hand weist[416]. Wesentlich sei aber nach dessen Auffassung das Weglassen des Merkmals der Dauer und das Abstellen des Gesetzestextes auf die fälligen Zahlungspflichten gemäß § 17 Abs. 2 S. 1 InsO[417]. Ferner ergebe sich aus dem Zusammenhang mit den Anfechtungsvorschriften, für die eben eine zeitpunktbezogene Illiquidität gelte, dass auch § 17 InsO eine Zeitpunktilliquidität voraussetze[418].

Eilenberger hält die Diskussion hinsichtlich der Abgrenzung zwischen Zeitpunkt- oder Zeitraumilliquidität für überholt, da durch die objektiven Kriterien taktische Überlegungen hinsichtlich des Zeitpunkts des Stellens des Insolvenzantrags wegfallen und die Ermittlung der Zahlungsunfähigkeit wesentlich vereinfacht werde[419].

---

410 Uhlenbruck InsO/Uhlenbruck § 17 Rn. 19.

411 Uhlenbruck InsO/Uhlenbruck § 17 Rn. 19.

412 Moosmeyer, S. 155; Burger/Schellberg S. 262; Röhm S. 108 ff.; Landferman BB 1995 S. 1651.

413 Kamm/Köchling, ZInsO 2006, S. 733; Staufenbiel/Hoffmann, ZInsO 2008, S. 787; Harz/Baumgartner/Conrad ZInsO 2005, 1304; FK-InsO/Schmerbach 4. Aufl. § 17 Rn. 8.

414 Begr. Des RegE zu § 17 InsO, abgedruckt in Balz/Landfermann, S. 90.

415 Kamm/Köchling, ZInsO 2006, S. 733; Staufenbiel/Hoffmann, ZInsO 2008, S. 787; Harz/Baumgartner/Conrad ZInsO 2005, 1304; FK-InsO/Schmerbach 4. Aufl. § 17 Rn. 8.

416 Zeuner Anfechtung Rn. 98.

417 Zeuner Anfechtung Rn. 98.

418 Zeuner Anfechtung Rn. 101.

419 MüKo InsO/Eilenberger § 17 Rn. 2.

d) *Das Urteil des BGH und Stellungnahme*

Der BGH hat sich in seinem Urteil vom 24.5.2005 mit der Festlegung auf die drei Wochenfrist auch im Rahmen des § 17 InsO für eine Zeitraumilliquidität entschieden[420].

Dies erscheint auch im Ganzen schlüssiger. Insbesondere beachtet diese Entscheidung auch den Willen des Gesetzgebers, kurzfristige Liquiditätslücken außer Acht lassen zu wollen. Sicherlich spricht die Wortlautauslegung durch das Weglassen eines zeitlichen Elements zunächst für eine Zeitpunktilliquidität, aber, wie sich aus der historischen Auslegung unter Berücksichtigung der Gesetzesmaterialien zeigt, wurde dieses mit der Prämisse weggelassen, nicht eine rechtzeitige Verfahrenseröffnung zu gefährden[421]. Auch die teleologische Auslegung stützt hier die Entscheidung für eine zeitraumsbezogene Illiquidität, da die 3 Wochenfrist ein Ausdruck der Interessenabwägung zwischen denen des Staates und denen des Schuldners ist[422]. Es muss in diesem Zusammenhang auch berücksichtigt werden, dass bei der Annahme einer Zeitpunktilliquidität die Verhältnismäßigkeit nicht mehr gewahrt wäre. Die Zahlungsunfähigkeit ist ein Eröffnungsgrund für das Insolvenzverfahren. Die Zahlungsunfähigkeit stellt somit im übertragenen Sinne eine Art Widerstand dar, da nicht automatisch jede kurzfristige Unterdeckung zu einer Eröffnung eines Insolvenzverfahrens führen soll[423]. Dieser Widerstand gegen den Auslöser des Insolvenzverfahrens wäre aber viel zu gering, wenn man im Zusammenhang mit dem Begriff der Zahlungsunfähigkeit von einer Zeitpunktilliquidität ausginge. Ferner kommen noch die besonderen Umstände hinzu, die unter Umständen weitere Zeiträume eröffnen können, sofern Anlass hierzu besteht[424].

Wie zuvor schon ausgeführt, ist die 3 Wochenfrist eine Manifestation der staatlichen Interessen im Gefüge der objektiven Kriterien[425]. Zwar wäre eine zeitpunktbezogene Illiquidität bei der Bestimmung der Zahlungsunfähigkeit im Hinblick auf die rechtzeitige Verfahrenseröffnung sicherlich effektiver, dies würde aber sowohl dem Willen des Gesetzgebers zuwider laufen, der ja kurzfristige Liquiditätslücken eben nicht als Zahlungsunfähigkeit ansehen möchte, als auch komplett den grundrechtlich geschützten Interessen des Schuldners, die ja im

420 BGH IX ZR 123/04 Rn. 13; siehe oben Teil 2 B III 3.
421 vgl. statt vieler: Stahlschmidt ZInsO 2005, S. 1089.
422 Siehe oben Teil 2 B III 3 d.
423 Balz/Landfermann, a.a.O. S. 90.
424 BGH IX ZR 123/04
425 Siehe oben Teil 2 B III 3 d.

Rahmen der verfassungskonformen Auslegung der Norm im Eröffnungsverfahren beachtet werden müssen.

Zeuners Argument des systematischen Zusammenhangs mit den Anfechtungsvorschriften, die ja eben auf eine Zeitpunktilliquidität abstellten, kann entgegengehalten werden, dass der Begriff der Zahlungsunfähigkeit ein systemabhängiger Begriff ist. Gerade im Eröffnungsverfahren sind die Grundrechte des Schuldners zu berücksichtigen[426]. Stellt man lediglich auf einen Zeitpunkt ab, wird es schwierig insbesondere die vom BGH statuierten besonderen Umstände zu berücksichtigen[427]. Im Anfechtungsrecht ändern sich hingegen die Voraussetzungen. Im eröffneten Insolvenzverfahren braucht der Zahlungsunfähigkeitsbegriff nicht mehr verfassungskonform ausgelegt werden[428]. Dass der BGH im Anfechtungsrecht eine andere Ermittlungsmethode für die Zahlungsunfähigkeit annimmt, ergibt sich aus dessen Entscheidung vom 12.10.2006[429]. In dieser Entscheidung hat der BGH die retrograde Ermittlungsmethode der Zahlungsunfähigkeit begründet[430]. Der BGH nimmt im Anfechtungsrecht ab dem Zeitpunkt Zahlungsunfähigkeit an, zu dem eine fällige Forderung bis zur Eröffnung des Insolvenzverfahrens nicht mehr beglichen worden sei[431].

Der Ansicht, die eine Zeitraumilliquidität annimmt, ist daher aufgrund der besseren Argumente zu folgen. Nachfolgend soll nun auf das letzte Kriterium des BGH eingegangen werden, nämlich die besonderen Umstände.

6. *Die besonderen Umstände als Korrektiv und Prognose*

Die objektiven Kriterien der 10 % Quote und der Drei Wochenfrist sind bereits diskutiert worden. Die 10 % Quote ist im Wege der verfassungskonformen Auslegung und der darin enthaltenen Interessenabwägung ein Ausdruck der schuldnerischen Interessen, während die Drei Wochenfrist ein Ausdruck der staatlichen Interessen darstellt.

Neben diesen beiden bisher diskutierten Kriterien tritt nun noch das Merkmal der besonderen Umstände hinzu[432]. Es stellt sich nun die Frage, inwiefern das Merkmal der besonderen Umstände in dieses Gesamtgefüge einzuordnen ist.

---

426 BGH IX ZB 204/04.
427 BGH IX ZR 123/04.
428 BGH IX ZB 204/04; siehe oben ausführlich Teil 1 A I.
429 BGH IX ZR 228/03.
430 BGH IX ZR 228/03 Rn. 28.
431 BGH IX ZR 228/03 Rn. 28.
432 BGH IX ZR 123/04 Rn. 30.

a) Die Argumentation des BGH

Als ersten Anhaltspunkt zum Verständnis des Kriteriums der besonderen Umstände kann man die Leitsätze zu der Entscheidung heranziehen. Dort formuliert der BGH, dass von Zahlungsfähigkeit ausgegangen werden könne, wenn die Liquiditätsunterdeckung unter 10 % läge, es sei denn, dass es bereits absehbar sei, dass diese Lücke demnächst über dieser Grenze läge[433]. Umgekehrt könne Zahlungsunfähigkeit vermutet werden bei einer Unterdeckung von über 10 %, es sei denn, dass die Unterdeckung demnächst vollständig oder fast vollständig beseitigt werden könne[434].

In der Entscheidung selbst wird der BGH dann etwas konkreter. Bei einer Unterdeckung von bzw. bis 10% reiche diese nicht aus, um eine Zahlungsunfähigkeit des Schuldners anzunehmen. Hier streite zunächst die in der 10 % Regelung enthaltene Vermutung für den Schuldner und dessen Zahlungsfähigkeit[435]. Nur wenn besondere Umstände gegeben seien, die den Schluss auf einen Niedergang des Schuldners zuließen, könne in einem solchen Fall die Zahlungsunfähigkeit vermutet werden[436]. Der Nachweis solcher Umstände obläge in diesem Fall dem Insolvenzgericht.

Im umgekehrten Fall, also das Vorliegen einer Unterdeckung von 10 % oder mehr, würde der Schuldner zunächst wegen der Vermutungsregelung als zahlungsunfähig gelten. Dann habe der Schuldner die Darlegungslast und müsse entsprechende Indizien bzw. konkrete Umstände vortragen, die den Schluss zuließen, dass mit an Sicherheit grenzender Wahrscheinlichkeit die Unterdeckung beseitigt würde[437]. Bei einem entsprechenden Vortrag habe das Insolvenzgericht dann die Pflicht, zu ermitteln[438]. Dies müsse zwar nicht schon innerhalb der ersten 3 Wochen geschehen, aber in einem überschaubaren Zeitraum[439].

Die 10 % Regelung wirke sich des Weiteren auch auf die Anforderungen aus, die an die besonderen Umstände zu stellen seien. Je näher sich die Unterdeckung im Bereich der 10 % Quote bewege, desto geringer seien die Anforderungen an die besonderen Umstände zu stellen[440]. Auch hier verschiebt sich das Ganze wieder im umgekehrten Fall. Je geringer die Unterdeckung ausfiele, desto

433 BGH IX ZR 123/04, 2. Leitsatz.
434 BGH IX ZR 123/04, 3. Leitsatz.
435 BGH IX ZR 123/04 Rn. 30.
436 BGH IX ZR 123/04 Rn. 30.
437 BGH IX ZR 123/04 Rn. 31.
438 BGH IX ZR 123/04 Rn. 31.
439 BGH IX ZR 123/04 Rn. 31.
440 BGH IX ZR 123/04 Rn. 32.

erheblicher müssten die besonderen Umstände sein, um eine Zahlungsunfähigkeit anzunehmen[441].

Des Weiteren vertritt der BGH die Auffassung, dass aus dem Wortlaut der Gesetzesmaterialien, nämlich die Warnung des Gesetzgebers, Zahlungsunfähigkeit bei Erreichen bestimmter Quoten anzunehmen, darauf zu schließen sei, dass der Gesetzgeber Flexibilität innerhalb des Begriffs der Zahlungsunfähigkeit bevorzuge[442].

b) Die Kritik der Literatur

Dieses Merkmal der besonderen Umstände wird in der Literatur unterschiedlich aufgefasst.

Es wird begrüßt, dass durch die besonderen Umstände eine flexible Beurteilung in Einzelfällen ermöglicht werde, weil Spielräume gewährt würden, die zu einer Relativierung der objektivieren Kriterien führten[443]. Es handele sich aber auch hierbei wiederum um einen unbestimmten Rechtsbegriff, der missbräuchlichen Erwägungen in der Sanierungspraxis als Einfallstor diene, da hierdurch unter Umständen ein Insolvenzantrag über die Maßen hinausgeschoben werden könne[444]. Ausnahmeregelung könne dazu führen, dass dann wiederum auf Unternehmensberater zur Erstellung von Gutachten mit positiven Fortführungsprognosen zurückgegriffen werden könnten, da sich die Geschäftsführer dann unter Verweis auf die erstellten Gutachten gegen entsprechende Vorwürfe einer Insolvenzverschleppung wehren könnten[445].

Da es sich des Weiteren auch um ein prognostisches Element handele, stelle sich die Frage, was für Zeiträume sich hierdurch eröffnen würden, innerhalb deren den Gläubiger ein Zuwarten zuzumuten sei und unter Umständen noch mehr von der potenziellen Insolvenzmasse verloren ginge[446].

Die besonderen Umstände seien ein prognostisches Element, dass durch das Abstellen auf solche zur Entkräftung der widerleglichen Vermutung einer Überschuldungsprüfung ähnele[447]. Der BGH versäume es aber auszuführen, wie eine solche Fortführungsprognose auszusehen habe[448].

---

441 BGH IX ZR 123/04. Rn. 32.

442 BGH IX ZR 123/04 Rn. 26; BT-Drucks. 12/2443 Rn. 378.

443 Staufenbiel/Hoffman ZInsO 2008, S. 787–788; Stahlschmidt ZInsO 2005, S. 1090.

444 Dahl, NJW Spezial 2008 S. 54.

445 Knolle/Tetzlaff ZInsO 2005, S. 902.

446 Wolf/Kurz, DStR 2006, S. 1340.

447 Bork/Koschmieder/Beck/Hölzle Rn. 29.122; Kamm/Köchling ZInsO 2006, S. 736.

448 Hölzle ZIP 2006, S. 103.

c) Diskussion und Stellungnahme zu den besonderen Umständen

Es stellt sich die Frage, welche Aufgabe, das Kriterium der besonderen Umstände im Rahmen dieses Dreigestirns der objektiven Kriterien erfüllen soll und wie sich dieses auswirkt.

Wird ein Insolvenzantrag eingereicht, kommt es zunächst zum Zulassungsverfahren, in dem geprüft wird, ob ein wirksamer Antrag vorliegt. Dieser Antrag muss, wie sich aus § 253 Abs. 2 Nr. 2 ZPO ergibt, substantiiert und nachvollziehbar sein[449]. Der Amtsermittlungsgrundsatz des Insolvenzgerichts aus § 5 Abs. 1 InsO greift ab dem Zeitpunkt, ab dem der Antragsteller einen Eröffnungsgrund hinreichend substantiiert hat[450].

Ist ein solcher Antrag hinreichend substantiiert worden, kommt es dann zur Zustellung an den Schuldner und zur Überleitung in das quasistreitige Eröffnungsverfahren. Liegt ein Gläubigerantrag vor, kann der Schuldner nun seine Gegenargumente bringen. In diesem Verfahrensabschnitt setzt zunächst die Regelvermutung des BGH in Verbindung mit der 10 % Quote ein. Der Schuldner gilt als zahlungsfähig, solange er noch nicht die 10 % Schwelle überschritten hat. Diese Regelvermutung steht auch nicht im Widerspruch zum Amtsermittlungsgrundsatz. Als Ausdruck der verfassungskonformen Auslegung hat der BGH die Regelvermutung eingeführt. Das Gericht geht seiner Amtsermittlungspflicht im Falle eines substantiierten Antrags nach, muss aber zunächst davon ausgehen, dass der Schuldner bei einer Unterdeckung von unter 10 % als zahlungsfähig zu gelten hat[451].

Aber wie grundsätzlich jede Vermutung kann diese entkräftet werden, wenn sich im Eröffnungsverfahren etwas anderes ergibt. Diese Möglichkeit eröffnen die besonderen Umstände. Diese müssen von der Seite im Prozess dargelegt werden, die sich gegen diese Regelvermutung wendet, sei es nun der Schuldner oder ein Gläubiger. Das Gericht soll in einem solchen Fall seiner Amtsermittlungspflicht nur nachgehen, wenn es tatsächliche Anhaltspunkte gibt, was eine Konsequenz der Regelvermutung ist. Schließlich soll diese ja auch der Arbeitserleichterung und Praktikabilität dienen. Der BGH hält sich bei der Einführung der besonderen Umstände zunächst schlicht und ergreifend an Standardgrundsätze des Zivilprozesses, nämlich der der Darlegungs- und Beweislast. Das Insolvenzgericht muss nun an dieser Stelle, wenn besonderen Umstände vorgetragen werden bzw. Anhaltspunkte für solche vorliegen und es um die Eröffnung des

449 MüKo InsO/Ganter (2. Aufl.) Vorbem. Vor §§ 2 Rn. 16.

450 MüKo InsO/Ganter (2. Aufl.) Vorbem. Vor §§ 2 Rn. 17a.

451 BGH IX ZR 123/04 2. Leitsatz.

Insolvenzverfahrens geht, im Rahmen seiner Amtsermittlungspflicht gemäß § 5 Abs. 1 InsO diese Umstände feststellen, wenn nicht schon eine Partei einen entsprechenden Beweis von selbst geführt hat[452].

Der BGH hat sich in seiner Entscheidung geweigert, eine starre Grenze für die Beurteilung der Zahlungsunfähigkeit einzuführen[453]. Stattdessen hat er es zunächst vorgezogen, eine Regelvermutung für die Zahlungsunfähigkeit des Schuldners statt einer starren Grenze aufzustellen. Eine solche hätte der Gesetzgeber ohne weiteres auch selber einbauen können[454]. Der Gesetzgeber wollte, darin ist dem BGH zuzustimmen, die Flexibilität des Begriffs der Zahlungsunfähigkeit bewahren, trotz des erklärten Ziels der beschleunigten Verfahrenseröffnung[455]. Quoten allein würden keine abschließende Bewertung von wirtschaftlichen Sachverhalten ermöglichen[456]. Zwar erwähnt der BGH dieses Argument der Flexibilität im Zusammenhang mit der Regelvermutung, diese Argumentation lässt sich aber genauso auf die besonderen Umstände anwenden.

Die besonderen Umstände bewahren also dem Begriff der Zahlungsunfähigkeit die Flexibilität. Es wird ein Beurteilungsspielraum eröffnet, da es sich bei den besonderen Umständen um einen unbestimmten Rechtsbegriff handelt, der auslegungsbedürftig ist. Unbestimmte Rechtsbegriffe sind ein legitimes Mittel, um eine Einzelfallbetrachtung zu ermöglichen. Das Gericht erhält einen größeren Handlungsspielraum, und kann so besser auf den jeweiligen Einzelfall reagieren. Dennoch ist von Vorteil, um eine einheitliche Rechtsprechung zu garantieren, wenn man gewisse Anhaltspunkte für die Auslegung eines solchen Rechtsbegriffs gibt. Der BGH hält sich aber in dieser Entscheidung mit Hinweisen, wie diese besonderen Umstände auszusehen haben, dezent zurück. Der einzige Hinweis, den man erhält, ist, dass sich die 10 % Quote auf die besonderen Umstände und deren Umfang bei der Prüfung der Zahlungsunfähigkeit auswirkt. Umso näher die Unterdeckung an die 10 % heranreicht, umso geringer sind die Anforderungen an die besonderen Umstände, um eine Zahlungsunfähigkeit anzunehmen. Je geringer die Unterdeckung ausfällt, umso höher sind die Anforderungen an die besonderen Umstände[457].

452 BGH IX ZR 123/04 Rn. 30.
453 BGH IX ZR 123/04.
454 BGH, a.a.O. Rn. 26.
455 BGH IX ZR 123/04 Rn. 26.
456 BGH IX ZR 123/04 Rn. 27.
457 BGH IX ZR 123/04.

Werden aber Beurteilungsspielräume eröffnet durch unbestimmte Rechtsbegriffe, so geht Rechtssicherheit verloren. Der Begriff der Zahlungsunfähigkeit ist auslegungsbedürftig, weil er selbst ein unbestimmter Rechtsbegriff ist. Der Gesetzgeber hat ihn bewusst nicht weiter konkretisiert, so wie er bewusst darauf verzichtet hat, starre Quoten einzuführen[458]. Der BGH konkretisiert diesen Begriff durch zwei eindeutige Kriterien und einen weiteren unbestimmten Rechtsbegriff. Das Resultat ist, zumindest augenscheinlich, ein Verlust von Rechtssicherheit zugunsten einer Einzelfallbetrachtung. Es scheint so, als habe der BGH, dessen Urteil eigentlich die bis dahin gegebene Unsicherheiten bezüglich des Begriffs der Zahlungsunfähigkeit beseitigen sollte, diese einfach durch die Unsicherheit des Begriffs der besonderen Umstände ersetzt. Der status quo scheint erhalten geblieben zu sein. Es stellt sich also die Frage, ob der BGH nicht durch dieses Kriterium die anderen beiden klar umgrenzten Kriterien nicht soweit wieder relativiert hat, dass diese wiederum ihren gesetzgeberischen Sinn verlieren, nämlich Rechtssicherheit und eine frühzeitige Verfahrenseröffnung[459].

Gerade bei einem so wichtigem Begriff wie der der Zahlungsunfähigkeit könnte man annehmen, dass das Argument der Rechtssicherheit eine tragende Rolle bei der Bestimmung der objektiven Kriterien spielen sollte. Insbesondere der Schuldner hat ein großes Interesse daran, genau zu wissen, wann er nach dem Gesetz als zahlungsunfähig gilt, da an diesem Begriff auch strafrechtliche Konsequenzen gebunden sind. Die 10 % Quote und die 3 Wochenfrist sind das Resultat einer verfassungskonformen Auslegung und Interessenabwägung zwischen denen des Staates und denen des Schuldners. Die 10 % entsprechen mehr den Interessen des Schuldners während die 3 Wochenfrist versucht, den Interessen des Staates mehr Geltung zu verschaffen[460]. Klare Vorgaben also, deren Bedeutung wiederum in Kombination mit einem weiteren unbestimmten Rechtsbegriff schrumpft.

Der Literaturmeinung ist deshalb in dem Punkt beizupflichten, dass durch die Einführung eines weiteren objektiven Kriteriums in Form eines unbestimmten Rechtsbegriffs Rechtssicherheit bzw. Rechtsklarheit eher verloren geht[461]. Mit den besonderen Umständen wird ein zusätzliches prognostisches Element eingeführt, dass über die drei Wochenfrist hinausgeht, aber gleichzeitig mit

458 BT-Drucks 12/2443 Rn. 378.
459 BT-Drucks 12/2443 Rn. 377.
460 Siehe oben Teil 2 B III 2, 3.
461 Dahl, NJW Spezial 2008, S. 54; Knolle/Tetzlaff ZInsO 2005, S. 902.

den beiden anderen Kriterien verknüpft ist[462]. Liegen besondere Umstände vor bzw. werden solche Umstände durch den Schuldner vorgetragen, so ist eine Fortführungsprognose zu erstellen[463].

Ein weiteres Argument, was gegen diesen vom BGH geschaffenen Begriff der besonderen Umstände spricht, ist die Missbrauchsgefahr. Diese ist aufgrund der Kombination des Amtsermittlungsgrundsatzes und des unbestimmten Rechtsbegriffs der besonderen Umstände gegenwärtig. Denn sobald der Schuldner Umstände vorträgt, die darauf schließen lassen, dass unter Umständen nur eine Zahlungsstockung vorliegen könnte, muss das Insolvenzgericht grundsätzlich diesbezüglich aufklären. Dies bedeutet Zeitverlust und die Gefahr einer verspäteten Verfahrenseröffnung. Ein Nachteil also für die Gläubiger und nicht im Interesse des Staates, der eine frühzeitige Verfahrenseröffnung anstrebt.

Es stellt sich also die Frage, warum der BGH einen solchen Verlust von Rechtssicherheit in Kauf nimmt, vor allem wenn man bedenkt, dass neben dem Argument der Rechtssicherheit noch die staatlichen Interessen einer frühzeitigen Verfahrenseröffnung und natürlich noch die Gläubigerinteressen gegen ein solch unbestimmtes Element sprechen.

Möchte man diese Frage beantworten, muss man sich zunächst vor Augen führen, welche Aufgabe die besonderen Umstände erfüllen sollen. Diese sollen eine Einzelfallbetrachtung ermöglichen und erweitern deshalb wieder den eng gesetzten rechtlichen Rahmen, der vorher durch die Kriterien der 10 % Quote und der drei Wochenfrist gesetzt worden ist. Dies erscheint im Ganzen als ein schlüssiges Konzept. Die dadurch wiederum entstehende Rechtsunsicherheit muss dabei der Einzelfallgerechtigkeit weichen.

Es sprechen unter anderem auch wirtschaftliche Gesichtspunkte für die Ermöglichung einer Einzelfallbetrachtung. Die wirtschaftliche Situation eines in der Krise befindlichen Unternehmens ist komplex. Sehr viele Faktoren spielen bei der Beurteilung der Liquidität eines Unternehmens eine Rolle. Die finanzielle Lage eines solchen Unternehmens kann sich von Tag zu Tag ändern. Dieser Realität kann mit dem Kriterium der besonderen Umstände Rechnung getragen werden. Spielräume des Insolvenzgerichts bei der Beurteilung der Zahlungsunfähigkeit sind hier zwingend erforderlich. Die Gefahr, eigentlich zahlungsunfähige Unternehmen nicht rechtzeitig aus dem Wirtschaftsverkehr zu entfernen und weiteren Schaden zu vermeiden ist ebenso groß wie die Gefahr, eigentlich überlebensfähige Unternehmen durch ein zu früh eingeleitetes Insolvenzverfahren

462 Wolf/Kurz, DStR 2006, S. 1340; BGH IX ZR 123/04.

463 Kamm/Köchling ZInsO 2006 S. 736.

zu liquidieren. Dies kann je nach Größe des Unternehmens und seiner Stellung innerhalb eines Wirtschaftssystems zu erheblichen Konsequenzen führen. Man bedenke nur, was zum Beispiel die Insolvenz eines Autoherstellers für die zahlreichen Zulieferer bedeutet. Hier kann es je nach dem Grad der Abhängigkeit zu einer Kettenreaktion kommen, die die Insolvenz zahlreicher kleiner Unternehmen nach sich zieht[464]. Im Zweifel ist es demnach besser, ähnlich dem Grundsatz in dubio pro reo im Strafprozess, ein an sich zahlungsunfähiges Unternehmen oder Schuldner etwas länger als zahlungsfähig gelten zu lassen als andersherum, wenn man das Ganze von einem wirtschaftlichen Standpunkt aus betrachtet.

Weiterhin spricht für eine Einzelfallbetrachtung wieder das Argument der verfassungskonformen Auslegung zugunsten des grundrechtlich geschützten Schuldners, wenn man sich ins Gedächtnis ruft, was eine Insolvenz für einen Schuldner bedeutet. Ein erheblicher Eingriff in dessen Grundrechte, dessen wirtschaftliche Entmündigung und gesellschaftliche Stigmatisierung, um nur einige wenige Auswirkungen zu nennen, die Folge einer Insolvenzeröffnung sind[465]. Im Eröffnungsverfahren muss man den Schuldner aufgrund seiner Grundrechte noch schützen. Ferner wäre es, wenn die Prognose allein auf die zuvor erörterten anderen beiden Kriterien reduziert würde, vom Zufall abhängen, ob ein Unternehmen als zahlungsunfähig eingestuft würde oder nur eine Zahlungsstockung angenommen werden könne. Je nach Zeitpunkt kann ein Unternehmen insolvent, nur drohend zahlungsunfähig oder sogar liquide sein.

Ein weiteres Argument, was für die schuldnerfreundliche Auslegung des Merkmals der besonderen Umstände spricht, ist die Praxis der Insolvenzgerichte, die dem Schuldner wenig Alternativen lassen[466]. Zwar gebe es unter anderem das Instrumentarium der drohenden Zahlungsunfähigkeit mit einer möglichen Eigenverwaltung des Schuldners, die eine Reorganisation ermögliche, dieses spiele aber aufgrund der nachhaltigen Skepsis der Instanzgerichte in Bezug auf die Eigenverwaltung, einen diesbezüglich fehlenden Rechtsschutz des Schuldners bei Ablehnung der Eigenverwaltung sowie aufgrund der Trägheit des Insolvenzplanverfahrens kaum eine Rolle[467]. Diesem Argument ist zuzustimmen, da es die prekäre Situation eines Schuldners in der Krise erfasst. Dem Schuldner bleibt aus seiner Sicht praktisch keine andere Wahl, wenn er sein Unternehmer aus eigener Kraft noch retten will.

---

464 Haarmeyer/Frind InsO 1. Kap. I Rn. 4.

465 Oetker, Grundbegriffe 1891, passim.

466 Smid, DZWIR 2006, S. 1–23, wobei sich diese Ausführungen direkt nur auf das Urteil vom 24.5.2005 beziehen.

467 Smid, DZWIR 2006, S. 1–23.

Dies ist ein weiterer Aspekt, der die verfassungskonforme Auslegung unterstützt.

Auch reduziert sich die Auslegung des Begriffs der besonderen Umstände nicht allein auf die Interessen des Schuldners. Auch die staatlichen Interessen können im Einzelfall eine entsprechende Gewichtung erfahren, wenn eben Anhaltspunkte vorliegen, die die Annahme einer Zahlungsunfähigkeit rechtfertigen.

Die Gefahr des Missbrauchs bleibt natürlich. Gerade in dieser Situation, in der ein Schuldner in der Regel zu allem bereit ist, sein Unternehmen solange wie möglich selbst zu steuern, um es noch aus eigener Kraft retten zu können. Die besonderen Umstände bieten Spielraum, der natürlich ausgenutzt werden kann. Dies kann zu Verzögerungen führen, die eine Gefahr für die Insolvenzmasse darstellen. Das Argument ist nicht von der Hand zu weisen. Dennoch lässt die verfassungskonforme Auslegung hier keine andere Möglichkeit zu, als diese Missbrauchsgefahr hinzunehmen. Es liegt am Insolvenzgericht, im Rahmen seiner Amtsermittlungspflicht den Sachverhalt genau zu ermitteln und den Beurteilungsspielraum mit Hilfe der vorzunehmenden Interessenabwägung auszunutzen.

Die besonderen Umstände haben die Aufgabe, die Interessen von Staat und Schuldner auf einer weiteren unteren Ebene in Einklang zu bringen. Es liegt quasi eine doppelte verfassungskonforme Auslegung vor. Die drei Hauptkriterien sind das Resultat der verfassungskonformen Auslegung, wobei die besonderen Umstände noch einmal eine Abwägung im Einzelfall vorsieht, die wiederum unter Berücksichtigung der Grundsätze der verfassungskonformen Auslegung zu geschehen hat. Sowohl die Interessen des Staates als auch die des Schuldners sind gleichbedeutend und können je nach Lage des Sachverhalts verschieden gewichtet werden.

Dennoch darf hierbei nicht die Gefahr außer Acht gelassen werden, dass es zu einer zu einseitigen Auslegung dieses Kriteriums im Rahmen eines Insolvenzeröffnungsverfahrens kommen kann. Auch ist nicht klar, welcher Prognosezeitraum für die besonderen Umstände eröffnet wird.

Diese beiden Punkte sollen im Folgenden diskutiert werden.

d) Der eröffnete Prognosezeitraum und die Gefahren der Konkretisierung der besonderen Umstände nach dem BGH und dem AG Hamburg

Wie zuvor angesprochen, birgt der unbestimmte Rechtsbegriff der besonderen Umstände gewisse Gefahren. Die besonderen Umstände werfen deshalb Fragen bei der Konkretisierung auf. Von erheblicher Bedeutung sind hierbei vor allem der Prognosezeitraum, den die besonderen Umstände eröffnen, und die mit diesen verbundenen Gefahren.

Diese Problematik soll im Folgenden anhand zweier Urteile diskutiert werden.

(1) Die Entscheidungen des AG Hamburg und des BGH

Als Diskussionsgrundlage für dieses Gefahrenpotenzial soll zunächst ein Beschluss des BGH und ein Urteil des Amtsgerichts Hamburg dienen.

(a) Der eröffnete Prognosezeitraum nach Auffassung des BGH (BGH IX ZB 36/07)

Der Schuldner, ein selbstständiger Friseurmeister, legte gegen den Beschluss des Insolvenzgerichts über die Eröffnung eines Insolvenzverfahrens Rechtsbeschwerde beim BGH ein.

Gegen den Schuldner wurden zuvor mehrere Insolvenzanträge von dessen Gläubigern gestellt. Im Rahmen des Insolvenzeröffnungsverfahrens wurde von einem Gutachter eine Liquiditätsbilanz erstellt. In dieser war die Fälligkeit mehrere eingebrachter Forderungen streitig.

Mit dieser Liquiditätsbilanz des Insolvenzsachverständigen setzte sich der BGH im Rahmen dieser Entscheidung auseinander. Aufgrund der Liquiditätslücke von über 10 % war zunächst eine Zahlungsunfähigkeit zu vermuten. Aufgrund des Vorliegens besonderer Umstände war in diesem Fall aber nicht von einer Zahlungsunfähigkeit auszugehen. Die besonderen Umstände sah der BGH darin, dass der Schuldner vortrug, eine ihm gehörende Immobilie kurzfristig zu einem Preis von 42.000 € veräußern zu wollen.

Innerhalb der drei Monate zwischen der Stellung des Insolvenzantrags und der Verfahrenseröffnung hatte der Schuldner es nicht geschafft, die besagte Immobilie zu veräußern.

(b) Der eröffnete Prognosezeitraum nach Auffassung des AG Hamburg (AG Hamburg 67 C IN 443/07)

Das schuldnerische Unternehmen hatte seit März 2007 bei mehreren Krankenkassen Rückstände. Ein Vollstreckungsversuch der antragstellenden Krankenkasse verlief erfolglos. Dies führte am 10.10.2007 zur Stellung eines Insolvenzantrags.

Der Gesellschaftsgeschäftsführer trug vor, dass liquide Mittel durch eine vorweggenommene Erbschaft herbeigeschafft werden könnten. Im Anschluss daran sollte die vorliegende Insolvenz mit Hilfe eines Gesellschafterdarlehens i.H.v. 220.000 € beseitigt werden. Diese Gelder sollten aus bereits im Familienkreis angekündigten Immobilienveräußerungen kommen.

Der Gutachter und vorläufige Insolvenzverwalter hatte in seinem zweiten Zwischenbericht gegenüber dem Insolvenzgericht erklärt, dass dieser Betrag während des Monats Dezember 2007 eingehen sollte. In diesem Zusammenhang bat dieser um eine Fristverlängerung zur weiteren Berichterstattung bis zum 21.12.2007.

Das AG Hamburg kam dieser Bitte nicht nach und eröffnete umgehend das Insolvenzverfahren. Der Gutachter wurde darüber belehrt, dass er nicht an einer Verschiebung der Eröffnung des Insolvenzverfahrens zu Lasten der Gläubigerschaft mitwirken dürfe.

(2) Der Prognosezeitraum

Zunächst soll auf die Frage des eröffneten Prognosezeitraums eingegangen werden. Dass ein solcher zu erstellen ist, ergibt sich aus der Formulierung des BGH, der unter Nummer 3 des Leitsatzes formuliert, dass eine Zahlungsunfähigkeit nicht anzunehmen sei, wenn die Liquiditätslücke demnächst vollständig oder fast vollständig geschlossen werden kann[468].

(a) Der Prognosezeitraum nach Auffassung des BGH

Der BGH mach in seinem Urteil vom 24.5.2005 keine genauen Angaben, auf welchen Zeitraum sich eine solche Prognose erstrecken kann[469]. Das einzige, was deutlich wird, ist, dass es sich um einen Zeitraum handelt, der sich an die drei Wochenfrist anschließt und dass er nicht länger gehen darf, als den Gläubigern ein Zuwarten noch zuzumuten ist[470].

In dem oben genannten Beschluss des BGH kann jedoch ein Hinweis auf den Prognosezeitraum entnommen werden. In diesem hat der BGH entschieden, dass aufgrund der besonderen Umstände des Einzelfalls ein Prognosezeitraum von 3 Monaten angenommen werden könne[471].

In jenem Fall war es so, dass zwischen Insolvenzantrag und Verfahrenseröffnung 3 Monate verstrichen waren aber dem Schuldner es nicht gelungen war, in diesem Zeitraum die besagte Immobilie zu veräußern[472]. Der Schuldner hatte zuvor behauptet, dass er die ihm gehörige Immobilie an eine Dritten zu einem konkreten Preis veräußern könnte. Diese Behauptung einer konkreten Verkaufsmöglichkeit reichte dem BGH in dem vorliegenden Fall.

(b) Der Prognosezeitraum nach Auffassung des AG Hamburg

Das Amtsgericht Hamburg ist, so scheint es, bei der Beurteilung des Prognosezeitraums erheblich strenger als der BGH.

Im vorliegenden Fall eröffnete das AG Hamburg das Insolvenzverfahren trotz ähnlicher Umstände wie im Fall des BGH nach nicht einmal 2 Monaten nach Antragstellung mit dem Hinweis, dass eine weitere Verzögerung der Eröffnung des Insolvenzverfahrens aufgrund der Benachteiligung der Gläubiger nicht hingenommen werden könne und zwar auch dann nicht, wenn die Veräußerung von Grundvermögen durch dem Schuldner nahestehende Personen bevorstehe[473].

---

468 BGH IX ZR 123/04 3. Leitsatz.

469 Kamm/Köchling ZInsO 2006, S. 736.

470 BGH IX ZR 123/04 3. Leitsatz.

471 BGH IX ZB 36/07.

472 Tetzlaff, jurisPR-InsR 23/2007 Anm 3.

473 AG Hamburg 67 C IN 443/07.

Aufgrund der Ähnlichkeit der hier behaupteten besonderen Umstände, nämlich die bevorstehende bzw. mögliche Veräußerung von Grundstücken zur Schließung der Liquiditätslücke, bietet sich ein Vergleich dieser beiden Entscheidungen an.

(c) Der eröffnete Prognosezeitraum in der Literatur

Die Literatur vertritt verschiedene Ansätze für den eröffneten Prognosezeitraum.

Eine Auffassung interpretiert die vom BGH geforderte mit an Sicherheit grenzender Wahrscheinlichkeit demnächst vollständige bzw. fast vollständige Schließung der Liquiditätslücke dahingehend, dass hierfür eine Ausdehnung des bewertungsrelevanten Zeitraums auf 3 Monate notwendig ist[474]. Diese 3 Monatsfrist ergäbe sich daraus, dass der prüfungsrelevante Zeitraum für Zahlungsunfähigkeit erheblich kürzer sein müsse als der der drohenden Zahlungsunfähigkeit aus § 18 InsO[475].

Auch wird ein 6 Wochenzeitraum, der sich aus der drei Wochenfrist und weiteren drei Wochen Erwartungshorizont zusammensetzt, vertreten[476].

Eine andere Literaturmeinung interpretiert den BGH Beschluss so, dass auch Zeiträume über 3 Monate möglich seien[477].

Jedenfalls müsse sich der zusätzliche Prognosezeitraum an der Frage orientieren, wie lange dem Gläubiger noch ein Zuwarten zuzumuten sei[478]. Wie lange das allerdings sei, kann weder aus dem Gesetz noch aus dem Beschluss des BGH geschlossen werden.

(d) Stellungnahme und Diskussion zum Prognosezeitraum

Bevor man sich auf eine Diskussion über verschiedene Zeiträume einlässt, muss zunächst einmal bestimmt werden, an welchen Grundsätzen sich ein solcher zu bemessen hat.

Der Prognosezeitraum muss anhand derselben Grundsätze bestimmt werden, die bei der Beurteilung der besonderen Umstände eine Rolle spielen.

Die besonderen Umstände sind zum einen die Konsequenz einer wirtschaftlichen Betrachtungsweise der Situation des Schuldners. Die wirtschaftliche Situation eines Schuldners auf dem Weg in die Zahlungsunfähigkeit ist komplex.

---

474 Harz/Baumgartner/Conrad, ZInsO 2005, S. 1307; Neumaier NJW 2005, S. 3043.

475 Neumaier NJW 2005, S. 3043.

476 Wolf/Kurz, DStR 2006, S. 1340.

477 Tetzlaff, jurisPR-InsR 23/2007 Anm 3.

478 BGH IX ZR 123/04 3. Leitsatz; In diesem Sinne wohl Wolf/Kurz DStR 2006, 1340.

Es werden verschiedene Stadien der Liquiditätskrisen durchlaufen[479]. Es gibt viele Möglichkeiten, einer solchen Krise zu begegnen. Es können Verhandlungen mit den Gläubigern geführt werden, Sicherungen geleistet, neue Kredite aufgenommen, Stundungen vereinbart, Gesellschafterdarlehen gegeben, Forderungen abgetreten werden, etc…, um nur einige Beispiele zu nennen. Dies führt dazu, dass sich ebensolche für den Schuldner kritischen Situationen ständig ändern können, sowohl zum besseren als auch zum schlechteren. Die besonderen Umstände tragen diesem Umstand durch die Ermöglichung einer Einzelfallbetrachtung Rechnung.

Als weiterer Punkt sind wiederum die verfassungsrechtlichen Erwägungen heranzuziehen. Im Eröffnungsverfahren nehmen die grundrechtlich geschützten Positionen eine besondere Stellung ein und bestimmen insbesondere den Begriff der Zahlungsunfähigkeit aufgrund der hohen Eingriffsintensität[480]. Der Schuldner ist schutzwürdig, solange das Insolvenzverfahren nicht eröffnet worden ist.

Im Gegensatz dazu steht aber immer das Interesse Staates an einer frühzeitigen Verfahrenseröffnung und natürlich die Gläubigerinteressen. Es besteht also im Eröffnungsverfahren ein permanentes Spannungsverhältnis zwischen diesen widerstreitenden Positionen[481]. Die Bedeutung der Gläubigerinteressen wird durch den BGH sogar noch einmal extra hervorgehoben, da er als Obergrenze die Zumutbarkeit für die Gläubiger in dem 3. Leitsatz noch einmal ausdrücklich formuliert[482]. Hierbei handelt es sich aber nur um eine klarstellende Formulierung, da eine Berücksichtigung der Gläubigerinteressen ohnehin im Wege der verfassungskonformen Auslegung geboten ist.

Die Frage ist nun, wie sich diese widerstreitenden Interessen auf die Bestimmung des Prognosezeitraums auswirken. Ein Anhaltspunkt bietet zunächst das bereits vom BGH eingeführte zeitliche Element der drei Wochenfrist[483]. Insofern könnte man dieses bei der Bestimmung des Prognosezeitraums heranziehen und diesen auf weitere drei Wochen festlegen. Dies wäre zwar förderlich für die Interessen des Staates an einer frühzeitigen Verfahrenseröffnung, dies würde aber gleichzeitig den eigentlichen Sinn der besonderen Umstände entwerten. Hierbei bliebe nämlich unberücksichtigt, dass diese starre drei Wochenfrist eher ein Ausdruck der staatlichen Interessen darstellt, während die besonderen

479 IDW ES 6 Ziff. 3.4.
480 Siehe oben Teil 1 A I 3 ff.
481 Siehe oben Teil 1 A I 3 ff.
482 BGH IX ZR 123/04 3. Leitsatz.
483 BGH IX ZR 123/04.

Umstände eher dazu dienen sollen, einen Ausgleich zwischen beiden Lagern herzustellen. Es soll ja gerade je nach Sachlage und der wirtschaftlichen Situation des Schuldners entweder eine Betonung der staatlichen Interessen und denen der Gläubiger oder denen des Schuldners möglich sein, wobei bei diesem Kriterium wohl eher von einer leichten Betonung zugunsten des Schuldners ausgegangen werden kann. Denn als Ausdruck der verfassungskonformen Auslegung zeigt dieses Merkmal durch die Einzelfallbetrachtung noch einmal deutlich, wie wichtig die Grundrechte des Schuldners sind. Außerdem würde das Einführen einer starren Grenze dem Zweck der Einzelfallbetrachtung und der Eröffnung von Beurteilungsspielräumen zuwider laufen. Eine schlichte Übertragung der drei Wochenfrist auf den Prognosezeitraum der besonderen Umstände würde somit dem Sinn und Zweck der besonderen Umstände zuwider laufen und wäre nicht vereinbar mit der verfassungskonformen Auslegung. Die Flexibilität der besonderen Umstände muss erhalten bleiben.

Man könnte jedoch als Konzept eine vermeintliche Obergrenze für den Prognosezeitraum festlegen. Dies wäre zwar ein starre Grenze, aber ab einem gewissen Punkt erscheint es nicht mehr mit den Zielen des Gesetzgebers vereinbar, wenn der Prognosezeitraum der besonderen Umstände zu weit ausgedehnt wird, da auch irgendwann die Grenze der Zumutbarkeit für die Gläubiger erreicht ist.

An dieser Stelle wird wieder die Bedeutung der 10 % Quote deutlich. Die Anforderungen an die besonderen Umstände steigen, wenn die 10 % Quote überschritten wird. Der Schuldner muss in einem solchen Fall schon erhebliche Umstände vortragen können, will er eine Eröffnung des Insolvenzverfahrens noch vermeiden. Vorstellbar wäre ein zu erwartender Eingang einer besonders hohen Zahlung eines nachweislich solventen Schuldners oder aber eine konkrete Möglichkeit zur Veräußerung von erheblichen Sachwerten in naher Zukunft, die zu einer fast vollständigen Schließung der Liquiditätslücke führen würden. Im letzteren Fall müsste wohl schon ein konkretes Angebot eines Dritten vorliegen, dass nur noch der Annahme von Seiten des Schuldners bedarf. Andersherum sind natürlich genauso hohe Anforderungen an die besonderen Umstände zu stellen, will man eine Zahlungsunfähigkeit bei einer Liquiditätslücke von weit unter 10 % annehmen.

Dass es eine vermeintliche Obergrenze geben müsste, könnte man unter Umständen aus der Formulierung des 3. Leitsatzes des BGH entnehmen[484]. Es stellt sich aber dann die Frage, was denn Zumutbarkeit für den Gläubiger

484 BGH IX ZR 123/04, 3. Leitsatz.

bedeutet. Das wird aus dem Urteil nicht klar. Der BGH arbeitet hier wieder mit einem unbestimmten Rechtsbegriff, nämlich der Zumutbarkeit. Aber auch dadurch kann nicht einfach eine starre Grenze eingeführt werden. Zwar bietet dieses Merkmal eine bessere Argumentationsgrundlage für die staatlichen Interessen und die der Gläubiger innerhalb des Begriffs der besonderen Umstände, dies sagt aber noch nichts über deren Gewichtung aus. Auch hat die ausdrückliche Erwähnung im 3. Leitsatz nur eine Klarstellungsfunktion, denn im Wege der verfassungskonformen Auslegung sind sowieso grundsätzlich auch die staatlichen Interessen und die der Gläubiger zu berücksichtigen. Der Begriff der besonderen Umstände muss flexibel bleiben, um seiner Aufgabe gerecht zu werden.

Aber wo wäre diese zeitliche Obergrenze zu ziehen, wenn man sie denn doch annehmen wolle. Die in der Literatur genannten 3 Monate erscheinen plausibel, wobei man hier schon darüber nachdenken kann, ob dies überhaupt noch mit den Zielen des Gesetzgebers einer frühzeitigen Verfahrenseröffnung in Einklang zu bringen wäre[485]. Außerdem erscheint es so, als ob sich der BGH selbst widerspräche, wenn er einerseits doch eine relativ kurze Frist von 3 Wochen als eines der drei Hauptkriterien einführt und im nächsten Schritt über das Merkmal der besonderen Umstände und dessen Auslegung eine Frist von sogar über drei zusätzlichen Monaten wieder eröffnet.

Unternehmen, die in einer Liquiditätskrise stecken durchlaufen zuvor mehrere Krisenstadien[486]. Die Situation einer bevorstehenden Insolvenz kommt in der Regel nicht aus heiterem Himmel. Die Ursachen liegen meistens beim Schuldner selbst. Berücksichtigt man diese Tatsache, fällt es schwer, dem Schuldner noch mehr Zeit zuzugestehen, als die vom BGH eingangs veranschlagte drei Wochenfrist. Dass die besonderen Umstände einen Prognosezeitraum eröffnen, der sich an die drei Wochenfrist anschließt, ist eindeutig. Dieser sollte aber nach Möglichkeit so kurz wie möglich gehalten werden. Ein langer Prognosezeitraum sollte also die Ausnahme und nicht die Regel sein.

Mit diesem Hintergrund sind die beiden Entscheidungen zu beurteilen. Beide Entscheidungen sind von den besonderen Umständen her sehr ähnlich. In beiden Fällen wurde vorgetragen, dass Grundvermögen zur Veräußerung zur Verfügung stünde und mit dem daraus erwirtschafteten Gewinn die Liquiditätslücken geschlossen werden könnten. Der einzige wirkliche Unterschied bei beiden Sachverhalten besteht darin, dass im Falle des BGH der Schuldner selbst

485 Tetzlaff, jurisPR-InsR 23/2007 Anm 3.
486 IDW ES 6 3.4.

und im Falle des AG Hamburgs nur Familienmitglieder Eigentümer des Grundstücks waren.

Die Frage ist, ob diese andere Sachlage die Unterschiede bei den Prognosezeiträumen rechtfertigt, denn immerhin hat der BGH einen Prognosezeitraum von sogar über drei Monaten toleriert, während das AG Hamburg nicht einmal mehr 2 Monate als vertretbar ansah. Die Unterschiede zwischen den Entscheidungen müssten also erheblich sein.

Der Unterschied zwischen beiden Sachverhalten ist als erheblich anzusehen, da die besonderen Umstände im Falle des AG Hamburg nicht in der Person des Schuldners selbst begründet sind, sondern auf Aussagen und Versprechen Dritter beruhen. Der Schuldner hatte hier keine Möglichkeit einer direkten Einflussnahme, zumindest bestand keine rechtlich gesicherte Position, aus der er heraus hätte agieren können. Deshalb ist die Entscheidung des AG Hamburg, hier keine besonderen Umstände anzunehmen, auch als richtig einzustufen. Würde man auf diese Weise Dritte in die Erwägungen bei den besonderen Umständen einbeziehen und aufgrund dessen den Prognosezeitraum bemessen, könnten keine klaren Grenzen mehr gezogen werden. Die besonderen Umstände brauchen einen Rahmen zur Beurteilung. Diese dürfen nicht weitergehen, als der Schuldner tatsächlich selbst Einfluss nehmen kann. Dieser muss irgendeine rechtlich gesicherte Position aufweisen können, um die besonderen Umstände begründen zu können und so die Annahme einer Zahlungsunfähigkeit zu widerlegen. Diese rechtliche Position muss dann auch in einem nächsten Schritt der Maßstab für den Prognosezeitraum sein.

Es stellt sich also die Frage, ob ein Prognosezeitraum also überhaupt in einer verbindlichen Art und Weise bestimmt werden kann. Aus Rechtssicherheitsgesichtspunkten wäre dieses wünschenswert.

Als Lösungsansatz könnte man versuchen, den Wert der rechtlich gesicherten Position zu bestimmen und diesen dann mit den bereits bestehenden und zukünftigen Verbindlichkeiten gegen zu rechnen, bis wieder eine Unterdeckung von 10 % vorliegt, denn unterhalb dieser Grenze gilt für den Schuldner nach den objektiven Kriterien des BGH ja die Vermutung der Zahlungsfähigkeit. Dies könnte man dann auch als Obergrenze für die Zumutbarkeit für die Gläubiger ansehen. Liegt eine Unterdeckung von 10% oder weniger vor, gilt der Schuldner als zahlungsfähig. Der BGH setzt hier quasi gleichzeitig eine Zumutbarkeitsgrenze für die Gläubiger.

Bei Grundstücken kann der Wert durch Sachverständigengutachten geschätzt werden, wenn zunächst keine Angebote vorliegen sollten. Bei unbestrittenen Forderungen des Schuldners gegenüber Drittschuldnern stellt sich diese Frage nicht. Diese Position muss aber in absehbarer Zeit realisiert werden. Sollten

Anzeichen dafür vorliegen, dass der Drittschuldner die Verbindlichkeit gegenüber dem Schuldner nicht erfüllen kann aufgrund eigener Liquiditätsprobleme, so wäre wohl anzunehmen, dass hier keine besonderen Umstände zugunsten des Schuldners mehr vorlägen.

Um einen Prognosezeitraum bestimmen zu können müssen demnach 2 Kriterien vorliegen. Zum einen eine rechtlich gesicherte Position und zum anderen deren Realisierung in absehbarer Zeit, wobei die Obergrenze des Zeitraums derjenige ist, zu dem es wieder zu einer Überschreitung der 10% Grenze kommt, denn dann läge wiederum eine Unzumutbarkeit für die Gläubiger vor. Diese ergibt sich dann aus dem zugrunde liegenden Rechtsverhältnis. Dann hätte man auch den kürzest möglichen Zeitpunkt ermittelt.

Dem BGH ist also in seiner Entscheidung zu widersprechen, auch wenn der Schuldner in diesem Fall eine rechtlich gesicherte Position als Eigentümer des Grundstücks inne hatte[487]. Zwar bietet der Sachverhalt hier eine Grundlage für die Annahme von besonderen Umständen, aber solche auch dann noch anzunehmen, wenn eine Veräußerungsmöglichkeit besteht, die sich nicht innerhalb von 3 Monaten realisiert hat, ist schwerlich noch mit den Zielen des Gesetzgebers als vereinbar anzusehen. Allerdings muss man sagen, dass aus der Entscheidung selbst nicht genau erkennbar ist, ob nicht vielleicht doch die Voraussetzungen der Gläubigerzumutbarkeit erfüllt sind.

Mit fortschreitendem Zeitablauf muss jedenfalls die Abwägung zugunsten der staatlichen Interessen zunehmen und die Schuldnerinteressen zurücktreten. Insofern hat die Gläubigerzumutbarkeit nicht nur eine Klarstellungs- sondern auch Warnfunktion[488]. Der Schuldner müsste dann schon mehr aufweisen, als ein Grundstück und einen potenziellen Käufer. Allein die Möglichkeit einer Veräußerung kann nicht ausreichen. Dies trägt den staatlichen Interessen und denen der Gläubiger nicht genügend Rechnung. Diese haben schließlich einen Anspruch auf Erfüllung ihrer Forderungen. Gleichzeitig kommen in der Regel noch die Kosten für den Verzug hinzu.

Die Amtsgerichtsentscheidung ist mangels Vergleichbarkeit nicht auf den Sachverhalt des BGH anwendbar und umgekehrt. Die Beschränkung des Prognosezeitraums auf unter zwei Monaten durch das AG Hamburg ergibt sich daraus, dass der Schuldner eben in diesem Fall nicht mal eine gesicherte Position aufweisen konnte.

487 BGH IX ZB 36/07; Tetzlaff, jurisPR-InsR 23/2007 Anm. 3.

488 BGH IX ZR 123/04 3. Leitsatz.

Eine feste Grenze kann demnach für den zweiten Prognosezeitraum nicht festgelegt werden. Auch diese muss anhand des Einzelfalles bestimmt werden. Als Kriterium zur Bestimmung der individuellen Obergrenze sind jedoch die Gläubigerinteressen heranzuziehen.

(3) Die Gefahren der besonderen Umstände

Wie die zuvor getätigten Ausführungen zu den beiden Urteilen des AG Hamburg und des BGH zeigen, birgt der Begriff der besonderen Umstände einiges an Interpretationspotenzial, da es sich um einen unbestimmten Rechtsbegriff handelt. Es stellt sich allerdings die Frage, wie dieser unbestimmte Rechtsbegriff in Verbindung mit dem Amtsermittlungsgrundsatz harmoniert und wie sich dies unter Umständen auf das Eröffnungsverfahren und die Intention des Gesetzgebers auswirken kann.

Hier hilft es, sich noch einmal zu verdeutlichen, welche Motivationen und Interessen im Insolvenzverfahren eine Rolle spielen.

Auf der einen Seite stehen der Staat und die Gläubiger. Beide haben in der Regel ein gleichermaßen gesteigertes Interesse an einer frühzeitigen Verfahrenseröffnung[489]. Dies soll dem in § 1 InsO normierten Zweck des Gesetzes dienen, die Gläubiger möglichst umfassend und gleichmäßig durch die Verwertung des Vermögens des Schuldners zu befriedigen. Hier spielen natürlich auch wirtschaftliche Gesichtspunkte eine Rolle. Insolvente Unternehmen sollen frühzeitig aus dem Wirtschaftskreislauf entfernt werden, um das Risiko eventueller Schäden für andere gesunde Unternehmen zu minimieren[490]. Die Gläubiger verfolgen primär das Ziel, möglichst viel von ihren noch ausstehenden Forderungen einzutreiben.

Auf der anderen Seiten stehen die Interessen des Schuldners. Dieser will sein Unternehmen so lange wie möglich leiten, da dieser in der Regel davon überzeugt sein wird, das Ruder selber noch herumreißen zu können. Der Schuldner genießt in der Phase bis zur Eröffnung des Insolvenzverfahrens noch einen erheblichen Grundrechtsschutz, was sich insbesondere in der Interpretation der Eröffnungsgründe durch den BGH widerspiegelt[491]. Dies geht sogar so weit, dass dem Prognosezeitraum für die besonderen Umstände keine festen Grenzen gesetzt werden können, da das Merkmal der besonderen Umstände weiterhin von der verfassungskonforme Auslegung und somit von den Grundrechten des

489 Siehe oben Teil 1 A I 3 d (3) (a).

490 Haarmeyer/Frind InsO 1. Kap. I Rn. 4.

491 Siehe oben Teil 2 B III ff.

Schuldners dominiert wird. Zumindest hat der BGH noch keine festen Grenzen gesetzt. Diese recht schuldnerfreundliche Auslegung resultiert unter anderem auch aus der Praxis der Insolvenzgerichte, die dem Schuldner wenig Alternativen ließen[492]. Zwar gebe es unter anderem das Instrumentarium der drohenden Zahlungsunfähigkeit mit einer möglichen Eigenverwaltung des Schuldners, die eine Reorganisation ermögliche, dieses spiele aber aufgrund der nachhaltigen Skepsis der Instanzgerichte in Bezug auf die Eigenverwaltung, einen diesbezüglich fehlenden Rechtsschutz des Schuldners bei Ablehnung der Eigenverwaltung sowie aufgrund der Trägheit des Insolvenzplanverfahrens kaum eine Rolle[493]. Trägt der Schuldner also erhebliche Tatsachen vor, die als besondere Umstände gelten können, so ist nicht von Zahlungsunfähigkeit auszugehen, wenn die Ermittlungen des Gerichts diese bestätigen. Der Beurteilungsspielraum, der durch die besonderen Umstände eröffnet wird, soll das System der objektiven Kriterien eine gewisse Flexibilität bewahren. Dies führt zwar zu Rechtsunsicherheit, diese muss aber nach Auffassung des BGH wegen der Grundrechte des Schuldners hingenommen werden[494].

Hier liegt allerdings auch ein Schwachpunkt des Systems und dieser verstärkt sich insbesondere durch den Grundsatz der Amtsermittlungspflicht, der unter anderem auch der Beschleunigung des Verfahrens dienen soll. Das Gericht muss ermitteln, wenn Umstände vorliegen, die die Annahme rechtfertigen, dass der Schuldner nicht zahlungsunfähig ist. Hier besteht eine erhöhte Missbrauchsgefahr. Dem Schuldner bietet sich hier die Möglichkeit, wenn er auf Zeit spielen will, durch einen entsprechenden Vortrag die Eröffnung des Verfahrens durch die Verlängerung des Prognosezeitraums erheblich hinauszuzögern. Eine Variante, die in einem Zivilprozess nicht möglich wäre, da dort die Prozessmaxime des Beibringungsgrundsatzes gilt[495]. Im Falle eines Bestreitens des Gegners wäre der Schuldner hier gezwungen aufgrund der Beweislastregeln den Beweis selber beizubringen[496]. Kann er dies nicht, in der Regel nach einer Fristsetzung durch das Gericht, verliert er den Prozess.

Mit der Duldung eines langen Prognosezeitraums steigt die Gefahr masseloser Verfahren. Hinzu kommt, dass der Schuldner in der Regel nicht ohne Grund mitten im Eröffnungsverfahren steckt. Sollte dieser nun angetrieben durch den Gedanken der Rettung seines Unternehmens oder Geschäfts zu panikartigen

---

492 Smid, DZWIR 2006, S. 1–23.

493 Smid, DZWIR 2006, S. 1–23.

494 BGH IX ZR 123/04 Rn. 23.

495 Zöller/Greger Vor § 128 Rn. 10; MüKo ZPO/Rauscher Band 1, Buch 1, Einleitung, IV Rn. 310.

496 Zöller/Greger Vor § 128 Rn. 11.

Aktionen neigen, wird sich der wirtschaftliche Zustand in der Regel in kürzester Zeit weiter erheblich verschlechtern.

Der Beschluss des BGH zeigt, was hier für einen Schuldner möglich ist. Mit der Behauptung, ein eigenes Grundstück in naher Zukunft veräußern zu können, hat dieser den Prognosezeitraum auf sogar über drei Monate strecken können[497]. Hierbei darf aber nicht außer Acht gelassen werden, dass der Schuldner in diesem Fall eine gesicherte Rechtsposition aufwies, da er tatsächlich der Eigentümer des Grundstücks war, wobei über die Realisierbarkeit der Veräußerung gestritten werden kann. Dennoch bleibt ein fader Beigeschmack bei dem Gedanken, dass Zeiträume von über 3 Monaten möglich sein sollen.

Die Entscheidung des BGH könnte eine negative Signalwirkung haben[498]. Die Aufgabe, herauszufinden, ob der Schuldner eine Verzögerungstaktik fährt, bleibt den Insolvenzgerichten überlassen. Diese müssen dann anhand des Einzelfalles beurteilen, ob beachtenswerte besondere Umstände vorliegen oder nicht.

7. Gesamtergebnis zu den objektiven Kriterien

Die Zahlungsunfähigkeit ist, wie die voranstehenden Erörterungen gezeigt haben, ein vielschichtiger Rechtsbegriff, der sich aus mehreren einzelnen Elementen zusammensetzt[499]. Im Zentrum des Verständnisses der objektiven Kriterien steht die verfassungskonforme Auslegung des Begriffs der Zahlungsunfähigkeit. Die Grundrechte des Schuldners spielen eine erhebliche Rolle bei der Auslegung. Diese sind in einem Abwägungsprozess mit den Interessen des Staates in Einklang zu bringen.

Während die 10 % Quote einen stärkeren Ausdruck der Interessen des Schuldners darstellt, stellt die drei Wochenfrist einen Ausdruck der staatlichen Interessen an einer beschleunigten Verfahrenseröffnung dar.

Die besonderen Umstände bewahren dem Begriff der Zahlungsunfähigkeit die Flexibilität und ermöglichen eine Einzelfallbetrachtung. Die durch diesen unbestimmten Rechtsbegriff entstehende Rechtsunsicherheit muss als Konsequenz der verfassungskonformen Auslegung hingenommen werden. Die besonderen Umstände bieten die Möglichkeit der Feinjustierung, was sowohl ein Vorteil als auch ein Nachteil sein kann. Für die Annahme besonderer Umstände zugunsten des Schuldners bedarf es einer in naher Zukunft realisierbaren gesicherten Rechtsposition des Schuldners.

---

497 Tetzlaff, jurisPR-InsR 23/2007 Anm. 3.

498 Tetzlaff, jurisPR-InsR 23/2007 Anm. 3.

499 MüKo InsO/Kirchhof (1. Aufl.) § 17 Rn. 5; MüKo InsO/Eilenberger (2. Aufl.) § 17 Rn. 6 ff.

Diese Zusammensetzung erlaubt es also, mit den einzelnen Elementen dieses Begriffs über eine grundrechtskonforme Auslegung unter Berücksichtigung der Ziele der Insolvenzordnung einen Eröffnungsgrund zu schaffen, der sowohl praktikabel und zielorientiert ist als auch dem potenziellen Schuldner gerecht wird.

IV. Die verschiedenen Prognoseermittlungsmethoden

Im vorangegangenen Abschnitt sind die objektiven Kriterien des BGH diskutiert worden, aus welchen Grundsätzen sich diese ergeben, was zu berücksichtigen ist, wo die Vor- und Nachteile liegen und welche Gefahren diese beinhalten. Die verfassungskonforme Auslegung spielt hier eine zentrale Rolle bei der Interpretation des Begriffs der Zahlungsunfähigkeit.

Es stellt sich nun im Anschluss daran die Frage, wie diese in welchem Rahmen zu prüfen sind. Der BGH hat selbst keine Angaben in seinem Urteil vom 24.5.2005 gemacht, anhand derer man bestimmen könnte, wie ein solcher Finanzstatus oder Finanzplan auszusehen habe. Er hat nur die Kriterien geliefert, die nun einzubauen sind.

In der Literatur gibt es unterschiedliche Methoden, wie eine solche Ermittlung der Zahlungsunfähigkeit im Eröffnungsverfahren in Verbindung mit den Kriterien des BGH auszusehen hat. Kommt es allerdings im Rahmen eines Eröffnungsverfahrens zu einer Eigenverwaltung gemäß §§ 270 ff InsO, so wird lediglich eine Bescheinigung gemäß § 270 b I S. 3 InsO benötigt. Eine solche muss zwar mit Gründen versehen sein, ein umfassendes Sanierungsgutachten nach formalisierten Standards ist jedoch nicht notwendig[500] Auch gibt es hierbei durchaus Überschneidungen bezüglich der Begrifflichkeiten. Im Nachfolgenden sollen die wesentlichen Ermittlungsmethoden auch anhand von Schaubildern dargestellt und deren Vor- und Nachteile diskutiert werden.

1. Die Liquiditätsbilanz und die Liquiditätskennzahl

Bei Eilenberger findet sich hierzu eine genauere Darstellung dieser Ermittlungsmethode[501].

Dieser beschreibt zunächst, dass geringfügige Liquiditätslücken schon innerhalb der Konkursordnung unter dem Begriff der Wesentlichkeit geduldet worden seien. Zur Ermittlung diente eine konkursrechtliche Liquiditätskennzahl, die ein Ausdruck der Relation zwischen den verfügbaren Mitteln zu den

500 BT-DruckS 17/5712 S. 40.

501 MüKo InsO/Eilenberger, (2. Aufl.) § 17 Rn. 17 ff.

insgesamt fälligen Zahlungsverpflichtungen gewesen sei[502]. Der zu tolerierende Quotient variierte zwischen 0,9 und 0,75.

Unter Berücksichtigung der BGH Rechtsprechung spricht Eilenberger nun von einer insolvenzrechtlichen Liquiditätskennzahl. Bei dieser wird der Quotient anhand der Liquiditätsbilanz bestimmt. Die Liquiditätsbilanz ist dann auch das Mittel, mit dem die objektiven Kriterien des BGH in den Ermittlungsprozess mit eingebunden werden[503].

Der grundsätzliche Aufbau einer Liquiditätsbilanz sieht wie folgt aus[504]:

Aktiva	**Passiva**
I. Unmittelbar verfügbare Aktiva (Zahlungsmittel) zum Bilanzstichtag	I. Unmittelbar fällige Passiva zum Bilanzstichtag
1. Bankguthaben	1. Fällige Verbindlichkeiten aus Lieferungen und Leistungen
2. Kassenbestände	2. Verbindlichkeiten des reinen Finanzbereichs
3. Schecks	3. Sonstige fällige Verbindlichkeiten (Steuern, Sozialabgaben)
4. Fällige Forderungen des reinen Finanzbereichs	
II. Innerhalb der folgenden 20 Tage verfügbare Aktiva	II. Innerhalb der folgenden 20 Tage fällige Verbindlichkeiten
1. Fällige Wechsel	1. Verbindlichkeiten aus Lieferungen und Leistungen
2. Fällige Forderungen aus Lieferungen und Leistungen	2. Verbindlichkeiten des reinen Finanzbereichs
3. Fällige Forderungen des reinen Finanzbereichs	3. Sonstige Verbindlichkeiten
III. Sonstige Aktiva mit Verfügbarkeit ab einem Zeitraum nach 21 Tagen	III. Sonstige Passiva mit Fälligkeit nach 21 Tagen
Summe Aktiva	Summe Passiva

502 MüKo InsO/Eilenberger, (2. Aufl.) § 17 Rn. 17; HK/Kirchhof § 17 Rn. 24.

503 MüKo InsO/Eilenberger, (2. Aufl.) § 17 Rn. 18.

504 Nach MüKo InsO/Eilenberger, (2. Aufl.) § 17 Rn. 20.

Bei der Liquiditätsbilanz werden statt Einnahmen und Ausgaben die Aktiva und Passiva nach Fälligkeit gegenübergestellt[505].

Eilenberger selbst bezeichnet die Liquiditätsbilanz als inadäquates Mittel zur Feststellung der Zahlungsunfähigkeit, besonders im Vergleich zum Finanzstatus und Finanzplan, da diese sämtliche erwartete Einnahmen und Ausgaben exakt auflisten[506].

Des Weiteren birgt die Liquiditätsbilanz das Problem in sich, dass es bei einer Gegenüberstellung von Aktiva und Passiva über einen gewissen Zeitraum zu einem Ausgleich kommen kann, während man bei einer taggenaue Gegenüberstellung von Einnahmen und Ausgaben unter Umständen zu dem Ergebnis kommen könnte, dass faktisch Zahlungsunfähigkeit vorläge[507].

Eine Liquiditätsbilanz ist somit aufgrund mangelnder Genauigkeit zur Feststellung der Zahlungsunfähigkeit abzulehnen.

Die anstelle der Liquiditätsbilanz von Eilenberger vorgeschlagenen Finanzstatus und Finanzplan sollen nun im Anschluss diskutiert werden.

2. Der Finanzstatus

Als Ausgangspunkt für das Verständnis der Zahlungsunfähigkeit dient zunächst der Finanzstatus[508]. Dieser ist heranzuziehen, um die aktuelle Zeitpunktliquidität eines Tages bestimmen zu können[509]. Ergibt sich aus dem Finanzstatus zu diesem Zeitpunkt, dass keine Unterdeckung vorliegt, so liegt Zahlungsfähigkeit vor und die Prüfung ist an dieser Stelle beendet[510]. Liegt hingegen eine Unterdeckung vor, ist in einem nächsten Schritt ein Finanzplan zu erstellen[511]. Der Finanzstatus stellt somit die erste Prüfungsstufe und die erste Hürde bei der Ermittlung der Zahlungsunfähigkeit dar.

Ein zentrales Element im Finanzstatus ist der Liquiditätsbegriff. Liquidität bedeutet die Fähigkeit eines Unternehmens oder einer Person, seine Verbindlichkeiten termingerecht zu erfüllen[512]. Hier ergibt sich das Problem,

---

505 Nach MüKo InsO/Eilenberger, (2. Aufl.) § 17 Rn. 20.

506 MüKo InsO/Eilenberger, (2. Aufl.) § 17 Rn. 20.

507 MüKo InsO/Eilenberger, (2. Aufl.) § 17 Rn. 21.

508 BGH IX ZR 123/04 Rn. 11; Harz ZInsO 2001, S. 196; Wolf/Kurz DStR 2006 S. 1342; Kölner/Schrift/Drukarczyk/Schüler S. 109 Rn. 40; HK-InsO/Kirchhof § 17 Rn. 22; MüKo InsO/Eilenberger, (2. Aufl.) § 17 Rn. 13.

509 Gottwald/Huber (2. Aufl.) § 6 Rn. 9; Wolf/Kurz DStR 2006 S. 1342; MüKo InsO/Eilenberger, (2. Aufl.) § 17 Rn. 13; Frege/Keller/Riedl Rn. 325 ff.

510 Wolf/Kurz DStR 2006 S. 1342.

511 Frege/Keller/Riedl Rn. 325 ff.

512 www.wirtschaftslexikon24.net.

welche Verbindlichkeiten im Rahmen des Finanzstatus zu berücksichtigen sind. Es gibt unterschiedliche Ansichten zwischen Literatur und Rechtsprechung, was unter den Liquiditätsbegriff fällt und was nicht.

a) Der Liquiditätsbegriff des BGH

Der BGH legt für die Liquidität sowohl liquide Mittel als auch kurzfristig einbringliche Forderungen zu Grunde, da er diese sowohl im Tatbestand als auch in den Entscheidungsgründen so benennt[513]. Zumindest erscheint dies so, da außer an dieser Stelle im Rest des Urteils nicht mehr darauf Bezug genommen wird. Eine eindeutige Stellungnahme ist dem Urteil zu dieser Problematik leider nicht zu entnehmen[514].

b) Der Liquiditätsbegriff der Literatur

Die Literatur bezieht hinsichtlich des Liquiditätsbegriffs klarer Stellung. In dieser wird die Zahlungsunfähigkeit als Geldilliquidität angesehen[515]. Als sofort verfügbare Geldmittel sind insofern solche Vermögenswerte anzusehen, die wie Bargeld sofort zur Erfüllung von Verbindlichkeiten benutzt werden können[516]. Hierunter fallen Bargeld, Schecks, Bank- und Postgiroguthaben sowie freie Kreditlinien auf laufenden Geschäftskonten[517]. Dies hat unter anderem den Vorteil, dass die Ermittlung der Unterdeckung so vereinfacht wird und man eine bessere Übersicht darüber bekommt, welche Zahlungsmittel tatsächlich sofort verfügbar sind. Der Scheck sollte allerdings kritisch betrachtet werden und nicht ohne weiteres als sofort zur Verfügung stehendes liquides Mittel behandelt werden. Oftmals haben Schecks auch keinen Wert und sind nicht gedeckt. Liegen also Schecks vor, sollte deren Werthaltigkeit geprüft werden.

c) Das Bugwellenmodell

Im Zusammenhang mit dem Liquiditätsbegriff und dem Finanzstatus soll das in der Literatur diskutierte Bugwellenmodell besonders hervorgehoben werden. Wolf und Kurz beschäftigen sich eingehend mit dieser Thematik[518].

---

513 BGH IX ZR 123/04 Rn. 2 u. 6; Knolle/Tetzlaff ZInsO 2005, S. 898, 900.

514 Knolle/Tetzlaff ZInsO 2005, S. 902.

515 Gottwald/Uhlenbruck/Gundlach § 6 Rn. 7; Vgl auch Schmidt/Uhlenbruck/Uhlenbruck Rn. 5.19; Uhlenbruck/Uhlenbruck, § 17 Rdn 6; HK-Kirchhof, § 17 Rdn 14 ff; Nerlich/Römermann/Mönning, § 17 Rdn 21; Jaeger/Müller § 17 Rdn 6 ff; MüKo/Eilenberger, (2. Aufl.) § 17 Rdn 8 f.; Knolle/Tetzlaff ZInsO 2005 S. 898.

516 Knolle/Tetzlaff ZInsO 2005 S. 898; Harz/Baumgartner/Conrad ZInsO 2005 S. 1306.

517 Harz/Baumgartner/Conrad ZInsO 2005 S. 1306; Uhlenbruck InsO/Uhlenbruck (13. Aufl.) § 17 Rn. 9; Staufenbiel/Hoffmann, ZInsO 2008, S. 787, 839.

518 Wolf/Kurz DStR 2006 S. 1339 ff.

Aus dem Urteil des BGH vom 24.5.2005 ergibt sich, dass zunächst ein Liquiditätsstatus erstellt werden muss, in dem an einem bestimmten Tag die fälligen Schulden in Bezug zu den vorhandenen liquiden Mittel gesetzt werden[519]. Liegt eine Unterdeckung vor, so ist diese innerhalb einer drei Wochenfrist zu beseitigen[520]. Fraglich ist jedoch, wie mit diesen darauffolgenden drei Wochen zu verfahren ist. Gemäß dem Bugwellenmodell würden die noch innerhalb der drei Wochen Frist hinzukommenden liquiden Mittel hinzugerechnet und dann den fälligen Verbindlichkeiten gegenübergestellt[521]. Dies könnte man auch dem Urteil des BGH entnehmen, da dieser schließlich auch auf die kurzfristig einbringlichen Forderungen abstellt[522]. Es käme dann zu einer Vermischung der Stichtagsbetrachtung mit der auf den Zeitraum bezogenen Betrachtungsweise[523]. Bei diesem Modell werden die innerhalb der drei Wochenfrist entstehenden zusätzlichen Schulden bewusst ignoriert, so dass die Altschulden zu Lasten der Neuschulden getilgt werden[524]. Nach diesem Modell könnte es somit zu einer andauernden von der Rechtsprechung tolerierten und insolvenzrechtlich unbeachtlichen Zahlungsstockung kommen, indem der Schuldner die fälligen Forderungen zwar nicht zum Fälligkeitszeitpunkt aber dennoch innerhalb der drei Wochenfrist begleicht[525].

Nach der Ansicht von Wolf und Kurz könnte dieses von der Gesetzeslage her möglich bzw. sogar gerechtfertigt sein. Durch die permanente Tilgung von gegenwärtigen Schulden mit zukünftigen Forderungseingängen läge typischerweise der Zustand der drohenden Zahlungsunfähigkeit vor[526]. Da dieser Zustand aber nur einen Schuldnerantrag zuließe, müsse dieses Vorgehen auch schon von der Insolvenzordnung her zulässig sein[527]. Des Weiteren würde die Anwendung dieses Modells auch zu einer permanente Zahlungsstockung führen. Zahlungsstockung läge vor, wenn sich der Schuldner bis zu einem bestimmten Stichtag liquide Mittel beschaffen könne, was der Schuldner unter

519 BGH IX ZR 123/04 Rn. 9; Staufenbiel/Hoffman ZInsO 2008, S. 838; Perridon/Steiner S. 546 f; Coenenberg, S. 1013 ff, 1062 ff.

520 BGH IX ZR 123/04 2. Leitsatz.

521 Wolf/Kurz, DStR 2006 S. 1342; Knolle/Tetzlaff, ZInsO 2005 S. 900.

522 BGH IX ZR 123/04 Rn. 2 u. 6.

523 Wolf/Kurz, DStR 2006 S. 1341.

524 Wolf/Kurz a.a.O.; Knolle/Tetzlaff, a.a.O.

525 Wolf/Kurz, a.a.O.; Knolle/Tetzlaff, a.a.O.

526 Wolf/Kurz, DStR 2006 S. 1342; Knolle/Tetzlaff, ZInsO 2005 S. 900.

527 Wolf/Kurz, a.a.O.; Knolle/Tetzlaff, a.a.O.

Umständen durch ungenehmigte Lieferantenkredite ermöglichen könne[528]. So könne der Schuldner zwar weiter geschäftlich tätig werden, spätestens aber zum Zeitpunkt der Liquidation käme es nur noch zu einer teilweisen Befriedigung.

Das Bugwellenmodell wird jedoch von Wolf und Kurz aufgrund der Vermengung von Stichtags- und Zeitraumsbetrachtung und der daraus resultierenden permanenten Unterdeckung abgelehnt[529].

d) Diskussion und Stellungnahme

Leider hat es der BGH nicht geschafft, an dieser Stelle für klare Verhältnisse zu sorgen. Indem der BGH Forderungen gegenüber Kunden wie Liquiditätsmittel behandelt, macht er es sehr schwer, die Ausgangslage für die eigentliche Liquiditätslücke zu bestimmen[530].

Es spricht vieles für die strenge Ansicht in der Literatur und damit auch gegen das Bugwellenmodell, die die kurzfristig realisierbaren Forderungen aus der Liquiditätsbilanz bzw. dem Finanzstatus herausnimmt[531]. Legt man hier den Begriff der Liquidität als Teil des Begriffs der Zahlungsunfähigkeit nach den Grundsätzen der InsO aus, so spricht einiges dafür, dass sich dieser tatsächlich nur auf sofort verfügbare Mittel beziehen sollte. Auch der Liquiditätsbegriff muss sich denselben Erwägungen stellen, wie die objektiven Kriterien.

Hierbei ist zunächst einmal das staatliche Interesse an einer beschleunigten Verfahrenseröffnung sowie das Ziel des effektiven Verfahrens zur Haftungsverwirklichung zu erwähnen[532]. Diese erklärten Ziele des Gesetzgebers müssen Berücksichtigung finden innerhalb des Begriffs der Zahlungsunfähigkeit[533]. Hierunter fällt auch der Liquiditätsbegriff. Dieser ist verknüpft mit der 10 % Quote des BGH. Will man eine Unterdeckung im Finanzstatus – der ersten Prüfungsstufe – feststellen, muss klar sein, welche Forderungen und Verbindlichkeiten in die Rechnung mit einbezogen werden. Hier ist im Sinne einer frühen Verfahrenseröffnung und auch im Sinne des effektiven Verfahrens zur

528 Wolf/Kurz, DStR 2006 S. 1342.

529 Wolf/Kurz, DStR 2006 S. 1342.

530 Knolle/Tetzlaff ZInsO 2005 S. 902; BGH IX ZR 123/04.

531 Gottwald/Uhlenbruck/Gundlach § 6 Rn. 7; Vgl auch Schmidt/Uhlenbruck/Uhlenbruck Rn. 5.19; Uhlenbruck/Uhlenbruck, § 17 Rdn 6; HK-Kirchhof, § 17 Rdn 14ff; Nerlich/Römermann/Mönning, § 17 Rdn 21; Jaeger/Müller § 17 Rdn 6ff; MüKo/Eilenberger, (2. Aufl.) § 17 Rdn 8f.; Knolle/Tetzlaff ZInsO 2005 S. 898.

532 Smid DZWIR 2004, 1–23, S. 12 über juris; -Drucks 12/2443 Rn. 73.

533 Siehe oben Teil 1 A I 3 ff.

Haftungsverwirklichung davon auszugehen, dass die kurzfristig realisierbaren Forderungen nicht in den Finanzstatus einzubringen sind, da dies der Klarheit bei der Ermittlung der Unterdeckung dient. Um diese erklärten Ziel des Gesetzgebers zu fördern ist es dienlich, wenn in allen einzelnen Punkten klare Strukturen erkennbar sind. Es gibt hier auch keine Kollision mit den widerstreitenden Interessen des potenziellen Schuldners, da die ausstehenden Forderungen immer noch im Finanzplan ihren Niederschlag finden und so durchaus dazu führen können, dass nur eine Zahlungsstockung vorliegt und somit kein Eröffnungsgrund im Sinne der Zahlungsunfähigkeit[534].

Des Weiteren schafft der Geldilliquiditätsbegriff auch mehr Rechtssicherheit. Klare, einfache, verständliche Strukturen und Begriffe sind für alle Beteiligten dienlich. Es stellt sich nämlich die Frage, welche Forderungen unter kurzfristig realisierbar zu subsumieren sind.

Auch ist es effizienter. Kurzfristig realisierbare Forderungen können auch inhaltsleer sein, weil ein Drittschuldner unter Umständen selber in einer Liquiditätskrise steckt. Man kann sich die Arbeit der Überprüfung der kurzfristig realisierbaren Forderungen sparen, wenn man im Finanzstatus schon feststellt, dass mit den vorhandenen liquiden Mitteln keine Unterdeckung vorliegt. Auch ist es für den Schuldner einfacher, denn insolvenzgefährdete Unternehmen haben in der Regel eine lückenhafte Buchführung. Darüber, wie viele tatsächlich liquide Mittel vorliegen, lässt sich für einen Schuldner dann noch eher ein Überblick verschaffen.

Weiterhin spricht dafür das Argument der klareren Abgrenzung. Die Prüfung der Zahlungsunfähigkeit gliedert sich auf in 2 separate Prüfungen. Auf der ersten Stufe wird durch den Finanzstatus geprüft, ob eine Unterdeckung vorliegt. Auf der zweiten Stufe wird dann im Rahmen des Finanzplans geprüft, ob diese Unterdeckung innerhalb von 3 Wochen beseitigt werden kann. Wenn schon eine zweistufige Prüfung vorgenommen wird, bei der auch die kurzfristig realisierbaren Forderungen Berücksichtigung finden, erscheint es sinnvoller, bei diesen klar zu differenzieren.

Auch spricht der Wortsinn für eine Berücksichtigung innerhalb des Finanzplans und nicht schon im Finanzstatus. Der Finanzplan ist zunächst auf 3 Wochen gemäß dem BGH Kriterium angelegt. Kurzfristig lässt sich vom sprachlichen Verständnis eher unter den auf drei Wochen angelegten Finanzplan subsumieren, da kurzfristig eben nicht mit sofort gleichzusetzen ist. Der Schuldner braucht in der Regel zumindest etwas Zeit, um diese Forderung oder Gegenstand zu Geld zu machen.

---

534 Knolle/Tetzlaff ZInsO 2005 S. 898; BGH IX ZR 147/94 Rn. 33.

Ferner erscheint es eher sinnvoll, wenn man sich eine solche Situation aus Sicht eines Gläubigers vor Augen führt. Wenn diese den Schuldner zu einer sofortigen Zahlung auffordert, dann möchte sich dieser in der Regel nicht dadurch vertrösten lassen, dass der Schuldner erst noch andere Assets zu Geld machen muss. Gerade in Krisensituationen des Schuldners will der Gläubiger sein Geld gleich haben und nicht erst noch warten müssen. An dieser Fragestellung sollte sich auch der Finanzstatus orientieren, nämlich welche Mittel können sofort benutzt werden, um die Forderung eines Gläubigers sofort zu erfüllen.

Des Weiteren spricht das Argument der Praktikabilität für eine genauere Trennung. Bei einer klaren Abgrenzung der Forderungen, die entweder in den Finanzstatus oder den Finanzplan einzubringen sind, fällt es leichter, die Pläne zu erstellen. Dies kann ganz einfach über eine Negativdefinition erfolgen, alles was nicht sofort zur Erfüllung von fälligen Verbindlichkeiten genutzt werden kann, fällt nicht unter den Finanzstatus.

Man kann auch für die Literaturauffassung argumentieren, dass aufgrund der Gesamtheit des Begriffs der Zahlungsunfähigkeit an dieser Stelle nicht zwingend auf die Schuldnerinteressen vordergründig Rücksicht genommen werden muss. Zwar wäre dies für ihn insofern positiv, weil er als weiteren Vorteil noch die dauerhafte Zahlungsstockung hätte, die ihn in entsprechenden Situationen vor einer weitergehenden Prüfung in Form eines Finanzplans bewahren würde. Dieser würde nämlich nur erstellt werden, wenn zunächst einmal überhaupt eine Unterdeckung festgestellt werden würde. Allerdings finden die Schuldnerinteressen schon auf sehr vielen anderen Ebenen eine erhebliche Berücksichtigung, so dass in der Gesamtheit hier zugunsten der Praktikabilität und Einfachheit Abstriche zulasten des Schuldners gemacht werden könnten.

Fraglich ist, was vielleicht dagegen sprechen könnte und gleichzeitig für diese Art von Bugwellenmodell. Legt man das Bugwellenmodell zugrunde und es käme auf diese Art zu einer Vermengung von Stichtag- und Zeitraumsbetrachtung, werden die innerhalb der 3 Wochenfrist fällig werdenden Verbindlichkeiten nicht beachtet, so dass die Schulden vor sich hergeschoben werden[535]. Hierdurch käme es zu einer permanenten geduldeten Zahlungsstockung, aber bei Liquidation des Unternehmens könnte die Unterdeckung nicht mehr ausgeglichen werden und die Gläubiger würden zumindest zum Teil nicht voll befriedigt werden[536]. Wolf und Kurz sehen unter Umständen eine gesetzliche Rechtfertigung dieses Modells in § 18 InsO. Der Schuldner würde sich durch

535 Wolf/Kurz DStR 2006 S. 1342.

536 Wolf/Kurz a.a.O.

ungenehmigte Lieferantenkredite die nötigen finanziellen Mittel beschaffen[537]. Fällig werdende Verbindlichkeiten werden einfach später bedient und so kommt es zu einer dauerhaften Zahlungsstockung, die sich erst im Falle einer Liquidation des Unternehmens bemerkbar machen würde[538].

Dieses Prinzip ist nicht völlig unbekannt, wenn man die Position des BGH zur dauerhaften geringfügigen Unterdeckung betrachtet[539]. Auch diese wird vom BGH im Zuge der verfassungskonformen Auslegung toleriert und auch hier käme es zu einer nicht vollständigen Befriedigung der Gläubiger im Falle einer Liquidation des Unternehmens des Schuldners.

Wenn die Grundrechte des Schuldners also auch bei dieser Frage zu berücksichtigen wären, dann müsste man wohl die Vermengung von Zeitpunkt- und Zeitraumilliquidität hinnehmen. Da der Liquiditätsbegriff ein Teil des Begriffs der Zahlungsunfähigkeit ist, sind auf diesen auch die Grundsätze der verfassungskonformen Auslegung mit einer hinreichenden Berücksichtigung der Grundrechte des Schuldners anzuwenden. Allerdings stellt sich dann auch die Frage, an welchen Stellen noch überall die Interessen des Schuldners vorrangig zu denen der Gläubiger und denen des Staates zu bewerten wären.

Ein erhebliches Gewicht hat allerdings das Argument der Vergleichbarkeit zu dauerhaften tolerierten geringfügigen Unterdeckung[540]. Wenn der BGH schon die dauerhafte geringfügige Unterdeckung toleriert, dann spricht auch grundsätzlich nicht viel gegen das Konzept einer dauerhaft tolerierten Zahlungsstockung. Dieses Argument kann man allerdings auch Umdrehen. Wenn man schon eine dauerhafte geringfügige Unterdeckung akzeptiert, dann müsse man nicht noch zusätzlich auf ein Modell der dauerhaften Zahlungsstockung zurückgreifen. Stattdessen wäre es vorteilhafter, eine klare Trennung vorzunehmen mit einem deutlich abgegrenzten Liquiditätsbegriff, der eine einfache praktische Arbeit ermöglicht und im Falle einer geringfügigen Unterdeckung dem Schuldner diese zuzugestehen und den Schuldner in diesem Fall dann noch als zahlungsfähig anzusehen. Tritt nämlich bei dem Liquiditätsbegriff der Literatur mehr als nur eine geringfügige Unterdeckung zu Tage, erscheint es nur schwerlich vorstellbar, dass in einer solchen Situation, wenn man den Finanzstatus unter Berücksichtigung des Liquiditätsbegriffs des BGH erstellt, keine Unterdeckung festgestellt würde.

---

537 Wolf/Kurz a.a.O.

538 Wolf/Kurz a.a.O.

539 Siehe oben Teil 2 B III 2 e; BGH IX ZR 123/04.

540 BGH IX ZR 124/04 2. Leitsatz; Siehe oben Teil 2 B III 2 e.

Es sprechen die besseren und die zahlreicheren Argumente gegen die Vermengung von Zeitpunkt- und Zeitraumilliquidität und damit für einen Geldilliquiditätsbegriff.

Unter dem Liquiditätsbegriff muss bzw. kann also nur Geldilliquidität verstanden werden, also Bargeld bzw. alles, was wie Bargeld gehandhabt werden kann[541]. Dem BGH ist in diesem Punkt nicht zuzustimmen.

Klare Abgrenzungen sind gerade bei der Überschneidung von rechtlichen und wirtschaftlichen Bereichen, denen im Falle einer Insolvenzeröffnung auch noch eine hohe grundrechtliche Relevanz zukommt, unabdingbar. Nur so kann der Schuldner, das Insolvenzgericht oder der die Zahlungsunfähigkeit feststellende vorläufige Insolvenzverwalter wissen, welche Situation genau vorliegt.

3. *Der Finanzplan*

An den Finanzstatus schließt sich der Finanzplan an. Der Finanzplan ist also der nächste Schritt nach der Feststellung einer Unterdeckung durch einen Finanzstatus[542]. Es ist also eine zweiteilige Prüfung vorzunehmen[543]. Das Erstellen des Finanzplans wird ausgelöst, wenn eine Unterdeckung im Finanzstatus festgestellt wird. Die Einzelheiten des Finanzplans sollen im Folgenden erörtert werden.

a) Die Notwendigkeit der Erstellung eines Finanzplans

Der Finanzplan ist neben dem Finanzstatus eines der beiden Hauptinstrumente, um zu bestimmen, ob eine Person zahlungsunfähig ist oder nicht. Es stellt sich aber die Frage, unter welchen Voraussetzungen das Erstellen eines solchen Finanzplans nach Auffassung des BGH zwingend wird. Hierzu werden verschiedene Auffassungen vertreten.

(1) Die 10% Marke als Auslöser für den Finanzplan

Die zweiteilige Prüfung der Zahlungsunfähigkeit durch einen Finanzstatus und einen Finanzplan wird von der Literatur mehrheitlich der BGH Entscheidung entnommen[544].

In der Literatur wird aber zusätzlich von Frystatzki die Auffassung vertreten, dass die Erstellung des Finanzplans erst notwendig sei, wenn sich aus dem

---

541 Schmidt/Uhlenbruck/Uhlenbruck, Rn. 5.19; Knolle/Tetzlaff ZInsO 2005 S. 898.

542 Gottwald/Uhlenbruck/Gundlach § 6 Rn. 13; Wolf/Kurz DStR 2006 S. 1342.

543 FK-InsO/Schmerbach § 17 Rn. 21; Hölzle, ZIP 2007, S. 615.

544 Hölzle, ZIP 2007, S. 615 ; Knolle/Tetzlaff, ZInsO 2005, S. 900, 902; FK-InsO/Schmerbach § 17 Rn. 21, 24; wohl auch Bork ZIP 2008, S. 1753.

Finanzstatus eine Unterdeckung von mindestens 10 % ergäbe[545]. Läge die im Finanzstatus festgestellte Unterdeckung jedoch darunter, also die festgestellte Zeitpunktilliquidität, dann bedürfe es vorerst keiner Erstellung eines Finanzplans[546].

Dies ergäbe sich laut dieser Literaturmeinung als zwingende Konsequenz aus der Definition des BGH zur Zahlungsstockung[547]. Laut BGH sei eine Zahlungsstockung eine Zahlungsunfähigkeit, die sich voraussichtlich innerhalb kurzer Zeit beheben lasse und deswegen keinen Insolvenzgrund darstelle[548]. Eine solche nicht rechtstechnische Zahlungsunfähigkeit könne nur durch den Finanzstatus bestimmt werden, da nur in diesem die zeitraumsbezogenen Aktiva und Passiva II noch nicht einfließen würden[549].

Zwar spräche die Formulierung des 2. Leitsatzes der Entscheidung gegen diese Auffassung, dass ein Finanzplan nur ab einer Unterdeckung ab 10 % zu erfolgen habe, da der BGH dort im Zusammenhang mit der Zahlungsstockung auf die 3 Wochenfrist eingeht und eben nicht zusätzlich auf die 10% Regel[550]. Der Leitsatz 2 müsse jedoch im Zusammenhang mit Leitsatz 3 gelesen werden, da die Erstellung eines Finanzplans bei einer im Finanzstatus festgestellten Unterdeckung von unter 10 % nämlich sinnlos sei, da bei einer Unterdeckung von unter 10 % in der Regel von einer Zahlungsstockung auszugehen sei, so dass man sich den zweiten Teil der Prüfung sparen könne[551]. Es handele sich in diesem Fall um eine redaktionelle Ungenauigkeit des BGH, die es zu interpretieren gelte.

Werde jedoch eine relevante Deckungslücke von 10% oder mehr festgestellt, dann eröffne sich auch der Weg für eine weitere zeitraumsbezogene Prüfung[552].

(2) Der BGH

Aus der BGH Entscheidung lässt sich hinsichtlich eines Finanzplans nicht viel entnehmen. Es wird hierbei nicht einmal ausdrücklich auf die Erstellung eines Finanzplans oder Finanzstatus eingegangen. Das überhaupt irgendein Plan zu erstellen ist, sei er nun ein- oder zweiteilig, lässt sich aber nebenbei entnehmen[553].

---

545 Frystatzki NZI 2010, S. 391.
546 Frystatzki NZI 2010, S. 391.
547 Frystatzki NZI 2010, S. 391.
548 BGH IX ZR 123/04 Rn. 12.
549 Frystatzki NZI 2010, S. 391.
550 Frystatzki a.a.O.
551 Frystatzki a.a.O.
552 Hölzle, ZIP 2007, S. 615 ; Knolle/Tetzlaff, ZInsO 2005, S. 900; Frankfurter Kommentar/Schmerbach § 17 Rn. 21; wohl auch Bork ZIP 2008, S. 1753; Frystatzki NZI 2010, S. 391.
553 BGH IX ZR 123/04 Rn. 9.

(3) Die übrige Literaturauffassung

Die Literatur geht grundsätzlich von der Erstellung eines zweiteiligen Plans in Form von Finanzstatus und Finanzplan aus, geht aber nicht auf die von Frystatzkis aufgeworfene Frage, ab wann ein Finanzplan zu erstellen ist, ein[554]. Vielmehr wird grundsätzlich die Auffassung vertreten, dass ein Finanzplan immer dann erforderlich ist, wenn eine Unterdeckung vorliegt[555].

(4) Stellungnahme

Frystatzki's Auffassung, dass die Erstellung eines Finanzplans erst ab einer im Finanzstatus festgestellten Unterdeckung von 10% zu erfolgen hat, ist von seiner Argumentation her vertretbar[556]. Die BGH Entscheidung lässt Raum für Interpretation, da der BGH sich bezüglich der Frage, wie die Prüfung zu erfolgen hat, gar keine klare Stellung bezieht.

Dennoch lässt diese Literaturmeinung einige erhebliche Punkte, die gerade gegen diese Interpretation sprechen, außer Betracht.

Zunächst spricht der Wortlaut aller drei Leitsätze dagegen[557]. Schon der erste Leitsatz mit seiner Definition der Zahlungsstockung verweist auf einen Zeitraum, der vom BGH im zweiten Satz auf drei Wochen festgelegt wird[558]. Zwar gibt die BGH Entscheidung Spielraum für Interpretation, da der BGH keine Eindeutige Aussage dazu macht, wie die Prüfung und in welcher Form diese zu erfolgen hat. Aber schon der Leitsatz 1 lässt darauf schließen, dass die Zahlungsstockung nicht allein durch eine zeitpunktbezogene Prüfung bestimmt werden kann[559]. Das wiederkehrende Argument, dass es sich bei den Formulierungen des BGH um redaktionelle Ungenauigkeiten handelt, vermag nicht zu überzeugen[560].

Auch der Wortlaut des 2. Leitsatzes lässt eher den Schluss zu, dass der BGH auch dann von einer zeitraumbezogenen Prüfung ausgeht, wenn die zeitpunktbezogene Prüfung nur eine Unterdeckung von unter 10% festgestellt hat[561]. Der zweite Leitsatz sagt nämlich nichts über die Höhe der anfangs festgestellte Liquiditätslücke aus, bzw. dass diese eine bestimmte Höhe betragen muss.

---

554 Frystatzki, NZI 2010, S. 391; Hölzle, ZIP 2007, S. 615 ; Knolle/Tetzlaff, ZInsO 2005, S. 900; wohl auch Bork ZIP 2008, S. 1753.
555 Knolle/Tetzlaff ZInsO 2005, S. 900.
556 Frystatzki NZI 2010, S. 391.
557 BG HIX ZR 123/04 Leitsätze.
558 BG HIX ZR 123/04 Leitsätze.
559 BG HIX ZR 123/04 Leitsätze.
560 Frystatzki, NZI 2010, S. 391.
561 BGH IX ZR 123/04 2. Leitsatz.

Nur wenn die Lücke nach den drei Wochen mehr als 10 % beträgt, oder demnächst mehr als 10 % betragen wird, ist nicht mehr von einer Zahlungsstockung auszugehen[562].

Auch aus dem dritten Leitsatz lässt sich vom Wortlaut her die Argumentation von Frystatzki nicht stützen[563]. Auch dieser bezieht sich auf das Ergebnis der zeitraumbezogenen Prüfung, was sich daraus ergibt, wenn man alle Leitsätze im Zusammenhang liest. Sowohl der erste als auch der zweite Leitsatz sprechen von dem 3 Wochen Zeitraum, der bei einer Prüfung zur Zahlungsunfähigkeit bzw. Zahlungsstockung zu berücksichtigen ist.

Das Argument Frystatzki's, dass sich aus der isolierten Betrachtung des 2. und dritten Leitsatzes darauf schließen lässt, dass die Prüfung des Finanzplans bei einer anfänglichen Unterdeckung von unter 10% entfalle, vermag auch nicht zu überzeugen[564]. Zum einen, weil diese Argumentation den 1. Leitsatz und die Frage außen vor lässt und, warum dieser nicht auch in den Zusammenhang einzubeziehen ist. Zum anderen ignoriert diese Auffassung aber auch den Sinn und Zweck dieser Leitsatzentscheidung. Der BGH hat mit seiner Entscheidung versucht, eine Balance zwischen den Schuldnerinteressen, den Gläubigerinteressen und den Intentionen des Gesetzgebers zu finden. Mit diesem Gedanken im Hinterkopf muss die Entscheidung interpretiert werden.

Insbesondere wenn man die Absichten des Gesetzgebers berücksichtigt, die Beschleunigung der Verfahrenseröffnung, erscheint es konsequenter und sinnvoller, einen Finanzplan bei jeglicher Deckungslücke zu erstellen und nicht erst wenn eine von 10% oder mehr vorliegt. Dieses Vorgehen birgt auch eine gewisse Missbrauchsgefahr, denn der Schuldner könnte durch gezielte Zahlungen eine Unterdeckung auf unter 10 % reduzieren, um so einer Finanzplanerstellung zu entgehen.

Des Weiteren kommt hinzu, dass von Frystatzki offensichtlich außer Acht gelassen wird, dass seine Methode das Kriterium der besonderen Umstände ignoriert. Zumindest findet man diese in seine Ausführungen nicht im Finanzstatus wieder. Immerhin hat der BGH festgestellt, dass zwar grundsätzlich eine Unterdeckung von unter 10 % als Zahlungsstockung und nicht als Zahlungsunfähigkeit im rechtstechnischen Sinne gelte, dieser hat in seiner Entscheidung aber auch gesagt, dass bei Vorliegen besonderer Umstände auch eine Unterdekkung von unter 10 % als Zahlungsunfähigkeit gelten könne[565]. Die besonderen

562 BG HIX ZR 123/04 2. Leitsatz.

563 BGH IX ZR 123/04 3. Leitsatz.

564 Frystatzki, NZI 2010, S. 391.

565 BGH IX ZR 123/04 Rn 30.

Umstände finden aber erst im Finanzplan bzw. im Anschluss daran ihre Berücksichtigung, wenn also eine umfassende auf 3 Wochen angelegte Prüfung erfolgt ist[566]. Sollte dennoch schon im Finanzstatus eine Berücksichtigung der besonderen Umstände in Frage kommen, dann landet man in logischer Konsequenz bei einer zeitraumbezogenen Prüfung.

Eine Unterdeckung ist grundsätzlich ein Indikator dafür, dass das schuldnerische Unternehmen in eine finanzielle Schieflage geraten ist. So sieht die Prüfung der Zahlungsunfähigkeit nach dem IDW PS 800 sogar bei dem positiven Ausgang eines Finanzstatus eine gesteigerte Pflichte des Verantwortlichen zur kritischen Beobachtung der finanziellen Lage[567].

Dies macht auch schon deshalb Sinn, da die Notwendigkeit der Erstellung eines Finanzstatus in der Regel nicht aus dem Nichts kommt. Ein Unternehmen durchläuft auf dem Weg zur Zahlungsunfähigkeit in der Regel mehrere Krisenstadien[568]. Kommt es dann tatsächlich zu der Situation, wo die Erstellung eines Finanzstatus notwendig wird, erscheint es fahrlässig, wenn denn tatsächlich eine Unterdeckung festgestellt wird, nicht weiter zu prüfen, um die tatsächliche finanzielle Lage des Unternehmens zu ermitteln. Gerade hier kann es allein vom Zufall oder von sorgfältiger Planung abhängen, an welchen Tag man die Prüfung vornimmt, um ein für sich unter Umständen günstiges Ergebnis zu erzielen.

Auch muss bedacht werden, dass es sich bei der nach den Kriterien des BGH festgestellten Zahlungsunfähigkeit zunächst nur um eine Vermutung handelt. Diese Vermutung kann aber nur dann greifen, wenn auch alle vom BGH geforderten Kriterien in einer Prüfung ihre Anwendung gefunden haben. Ansonsten wären die 3 Wochenfrist und die besonderen Umstände mehr oder minder überflüssig. Gerade der Leitsatz 1 knüpft die Vermutung an die 3 Wochenfrist, dass eine Zahlungsstockung dann anzunehmen ist, wenn der Zeitraum von drei Wochen für die Beschaffung der benötigten Mittel nicht überschritten wird[569]. Diese Formulierung indiziert schon, dass der BGH nicht ohne weiteres die Vermutung der Zahlungsstockung an die 10% Marke knüpfen will, sondern darauf aus ist, bei ersten Anzeichen einer Unterdeckung eine umfassende Prüfung vornehmen zu lassen. Ob diese nun einstufig sowohl mit den Aktiva I und II als auch den Passiva I und II oder zweistufig zu erfolgen hat, ist an diesem Punkt unbeachtlich.

---

566 BGH IX ZR 123/04 2. Leitsatz; siehe oben Teil 2 B III 6 ff.

567 IDW PS 800 Rn. 29.

568 IDW ES 6, 3.4.

569 BGH IX ZR 123/04, 1. Leitsatz.

(5) Ergebnis

Der Ansicht Frystatzki's, einen Finanzplan nur dann erforderlich werden zu lassen, wenn ein entsprechender Finanzstatus eine Unterdeckung von mindestens 10% aufweist, ist nicht zu folgen. Dies würde im Wesentlichen der Intention des Gesetzgebers, das Verfahren zu beschleunigen, zuwider laufen. Des Weiteren entspricht es auch nicht der Argumentation des BGH, sowohl in den Leitsätzen als auch in den Entscheidungsgründen.

b) Die fälligen Verbindlichkeiten

Im Vorangegangenen ist die Notwendigkeit der Erstellung eines Finanzplans diskutiert worden. Ein solcher ist immer dann erforderlich, wenn eine Unterdeckung festgestellt werden kann, gleich in welcher Höhe. Es stellt sich nun im Anschluss daran die Frage, welche Verbindlichkeiten des Schuldners innerhalb eines solchen Finanzplans zu berücksichtigen sind. Dies ist deshalb von erheblicher Bedeutung, da die Verbindlichkeiten den Rahmen für den Schuldner und dessen Verpflichtungen abstecken. Hier können sich erhebliche Unterschiede ergeben. Schon eine Verbindlichkeit kann je nach ihrer Höhe für den Schuldner Zahlungsunfähigkeit bedeuten. Auch hier gilt es deshalb wieder eine saubere klar definierte Lösung zu finden.

In der Literatur wird vertreten, dass nur fällige und einredefreie Forderungen berücksichtigt werden dürfen[570]. Eine Konkretisierung, wie die Forderungen allerdings genau beschaffen sein müssen, um auch eine Forderung im Sinne des § 17 II InsO zu sein, unterlässt der BGH allerdings in dieser Entscheidung[571].

Der BGH nimmt allerdings in einer anderen Entscheidung eine genauere Konkretisierung des Begriffs der fälligen Verbindlichkeiten vor[572]. In dieser Entscheidung des 9. Zivilsenats vom 28.9.2007 ging es um die Frage, welche Forderungen bei einer Zahlungsunfähigkeitsprüfung zu berücksichtigen seien und ob der Fälligkeitsbegriff des § 17 II InsO mit dem des § 271 BGB gleichzusetzen sei. Die Problematik soll im Folgenden diskutiert werden.

(1) Die fälligen Verbindlichkeiten nach Auffassung des BGH (BGH IX ZB 36/07)

Der Entscheidung lag folgender hier vereinfachter Sachverhalt zu Grunde.

> Gegen den Schuldner, ein Friseurmeister mit mehreren Filialen, wurden sowohl von der IKK als auch vom Finanzamt Insolvenzanträge gestellt. Aufgrund einer Einigung mit

570 Bork KTS 2005, S. 3; Harz/Baumgartner/Conrad ZInsO 2005 S. 1305.

571 BGH IX ZR 123/04 Rn. 10, 11.

572 BGH IX ZB 36/07.

der IKK wurde deren Antrag übereinstimmend für erledigt erklärt. Der andere Antrag führte zur Eröffnung des Insolvenzverfahrens. Der Gutachter stufte die Aktiva auf 34000 Euro und die fälligen Verbindlichkeiten auf 208.657,95 Euro ein. Der Schuldner rügte im Rechtsmittelverfahren die Nichtgewährung rechtlichen Gehörs und machte geltend, dass die vom Gutachter ermittelten Forderungen zum Teil verjährt und teils gestundet waren. Er vereinbarte mit den Gläubigern, deren Forderungen gestundet wurden, dass er Zahlung leisten oder Forderungen abtreten soll, wie es ihm gerade möglich sei.

Der BGH hat auf die Rechtsbeschwerde den Eröffnungsbeschluss aufgehoben und seine Vollziehung ausgesetzt. Nach Auffassung des BGH lagen nur Verbindlichkeiten in Höhe von insgesamt 46.311,02 Euro vor, nicht, wie das Beschwerdegericht angenommen hat, von 208.657,95 Euro.

(2) Die Auffassung des BGH

Der BGH begründet die Aufhebung des Eröffnungsbeschlusses über das Insolvenzverfahren in der Weise, dass das vorinstanzliche Gericht verkannt hat, welche Forderungen bei der Beurteilung der Zahlungsunfähigkeit in der Liquiditätsbilanz berücksichtigt werden dürften[573].

Der BGH vertritt die Auffassung, dass der Fälligkeitsbegriff aus § 17 II InsO nicht zu vergleichen sei mit dem aus § 271 BGB[574]. Vielmehr sei nach dem Sinn und Zweck der Norm weiterhin an der Voraussetzung des ernsthaften Einforderns festzuhalten. Es dürfe nicht schematisch von der Fälligkeit einer Forderung im Sinne des § 271 I BGB auf die Zahlungsunfähigkeit im Sinne von § 17 InsO geschlossen werden[575]. Im Einzelfall müsse geprüft werden, ob eine nach § 271 I BGB fällige Forderung, die der Schuldner nicht erfüllt, den Schluss auf eine Zahlungsunfähigkeit zulässt. Es bestehe aber nicht die Pflicht des Gläubigers seine Aufforderung gleich welcher Art zur Zahlung zu wiederholen, damit seine Forderungen bei einer Zahlungsunfähigkeitsprüfung berücksichtigt würden[576].

Laut BGH ist ein Zweck der Vorschrift des § 17 InsO, den richtigen Zeitpunkt für die Eröffnung des Insolvenzverfahrens festzustellen. Dies führe dazu, dass die Forderung eines Gläubiger, der nur einmal den Schuldner zur Zahlung aufgefordert hat und danach jegliche weitere Handlung unterlässt, genauso zu berücksichtigen wie die mehrmals angemahnte eines anderen Gläubigers[577]. Eine Forderung sei

573 BGH IX ZB 36/07 Rn. 9; Tetzlaff, jurisPR-InsR 23/2007 Anm. 3; Nassall jurisPR-BGHZivilR 39/2007 Anm. 3.

574 BGH IX ZB 36/07 Rn. 17.

575 BGH IX ZB 36/07 a.a.O.

576 BGH IX ZB 36/07 a.a.O.

577 BGH IX ZB 36/07 a.a.O.

im Sinne von § 17 II InsO dann in der Regel fällig, wenn eine Gläubigerhandlung feststehe, aus der sich der Wille, dass der Schuldner nun erfüllen solle, ergäbe[578]. Dies sei grundsätzlich schon bei Übersendung einer Rechnung zu bejahen[579].

Das Insolvenzgericht habe aufgrund des Amtsermittlungsgrundsatzes gemäß § 5 I InsO die Pflicht, Tatsachenbehauptungen des Schuldners oder anderen Anhaltspunkten nachzugehen, die es möglich erscheinen ließen, dass der Gläubiger in eine nachrangige Befriedigung eingewilligt habe[580].

(3) Diskussion der Auffassung des BGH in der Literatur

Der Beschluss des BGH bringt einige Klarheit in den Begriff der fälligen Forderungen. Diese Art der Interpretation ist aber nicht unumstritten und wird in der Literatur kontrovers diskutiert.

Der BGH greift in dieser Entscheidung den Begriff des ernsthaften Einforderns wieder auf. Nach der Reform von 1999 war man zunächst davon ausgegangen, dass das ernsthafte Einfordern hinfällig geworden sei und nur noch die Fälligkeit im Sinne von § 271 BGB zu prüfen sei, da dieses Merkmal im Regierungsentwurf mit keinem Wort erwähnt worden ist[581].

(a) Kritik von Tetzlaff

Tetzlaff bezeichnet diesen Schritt zurück zum ernsthaften Einfordern als unkalkulierbar[582]. So führt er zwar an, dass im vorliegenden Fall der BGH zu nachvollziehbaren Ergebnissen gekommen sei, durch diese Interpretation des § 17 InsO allerdings Missbrauch Tür und Tor geöffnet werde. Der Schuldner habe nunmehr die Möglichkeit, selbst über den Zeitpunkt der Einleitung des Insolvenzverfahrens zu bestimmen[583]. Der Schuldner könne durch die bloße Tatsachenbehauptung einer formlosen mündlichen Stundungsvereinbarung in Verbindung mit dem Amtsermittlungsgrundsatz das Verfahren über einen längeren Zeitraum hinauszögern[584].

---

578 BGH IX ZB 36/07 Rn. 18.

579 BGH IX ZB 36/07 Rn. 18.

580 BGH IX ZB 36/07 Rn. 18.

581 Vgl. etwa Uhlenbruck/Uhlenbruck. § 17 Rn. 8; Jaeger/Müller, § 17 Rn. 9; Kübler/Prütting/Pape, § 17 Rn. 6; Braun InsO/Bußhardt 5. Aufl. § 17 Rn. 6, 17 ff; HambK-InsO/Schröder, § 17 Rn. 8; Knolle/Tetzlaff ZInsO 2005, S. 899; Harz/Baumgartner/Conrad, ZInsO 2005 S. 1305.

582 Tetzlaff jurisPR-InsR 23/2007 Anm. 3.

583 Tetzlaff jurisPR-InsR 23/2007 Anm. 3.

584 Tetzlaff jurisPR-InsR 23/2007 Anm. 3.

(b) *Kritik von Dahl*

Dahl vertritt den Standpunkt, dass mit die Rückkehr zum Merkmal des ernsthaften Einforderns ein Verlust an Rechtssicherheit einherginge[585]. Zwar könne das Merkmal im Einzelfall Sanierungen begünstigen, wie es sich auch hier in dem vorliegenden Fall im Ergebnis dargestellt habe, Sanierungen innerhalb des Insolvenzverfahrens sollten aber insbesondere durch eine frühzeitige Antragsstellung ermöglicht werden[586]. In diesem Zusammenhang sei das ernsthafte Einfordern kontraproduktiv.

Gerade mit einer strikten Auslegung des Begriffs der Zahlungsunfähigkeit müsse man der Gefahr einer Insolvenzverschleppung begegnen[587]. Fällige Verbindlichkeiten sollten nach Auffassung Dahls wirklich nur dann nicht berücksichtigt werden, wenn diese tatsächlich gestundet worden und somit auch nicht fällig seien im Sinne von § 271 BGB[588]. Dahl spricht sich somit für eine einheitliche Auslegung des Fälligkeitsbegriffs aus.

Des Weiteren sei auch eine Entscheidung zugunsten des Schuldners in diesem Fall auch ohne den Begriff des ernsthaften Einforderns möglich gewesen. Der vorliegende Fall hätte durchaus Spielraum für eine Annahme einer ausdrücklichen Stundungsvereinbarung gelassen[589].

(c) *Auffassung Erdmanns*

Erdmann spricht sich für die Entscheidung vom BGH mit dessen Interpretation des Begriffs der Zahlungsunfähigkeit aus.

Erdmann führt aus, dass sich zunächst einmal die Fälligkeit einer Forderung grundsätzlich aus § 271 BGB ergebe[590]. Forderungen seien hiernach fällig, wenn sie ohne weiteres verlangt werden könnten[591]. Erdmann argumentiert, dass es in der amtlichen Begründung keinen tatsächlichen Anhaltspunkt auf eine Abkehr von dem Merkmal des ernsthaften Einforderns gebe[592]. Dennoch ergebe sich zunächst einmal aus der Verwendung des Begriffs der Fälligkeit in § 271 BGB in § 17 InsO ein prima facie Beweis für die Heranziehung allgemeinzivilrechtlicher Grundlagen[593].

585 Dahl NJW Spezial 2008 S. 54.
586 Dahl a.a.O. S. 54.
587 Dahl a.a.O. S. 54.
588 Dahl a.a.O. S. 54.
589 Dahl a.a.O. S. 54.
590 Erdmann NZI 2007, 695.
591 Palandt/Heinrichs, § 271 Rn. 1.
592 BGH IX ZB 36/07 Rn. 16.
593 Erdmann, NZI 2007, S. 696.

Entscheidend sei aber nicht das Ermitteln subjektiver Intentionen des Gesetzgebers, da dies laut dem Verfasser lediglich der erste Schritt sein könne[594]. Es käme vielmehr darauf an, den objektiven Gesetzeszweck zu bestimmen[595]. Dies führe auch dazu, dass die Argumente der Rechtssicherheit und Rechtseinheit allein nicht ausschlaggebend sein könnten, obwohl dies durch die wortgleiche Verwendung der logische erste Schritt wäre[596]. Mit diesem Hintergrund können eben auch nicht die gerade zuvor genannten Argumente der Rechtssicherheit und Rechtseinheit allein entscheidend für die Auslegung des Begriffs der Fälligkeit sein, denn wortgleiche Begriffe könnten aufgrund der Relativität der Rechtsbegriffe in unterschiedlichen teleologischen Zusammenhängen verschiedene Bedeutung haben. Begriffe seien flexible, funktionale Gebilde, die innerhalb der Grenzen ihres Wortsinns durch das sie umgebende Bezugssystem mit ihrem spezifischen Inhalt versehen werden könnten[597]. Des Weiteren ließe sich das Erfordernis des ernsthaften Einforderns durchaus auch als teleologische Reduktion des Begriffs der Zahlungsunfähigkeit interpretieren[598].

Der objektive Gesetzeszweck gebiete es also, den Begriff der Fälligkeit des § 17 InsO durch teleologische Auslegung unter Berücksichtigung der widerstreitenden Gläubiger- und Schuldnerinteressen zu bestimmen[599]. Der BGH betone hier nach Auffassung von Erdmann richtigerweise die Schuldnerinteressen ohne ein zu starkes Ungleichgewicht aufkommen zu lassen, da die Anforderungen an das ernsthafte Einfordern sehr niedrig seien[600].

Ferner sei auch nicht diese Art der Auslegung die Ursache für abgewiesene Verfahren mangels Masse und niedriger Quoten bei eröffneten Verfahren. Solche beruhen vielmehr auf verschleppte Insolvenzen und niedrigen Eigenkapitalquoten[601].

Des Weiteren sei das Merkmal des ernsthaften Einforderns schon regelmäßig mit erfüllt, da der BGH schon eine übersandte Rechnung ausreichen ließe, um dieses anzunehmen. Problematisch wäre es allerdings im Zusammenhang mit

---

594 Erdmann, a.a.O.

595 Erdmann, a.a.O.

596 Erdmann, NZI 2007 S. 696.

597 Bruns JR 1984, S. 135; Engisch S. 95, 211; Lenckner, ZStW 106 [1994] S. 509; der Begriff geht zurück auf Müller-Erzbach, JhJ 61 [1912], S. 343.

598 Erdmann, NZI 2007, S. 696.

599 Erdmann, NZI 2007, S. 696.

600 Erdmann, a.a.O. S. 696, 697.

601 Erdmann, a.a.O. S. 697.

Dauerschuldverhältnissen. Hier wäre eine zusätzliche Erklärung tatsächlicher oder rechtlicher Natur von Nöten[602].

Für die Praxis entstehen aber laut Erdmann durch den Begriff des ernsthaften Einforderns deutliche Probleme für die Ermittlung der Zahlungsunfähigkeit[603]. Hieraus ergäben sich auch erhebliche Konsequenzen für den Insolvenzverwalter im Anfechtungsprozess. Dieser trage nun die Beweislast für das tatsächliche Verhalten der Gläubiger hinsichtlich des Einforderns zu einem bestimmten Zeitpunkt[604].

(d) Auffassung von Frege/Keller/Riedel

Auch hier stellt sich der Autor gegen die Entscheidung des BGH. Hier wird zur Begründung auf den Regierungsentwurf verwiesen. Des Weiteren seien Rechtsklarheit und rechtzeitige Verfahrenseröffnung bei der Auslegung zu berücksichtigen und somit auch der Definition der Zahlungsunfähigkeit zugrunde zu legen[605].

(e) Auffassung Schulz

Auch Schulz bezieht Position gegen den Beschluss des BGH und lehnt dessen Widereinführung des ernsthaften Einforderns im Gegensatz zu Erdmann aber ab[606].

Schulz führt aus, dass das Merkmal des ernsthaften Einforderns dazu da sei, solche Forderungen aus der Liquiditätsprognose herauszunehmen, mit deren Inanspruchnahme offensichtlich nicht zu rechnen sei[607]. Dies führe nach Auffassung von Schulz im Umkehrschluss dazu, dass alle Verbindlichkeiten unbeachtlich seien, die nicht eingefordert worden seien[608]. Dies würde wiederum dazu führen, dass es zu einem selektiven Bedienen der ausstehenden Forderungen käme, was als Konsequenz der BGH Rechtsprechung der Sorgfalt eines ordentlichen Geschäftsmannes dann auch entspräche[609].

In insolvenzrechtlicher Hinsicht erscheint es nach Auffassung von Schulz fragwürdig, aus dem Fehlen einer entsprechenden Äußerung eines Gläubigers, dessen Forderung fällig ist, irgendwelche Schlüsse zu ziehen. Insbesondere sei

602 Erdmann, a.a.O S. 697.
603 Erdmann, a.a.O. S. 698.
604 Erdmann, NZI 2007, S. 698.
605 Frege/Keller/Riedel Rn. 307.
606 Schulz, ZIP 2009, S. 2281 ff.
607 Schulz, a.a.O. S. 2282.
608 Schulz, a.a.O.
609 Schulz a.a.O.

es abwegig, anzunehmen, dass der Gläubiger kein Interesse an einer zeitnahen Begleichung seiner Forderung habe. Dies gelte insbesondere für die Fälle, in denen die Fälligkeit ohne eine weitere Gläubigerhandlung eintrete, wie z.B. bei Dauerschuldverhältnissen oder bei einer rechtsgeschäftlichen Vereinbarung[610].

Es erscheine im Hinblick auf den Gläubigerschutz fraglich, ob dieser noch ausreichend berücksichtigt wird, wenn man eine zusätzliche Äußerung des Gläubigers verlange[611]. Durch diese stärkere Berücksichtigung der schuldnerischen Interessen, indem man annehme, dass die Gläubiger vermeintlich kreditieren, fördere man die Teilnahme des in der Krise befindlichen Schuldners im Rechtsverkehr[612].

Nur beim Abschluss einer Stillhaltevereinbarung, was sich auch konkludent aus einer vereinbarten Ratenzahlung ergeben kann, kann nach Auffassung von Schulz davon ausgegangen werden, dass kein ernsthaftes Einfordern mehr vorlege[613].

Unzureichend empfindet der Schulz die Situation im Hinblick auf das tatsächliche Stunden bzw. das bloße Stillhalten, welches aufgrund der Rechtsprechung trotz zivilrechtlicher Fälligkeit im Sinne von § 271 BGB die insolvenzrechtliche Fälligkeit entfallen lassen soll[614]. Problematisch sei dies deswegen, da Gläubiger sich oftmals in der Krise ihres Schuldners bewusst nicht immer klar oder rechtzeitig äußern würden, in der Hoffnung den endgültigen Ausfall ihrer Verbindlichkeit zu verhindern[615]. Ein solches Verhalten der Gläubiger sei unbefriedigend und könne dazu führen, dass Schuldner sich in den entsprechenden Situationen gesund rechnen könnten[616].

Allerdings müsse man berücksichtigen, dass ein solches Verhalten des Gläubigers, was im Insolvenzverfahren schlussendlich zu einer Benachteiligung aller Gläubiger führe, wiederum durch eine Haftung gemäß § 826 BGB korrigiert werden könne[617]. Dem Schuldner drohe wiederum die Haftung wegen Insolvenzverschleppung, wenn die Fälligkeit der Verbindlichkeiten falsch eingeschätzt werde[618].

---

610 Schulz, ZIP 2009 S. 2282.

611 Schulz, a.a.O. S. 2282.

612 Schulz, a.a.O. S. 2283.

613 Schulz, a.a.O.

614 Schulz, a.a.O.

615 Schulz, a.a.O.

616 Schulz, a.a.O.

617 MüKo BGB/Wagner, § 826. Rn. 94; Palandt/Sprau § 826 Rn. 44.

618 OLG Düsseldorf 20.2.2008- 15 U 10/07, Beck RS 2008, 06676.

Die Nichtberücksichtigung fälliger und einredefreier Forderungen sei unter dem Gesichtspunkt der Gläubigergleichbehandlung nicht ohne weiteres zu rechtfertigen, da dies dazu führe, dass der Schuldner selektiv seine Gläubiger befriedige und diejenigen Gläubiger, die nur faktisch stillhalten, dadurch einen Nachteil erleiden könnten[619].

Schulz fordert im Hinblick auf die Rechtssicherheit Klarheit. Eine tatsächliche Stundung könne daher nur beim fehlenden Bewusstsein der Fälligkeit angenommen werden[620]. Fehle es tatsächlich an einer ausdrücklichen Leistungsbestimmung, so habe der Schuldner die Pflicht, sich mit dem Gläubiger in Verbindung zu setzen und gegebenenfalls eine Stundung zu erwirken[621].

Es ergebe sich also nach Auffassung von Schulz aus dem Gebot der Gläubigergleichbehandlung und aus dem Rechtsgedanken der Schadensminderungspflicht die Pflicht für den Schuldner, bei faktischem Stillhalten des Gläubigers Klarheit in Bezug auf die Verbindlichkeiten zu schaffen.[622]. Dies würde dogmatisch zwar dazu führen, dass die Grenze zum Eröffnungsgrund der drohenden Zahlungsunfähigkeit verschwimmen würde, dies sei aber im Hinblick auf das Ziel der frühzeitigen Verfahrenseröffnung zu verschmerzen[623].

(f) Diskussion und Stellungnahme

Die Rückkehr des BGH zum ernsthaften Einfordern erscheint kontraproduktiv und als ein Rückschritt innerhalb des Begriffs der Zahlungsunfähigkeit und ist deshalb auch abzulehnen.

Zunächst ist jedoch einmal vorwegzunehmen, dass der Anwendungsbereich des ernsthaften Einforderns relativ gering aber dennoch nicht unbedeutend ist. Aufgrund der sehr geringen Anforderungen, die der BGH an das ernsthafte Einfordern gestellt hat, reduziert sich der Anwendungsbereich auf Dauerschuldverhältnisse[624].

Als Ausgangspunkt muss hier der Gesetzeswortlaut herangezogen werden. § 17 InsO spricht ausdrücklich von den fälligen Verbindlichkeiten. Insofern erscheint es hier in Übereinstimmung mit den angeführten Literaturmeinungen logisch, den Begriff der Fälligkeit mit dem des BGB aus § 271 BGB zunächst

619 Schulz, ZIP 2009 S. 2283.
620 Schulz, a.a.O. S. 2283.
621 Schulz, a.a.O. S. 2283.
622 Schulz, a.a.O. S. 2283.
623 Schulz, a.a.O. S. 2284.
624 Erdmann, NZI 2007, S. 697; Schulz ZIP 2009, S. 2282.

einmal gleichzusetzen, da hierfür das Argument der Rechtseinheit spricht[625]. Gerade bei einem zivilrechtlichen Begriff wie der Fälligkeit spricht in der Regel zunächst vieles dafür, diesen gleichbedeutend auszulegen bzw. diesen auf die ursprüngliche Bedeutung aus dem BGB zurückzuführen.

Des Weiteren spricht auch das Argument der Rechtssicherheit für ein solches gleichbleibendes Verständnis des Begriffs der Fälligkeit, wobei diese zumindest zum Teil auch aus dem Prinzip der Rechtseinheit folgt. Dies macht auch von der Methodik her Sinn. Die Rechtsfindung muss transparent sein und nachvollzogen werden können. Bei dem Begriff der Zahlungsunfähigkeit handelt es sich bereits um einen unbestimmten Rechtsbegriff, der zwar der Flexibilisierung dient und Einzelfallgerechtigkeit schaffen soll zulasten der Rechtssicherheit, allerdings ist der Fälligkeitsbegriff kein unbeschriebenes Blatt. Eine fällige Forderungen und was man darunter zu verstehen hat ist im Geschäftsverkehr allgemein bekannt. Dies ist wichtig, bedenkt man nämlich, dass im allgemeinen Geschäftsverkehr oftmals viele Dinge und Informationen auf einen Bruchteil heruntergekürzt werden. Viele Rechtshandlungen wie die Abgabe einer Willenserklärung oder ein Haftungsverzicht können konkludent vorgenommen werden. Eine Voraussetzung hierfür ist allerdings, dass man in der Regel davon ausgehen kann, dass die Parteien grundsätzlich über den gleichen Wissensstand verfügen bzw. ein grundlegend gleiches Verständnis der vorliegenden Materie haben.

Es ist aber Erdmann in der Hinsicht dabei zuzustimmen, dass Rechtsbegriffe eine relative Bedeutung haben und je nach ihrer Stellung im Gesetz durch das sie herum umgebende Gefüge stets eine andere Bedeutung erhalten können[626]. Dies gilt umso mehr, wenn sich der Rechtsbegriff in unterschiedlichen Gesetzen wiederfindet, wie hier in der InsO und im BGB. Dennoch ist der Wortlaut hier aufgrund der Verwendung eines so grundlegenden Begriffs wie der Fälligkeit als starkes Indiz zu werten.

Die Bedeutung der Fälligkeit innerhalb der InsO und ob ein ernsthaftes Einfordern notwendig ist, ist folglich aus dem Sinn und Zweck der Norm zu ermitteln, auch hierin ist Erdmann zuzustimmen[627].

Zunächst wären bei einer teleologischen Auslegung die verschiedenen Interessen der Beteiligten zu berücksichtigen. Auf der einen Seite steht der Schuldner mit seinen grundrechtlich geschützten Positionen und auf der Gegenseite stehen die staatlichen Interessen an einer frühzeitigen Verfahrenseröffnung, um eine

---

625 Erdmann, NZI 2007, S. 696.

626 Erdmann, NZI 2007, S. 696.

627 Erdmann a.a.O. 696.

möglichst gleichmäßige Gläubigerbefriedigung sicherzustellen, und natürlich auch die Interessen der Gläubiger, die möglichst viel von ihren noch ausstehenden Forderungen zurückerhalten wollen. Im Eröffnungsverfahren spielen aber aufgrund der hohen Eingriffsintensität, die eine vermeintliche Verfahrenseröffnung mit sich bringt, die Schuldnerinteressen eine etwas gewichtigere Rolle, wie die voran stehenden Ausführungen gezeigt haben[628]. Besonders deutlich zeigt sich dies daran, dass der BGH dazu tendiert, den Prognosezeitraum bei den besonderen Umständen auf sogar über 3 Monate auszudehnen[629]. Allerdings ist die Fälligkeit aus dem Gesetzeswortlaut auch ein Teil der Definition des Zahlungsunfähigkeitsbegriffs und ist somit auch als ein Teil des Gesamtkonzepts des BGH und seiner objektiven Kriterien zu verstehen. Der Begriff der Fälligkeit darf also nicht isoliert ausgelegt werden. Dieser ist vielmehr im Kontext des ganzen Zahlungsunfähigkeitsbegriffs zu sehen. Deshalb ist es möglich, da man sich weiterhin innerhalb des Begriffes der Zahlungsunfähigkeit bewegt, die Schuldnerinteressen bei der Auslegung des Fälligkeitsbegriffs weniger zu berücksichtigten, da man gleichzeitig die Möglichkeit hat bei den anderen einzelnen Elementen der Zahlungsunfähigkeit zugunsten des Schuldners nachzubessern. Insofern bietet der neue durch die Rechtsprechung konkretisierte Begriff der Zahlungsunfähigkeit ausreichend Potenzial, um allen Beteiligten und deren Interessen gerecht zu werden.

Mit diesem Hintergrund erscheint es nicht nachvollziehbar, auch wenn die Anforderungen für ein ernsthaftes Einfordern sehr gering sind und nur in wenigen Fällen Anwendung finden, hier noch eine zusätzliche Hürde einzubauen. Der Schuldner muss grundsätzlich damit rechnen, dass alle fälligen Forderungen auch bezahlt werden müssen. Will er etwas Gegenteiliges erreichen, kann er versuchen, mit dem Gläubiger etwas auszuhandeln, wie z.B. eine Stundung, ein Erlass, etc...Deswegen werden dem Schuldner hier auch keine Möglichkeiten abgeschnitten. Er muss nur konkrete Abreden vorweisen können, was in Anbetracht der Tatsache eines laufenden Eröffnungsverfahrens nicht zu viel verlangt ist. Es ist mit dem Ernst einer solchen Situation nicht vereinbar, dass sich der Schuldner hier im Zweifel auf ein bloßes Stillhalten des Gläubigers berufen darf. Der Schuldner hat die Pflicht, selber aktiv zu werden.

Eine Erklärung, ob ausdrücklich oder zumindest konkludent, muss vorliegen, schon aus haftungsrechtlichen Gesichtspunkten. Der Gutachter wird es sich bei der Erstellung des Gutachtens über die Zahlungsunfähigkeit in der Regel nicht leisten können, sich auf nicht vorhandene Erklärungen zu verlassen. Gerade

628 Siehe oben Teil 2 B III 7.
629 Siehe oben Teil 2 B III 6 d (2).

bei Dauerschuldverhältnissen können über einen längeren Zeitraum erhebliche Forderungen auflaufen. Diese dann nicht unter den fälligen Verbindlichkeiten nicht aufzuführen, weil ein ernsthaftes Einfordern des Gläubigers nicht vorliegt, erscheint vom haftungsrechtlichen Standpunkt aus gesehen gefährlich.

Es ist auch nicht begreiflich, warum allein die Gläubiger aus Dauerschuldverhältnissen gerade von dieser Wiedereinführung dieses Begriffs benachteiligt werden sollen. Die Fälligkeit ergibt sich hier in der Regel aus dem zwischen den Parteien geschlossenen Vertrag, oder, wenn nichts anderes vereinbart worden ist, aus dem Gesetz. Mehr braucht ein Gläubiger nicht zu tun, um seine Forderung fällig zu stellen und insofern erscheint es sinn- und zweckwidrig, wenn § 17 InsO in der Weise ausgelegt werden soll, dass es hier zu einer Benachteiligung der Gläubiger kommen soll. Dies gilt umso mehr, wenn man berücksichtigt, dass es nur eine kleine Gruppe innerhalb der Gläubiger treffen soll, was durchaus als ein Verstoß gegen den Gleichheitsgrundsatz aus Art. 3 I GG angesehen werden kann.

Auch spricht gegen die Annahme eines ernsthaften Einforderns das von Schulz zutreffend erwähnte Argument, dass einige Gläubiger durchaus dazu tendieren würden, während der Krise eines Schuldners sich ruhig zu verhalten, um einen eventuellen Ausfall ihrer Verbindlichkeit doch noch verhindern zu können[630]. Mit dieser Furcht kann der Schuldner zusätzlich noch kalkulieren und sich neue Handlungsspielräume eröffnen. Hier wäre es angebrachter, wenn man stattdessen den Schuldner zwingen würde, wenn er denn eine Stundung oder etwas Vergleichbares erreichen wolle, sich mit dem Gläubiger an einen Tisch zu setzen. In einer solchen Lage wird sich der Gläubiger der Realität und einer eventuellen Haftung aus § 826 BGB wohl weniger verschließen.

Des Weiteren ist Schulz auch darin zuzustimmen, dass es zu einem Verstoß gegen den Grundsatz der Gläubigergleichbehandlung käme, wenn der Schuldner selektiv je nach Gläubigerverhalten diese befriedigen könne[631]. Immerhin handelt es sich hierbei um einen ausdrücklich in § 1 InsO normierten Hauptzweck der Insolvenzordnung.

Auch stellt sich hier wieder die Problematik einer eventuellen Missbrauchsgefahr durch den Schuldner. Dieser will in der Regel so lange wie möglich die Kontrolle über sein Unternehmen bzw. über seine eigene wirtschaftliche Tätigkeit behalten. Oftmals ist gerade in solchen Situationen ein Schuldner zu allem bereit, da er davon überzeugt ist, sein Geschäft oder sein Unternehmen doch noch

---

630 Schulz, ZIP 2009, S. 2283.

631 Schulz a.a.O. S. 2283.

aus eigener Kraft retten zu können. Gerade im Eröffnungsverfahren in Verbindung mit der Amtsermittlungspflicht bieten sich dem Schuldner einige Möglichkeiten, diesen Zeitraum auszudehnen. Werden vom Schuldner entsprechende Tatsachen vorgetragen, ist das Gericht gemäß § 5 InsO verpflichtet, festzustellen, inwieweit dieser Vortrag auch den Tatsachen entspricht. Dieses Problem ist aber allgegenwärtig im Eröffnungsverfahren und muss aufgrund der hohen Eingriffsintensität in die Grundrechte des Schuldners akzeptiert werden.

Der Begriff der Zahlungsunfähigkeit muss einfach und effektiv festgestellt werden können. Die Verkehrsfähigkeit muss erhalten bleiben. Gerade in einem Bereich von so bedeutsamer Materie wie der Bestimmung der Zahlungsunfähigkeit erscheint es kontraproduktiv, wenn auf unteren Ebenen zusätzliche Voraussetzungen für die Bestimmung der Fälligkeit einer Forderung eingeführt werden. Einfache und klar verständliche Strukturen und Voraussetzungen sind für alle Beteiligten von Vorteil. Hierunter fällt auch der Schuldner und nicht nur der Staat mit seinem Interesse an einer beschleunigten Verfahrenseröffnung. Gerade der Schuldner dürfte in seiner Krisensituation dankbar darüber sein, wenn er genau bestimmen kann, ob er diese Forderungen jetzt bezahlen muss oder erst später. Sollte eine Forderung mangels ernsthaften Einforderns nicht fällig sein und basiert dies allein auf einer Unachtsamkeit des jeweiligen Gläubigers, dann kann sich dieser Zustand nahezu jeden Moment ändern. Sollte der Schuldner sich jedoch um eine vertragliche Regelung, wie z.B. eine Stundung, bemüht haben, dann hat er zumindest, was die Forderung angeht, Rechtssicherheit.

Dem BGH ist bei seiner Rückkehr zum Begriff des ernsthaften Einforderns nicht zu folgen.

c) Die verschiedenen Berechnungsmodelle

Nachdem nun in dem vorangegangenen Teil bereits auf die Probleme der fälligen Verbindlichkeiten sowie dem Liquiditätsbegriff und die Notwendigkeit eines Finanzplans eingegangen worden ist, soll dies Thema im Folgenden noch weiter vertieft werden.

Der BGH hat als objektives Kriterium eine 10 % Quote eingeführt. Nun stellt sich jedoch die Frage, was hierzu überhaupt die Bezugsgröße ist bzw. was alles von den 100% umfasst ist. Dies ist von immenser Bedeutung, da nur anhand der ermittelten Bezugsgröße auch die 10 % Quote ermittelt werden kann. Das ganze BGH Konzept der objektiven Kriterien verlangt also nach einem Berechnungsmodell.

Es gilt also, ein Berechnungsmodell zu finden, dass der Rechtsprechung entspricht und gleichzeitig dem Schuldner die Möglichkeit bietet, feststellen zu können, ob er zahlungsunfähig ist oder nicht[632].

(1) Das Schwellenwertmodell

Das Schwellenwertmodell erfordert in der Regel vollständige Informationen. Innerhalb dieses Modells wird eine Verhältniszahl in der Weise ermittelt, wie es vorliegend bei dem Urteil vom 24.5.2005 der Fall war, indem die fälligen Verbindlichkeiten in Beziehung gesetzt werden zu den nicht bezahlbaren Verbindlichkeiten[633]. Problematisch hierbei ist, eine gültige Verhältniszahl bei einer sich ändernden Bezugsgröße zu ermitteln[634]. Die relative Verhältniszahl ist bei gleich bleibender Unterdeckung teilweise erheblichen Schwankungen ausgesetzt. Dies soll anhand einer Tabelle verdeutlicht werden[635].

Zeitpunkt	**t 0**	**t 1**	**t 2**
Liquide Mittel	900.000€	50.000€	10.000€
Fällige Verb.	1.000.000€	150.000€	110.000€
Verhältniszahl	10%	66,7%	90,9%

An diesem Beispiel sieht man, dass trotz gleichbleibender tatsächlicher Unterdeckung von 100.000€ Die Verhältniszahl starken Schwankungen unterliegt. An diesem Beispiel verdeutlich sich auch das Problem des Unternehmers. Sollte dieser unter Berücksichtigung dieses Modells tatsächlich in Erwägung ziehen, seine fälligen Verbindlichkeiten zu bezahlen, so würde dies für ihn die Insolvenz bedeuten[636].

(2) Das Bugwellenmodell

Aus dem Urteil des BGH vom 24.5.2005 ergibt sich, dass zunächst ein Liquiditätsstatus erstellt werden muss, in dem an einem bestimmten Tag die fälligen Schulden in Bezug zu den vorhandenen liquiden Mittel gesetzt werden[637].

---

632 Wolf/Kurz DStrR 2006, S. 1341.

633 Wolf/Kurz, DStR 2006 S. 1340.

634 Wolf/Kurz, DStR 2006 S. 1341.

635 Tabelle nach Wolf/Kurz, a.a.O., S. 1341.

636 Wolf/Kurz, DStR 2006 S. 1341.

637 BGH IX ZR 123/04 Rn 9; Staufenbiel/Hoffman ZInsO 2008, S. 838; Perridon/Steiner S. 546 f; Coenenberg, S. 1013 ff, 1062 ff.

Liegt eine Unterdeckung vor, so ist diese innerhalb einer drei Wochenfrist zu beseitigen[638]. Fraglich ist jedoch, wie mit diesen darauffolgenden drei Wochen zu verfahren ist. Gemäß dem Bugwellenmodell würden die noch innerhalb der drei Wochen Frist hinzukommenden liquiden Mittel hinzugerechnet und dann den fälligen Verbindlichkeiten gegenübergestellt[639]. Bei diesem Modell werden die innerhalb der drei Wochen Frist entstehenden zusätzlichen Schulden bewusst ignoriert, so dass die Altschulden zu Lasten der Neuschulden getilgt werden[640]. Nach diesem Modell könnte es zu einer andauernden von der Rechtsprechung tolerierten und insolvenzrechtlich unbeachtlichen Zahlungsstockung kommen, indem der Schuldner die fälligen Forderungen zwar nicht zum Fälligkeitszeitpunkt aber dennoch innerhalb der drei Wochenfrist begleicht[641].

Nach der Ansicht von Wolf und Kurz könnte dieses von der Gesetzeslage her möglich bzw. sogar gerechtfertigt sein. Durch die permanente Tilgung von gegenwärtigen Schulden mit zukünftigen Forderungseingängen läge typischerweise der Zustand der drohenden Zahlungsunfähigkeit vor[642]. Da dieser Zustand aber nur einen Schuldnerantrag zuließe, müsse dieses Vorgehen auch schon von der Insolvenzordnung her zulässig sein[643]. Des Weiteren würde die Anwendung dieses Modells auch zu einer permanente Zahlungsstockung führen. Zahlungsstockung läge vor, wenn sich der Schuldner bis zu einem bestimmten Stichtag liquide Mittel beschaffen könne, was der Schuldner unter Umständen durch ungenehmigte Lieferantenkredite ermöglichen könne[644]. So könne der Schuldner zwar weiter geschäftlich tätig werden, spätestens aber zum Zeitpunkt der Liquidation käme es nur noch zu einer teilweisen Befriedigung.

(3) Der Finanzplan

Der Finanzplan trennt die statischen von den dynamischen Elementen. Die vorhandenen liquiden Mittel sind mit den fälligen Verbindlichkeiten im Finanzstatus unterzubringen, während in dem auf drei Wochen angelegten Finanzplan eine Gegenüberstellung der zukünftig fällig werdenden Forderungen aus Umsatzprozessen

638 BGH IX ZR 123/04 2. Leitsatz.
639 Wolf/Kurz, DStR 2006 S. 1342; Knolle/Tetzlaff, ZInsO 2005 S. 900.
640 Wolf/Kurz a.a.O.; Knolle/Tetzlaff, a.a.O; siehe oben Teil 2 B IV 2.
641 Wolf/Kurz, a.a.O.; Knolle/Tetzlaff, a.a.O; siehe oben Teil 2 B IV 2.
642 Wolf/Kurz, DStR 2006 S. 1342; Knolle/Tetzlaff, ZInsO 2005 S. 900.
643 Wolf/Kurz, a.a.O. ; Knolle/Tetzlaff, a.a.O.
644 Wolf/Kurz, DStR 2006 S. 1342.

und den zukünftig fällig werdenden Verbindlichkeiten erfolgt[645]. Diese Zahlungsfähigkeitsprognose stellt simultan auch den Finanzmittelbedarf dar[646]. Des Weiteren kann auch die zukünftige Auftrags- und Ertragslage dargestellt werden, was einen Einblick in die Kapitaldienstfähigkeit des Schuldners ermöglicht[647].

Der Aufbau eines Finanzplans sieht wie folgt aus[648]:

	Monat 1 (Tage) 1..2..3……	**M 2**	**M 3**	**M 7**
1. Zahlungsmittelbestand				
(Überschuss/Fehlbeträge)				
Einnahmen aus Umsätzen				
Sonstige Einnahmen				
Einnahmen des reinen Finanzbereichs				
2. Summe der Einnahmen				
Personalausgaben				
Materialausgaben				
Steuerausgaben				
Sonstige Ausgaben				
Ausgaben des reinen Finanzbereichs				
Ausgaben für Anlagen (Investitionen)				
3. Summe der Ausgaben				
4. Überschuss/Fehlbetrag				
(1. + 2. ./. 3.)				

(4) Fazit

Die Schwächen des Schwellenwertmodells liegen auf der Hand und ist somit nicht zur Feststellung einer Zahlungsunfähigkeit geeignet[649].

645 Eilenberger, S. 351 ff.;Wolf/Kurz, DStR 2006 S. 1342; MüKo InsO/Eilenberger, (2. Aufl.) § 17 Rn. 11.

646 Wolf/Kurz DStrR 2006, S. 1342.

647 Wöhe, S. 674; Eilenberger, S. 351 ff; Müko InsO/Eilenberger, (2. Aufl.) § 17 Rn. 11 ff.; Wolf/Kurz, DStR 2006 S. 1342.

648 Eilenberger, S. 352.

649 Siehe oben Teil 2 B IV 3 c) (1).

Das Bugwellenmodell vermittelt unter Umständen eine Zahlungsfähigkeit des Schuldners, wo diese bei einer theoretischen Liquidation schon gar nicht mehr vorhanden ist. Das Bugwellenmodell erscheint demnach auch nicht vorzugswürdig[650].

Es ist also ein Finanzplan zu erstellen, da nur dieser geeignet ist, die Zahlungsfähigkeit unter Berücksichtigung der BGH Kriterien festzustellen. Dieser stellt alle relevanten Vorgänge in der Sphäre des Schuldners, so dass dessen Zahlungsunfähigkeit beurteilt werden kann.

4. *Gesamtergebnis zu den Prognoseformen*

Die vorausgehenden Ausführungen haben gezeigt, dass es mit den objektiven Kriterien des BGH aus seinem Urteil vom 24.5.2005 allein nicht getan ist. Diese müssen auch entsprechend umgesetzt werden, um in der Praxis angewendet werden zu können.

Die Prüfung der Zahlungsunfähigkeit geschieht aufgrund einer zweiteiligen Prüfung. Zunächst ist mithilfe eines Finanzstatus festzustellen, ob eine Unterdeckung beim Schuldner vorliegt. Hierbei sind allein die tatsächlich liquiden Mitteln den fälligen Forderungen gegenüberzustellen. Wird eine Unterdeckung gemessen, kommt es in einem nächsten Schritt zur Erstellung eines Finanzplans. Dieser ist gemäß dem BGH auf zunächst 3 Wochen angelegt und bietet eine dezidierte Aufstellung der finanziellen Situation des Schuldners.

Am Ende diese drei Wochen liegt entweder eine Unterdeckung von weniger oder mehr als 10 % vor und je nach dem gilt entweder für oder gegen den Schuldner die vom BGH aufgestellte Regelvermutung.

An einen solchen Finanzplan kann sich nach den 3 Wochen eine weitere Fortführungsprognose anschließen, wenn besondere Umstände zu berücksichtigen sind[651].

Die dargestellten, verschiedenen Ermittlungsmethoden haben auch gezeigt, dass es keinen wirklich allgemein verbindlichen Standard gibt. Es werden unterschiedliche Ansätze in der Literatur verfolgt. Jeder nimmt die Ermittlung der Zahlungsunfähigkeit anders vor.

Nachdem nun diese Prognoseformen, wie sie in der Literatur vorgeschlagen werden, diskutiert worden sind, soll nun ein Blick auf die Umsetzung der Kriterien durch den IDW erfolgen. Dies ist insbesondere deswegen interessant, da das IDW mit seinen Prüfungsstandards eine hohe Praxisrelevanz aufweist.

---

650 Siehe oben Teil 2 B IV 3 c) (2).

651 Siehe oben Teil 2 B III 6 d (2) ff.

V. Die Ermittlung der Zahlungsunfähigkeit nach dem IDW PS 800

Im Folgenden soll diskutiert werden, was das IDW ist, was die Prüfungsstandards sind und wie das IDW die vom BGH entwickelten Kriterien in seinem Prüfungsstandard umgesetzt hat. Hierbei sollen die unterschiedlichen Auffassungen des BGH und des IDW, soweit diese denn existieren bezüglich der Art und Weise der Prüfung der Zahlungsunfähigkeit, dargestellt und diskutiert werden.

Auch soll auf die Adressaten des Prüfungsstandards sowie eine aus der Nichtbeachtung des PS 800 resultierende Haftung eingegangen werden.

1. Allgemeine Betrachtung des IDW

Zunächst soll kurz dargestellt werden, worum es sich bei dem IDW genau handelt, wie dieser organisiert und strukturiert ist und was für Aufgaben bzw. welchen Zwecken das IDW dient.

a) Aufbau und Struktur des IDW

Bei dem IDW, Institut der deutschen Wirtschaftsprüfer, handelt es sich um einen eingetragenen Verein, der Wirtschaftsprüfer und Wirtschaftsprüfungsgesellschaften auf freiwilliger Basis zusammenführt[652].

Das IDW besteht aus mehreren Satzungsgremien[653]. Er besteht aus einem Ehrenrat, einem Verwaltungsrat mit 50 ehrenamtlichen Mitgliedern, einem Vorstand, bestehend aus 6 ehrenamtlichen und 3 geschäftsführenden Mitgliedern, einer Beirat Hilfskasse, den Mitgliedern der Fachausschüsse und Delegierte in internationalen Gremien, der Hauptgeschäftsstelle, den Landesgeschäftsstellen und den Landesgruppen.

b) Aufgaben des IDW

Das IDW hat verschiedene Aufgaben.

Der Hauptfachausschuss des IDW soll die einheitliche Behandlung und ein gemeinsames Vorgehen der Wirtschaftsprüfer in fachlichen Fragen bezüglich der Bereiche der Prüfung und Rechnungslegung sowie der Unternehmensbewertung und anderer betriebswirtschaftlicher Aspekte gewährleisten und voranbringen[654]. Dies soll vor allem durch eine Beantwortung von unterschiedlich behandelten Problemen und durch Stellungnahmen zu neuen Problemen erreicht werden[655].

---

652 Homepage des IDW, Rubrik wir über uns.

653 Homepage des IDW, Rubrik Wir über uns.

654 IDW HFA, Rn. 1.

655 IDW HFA, Rn. 1.

Des Weiteren gehört es zu den Aufgaben des HFA (Hauptfachausschusses), fachliche Verlautbarungen zu verabschieden. Hierunter fallen unter anderem die IDW Prüfungsstandards, die IDW Stellungnahmen zur Rechnungslegung und die IDW Standards. Hinzu kommt noch der Wirtschaftsprüfertag.

Ferner vertritt er die Interessen der Wirtschaftsprüfer in Politik, Verwaltung und anderen Institutionen sowohl auf nationaler als auch auf internationaler Ebene.

Dieser Tätigkeit wird unter anderem durch Eingaben zu Gesetzesvorhaben sowie zu Verlautbarungsentwürfen anderer nationaler, europäischer und internationaler Standard Setter erreicht. Hierdurch soll die Fortentwicklung fachlicher Regelungen erreicht werden[656].

Ein weiterer wesentlicher Schwerpunkt des IDW ist es, fachliche Regeln zu entwickeln, die die Gewährleistung eines einheitlichen, hohen Qualitätsniveaus der Arbeit der Wirtschaftsprüfer sichern sollen[657].

c) Die Prüfungsstandards und deren Entstehung

Alle Verlautbarungen des IDW, die IDW Prüfungsstandards, IDW Stellungnahmen zur Rechnungslegung und die IDW Standards entstehen innerhalb eines festgelegten Verfahrens[658].

Zunächst werden die entsprechenden Entwürfe in den verschiedenen fachlich zuständigen Ausschüssen erarbeitet[659]. Diese werden dann im Anschluss daran veröffentlicht, um den Berufsangehörigen und der Öffentlichkeit die Möglichkeit zu geben, zu diesen Entwürfen Stellung zu nehmen[660]. Diese Stellungnahmen werden in der Regel im Internet veröffentlicht.

Die Entwürfe der IDW Prüfungsstandards repräsentieren die Meinung des HFA zu fachlichen Fortentwicklungen in der Prüfung, Rechnungslegung oder in anderen Bereichen[661]. Diese Meinung ist jedoch noch nicht abschließend, trotzdem wird empfohlen, auch die in den Entwürfen bereits dargelegten Grundsätze zu befolgen[662].

---

656 IDW HFA Rn. 2; IDW Satzung § 2 (1).
657 IDW Homepage.
658 IDW HFA Rn. 7.
659 IDW HFA Rn. 12.
660 IDW HFA Rn. 7.
661 IDW. HFA Rn.12.
662 vgl. IDW PS 201, Rn. 14 f, 29 f.

Bei der Weiterentwicklung der IDW Prüfungsstandards kommt hinzu, dass in diese sowohl die internationalen Prüfungsgrundsätze als auch die vom IDW festgelegten Grundsätze der ordnungsgemäßen Abschlussprüfung einfließen[663].

In dem weiteren Prozess werden die Entwürfe nach der Beratung über die Änderungen und Änderungsvorschläge, die sich aus den unterschiedlichen Stellungnahmen der Berufsangehörigen und der Öffentlichkeit ergeben, verabschiedet. Wie der Verabschiedungsprozess genau abläuft, richtet sich danach, um welche Verlautbarung es sich handelt.

Die IDW Prüfungsstandards werden dann durch die Abteilung Prüfung dem Gesamt HFA zur billigenden Kenntnisnahme vorgelegt und verabschiedet[664]. Wird ein Prüfungsstandard zunächst in einem anderen Fachausschuss oder Arbeitsgruppe erstellt, leitet diese dann den Entwurf der Abteilung Prüfung zu und diese wiederum dem Gesamt HFA[665].

Durch dieses Verfahren mit der unterschiedlichen Einbeziehung von internationalen Grundsätzen, den IDW Grundsätzen und der Öffentlichkeit will das IDW eine repräsentative Darstellung der Berufsauffassung erreichen[666].

Der Anwendungszeitpunkt der jeweiligen Standards ist unterschiedlich. Liegt ein Prüfungsstandard vor, der nur einen bereits existierenden International Standard of Auditing (ISA) übernimmt, dann richtet sich der Anwendungszeitpunkt nach dem Inkrafttreten des ISA[667].

Handelt es sich um Prüfungsstandard, die sich aufgrund neuer gesetzlicher Regelungen ergeben, dann richtet sich der Zeitpunkt nach den gesetzlichen Übergangsvorschriften[668]. Eine Rückwirkung der Prüfungsstandards ist also durchaus möglich und auch der Regelfall.

Alle übrigen Prüfungsstandards richten sich in der Regel nach der Bekanntmachung und sind dann für die folgende Prüfungssaison anzuwenden.[669]

d) Zusammenfassung

Das IDW ist ein eingetragener Verein dessen Hauptaufgaben es sind, die Interessen seiner Mitglieder zu wahren und Verlautbarungen zu erstellen, die einer einheitlichen Betrachtung verschiedener Probleme ermöglichen sollen.

---

663 IDW HFA. Rn. 7.
664 IDW HFA Rn. 12.
665 IDW HFA Rn. 7.
666 IDW HFA. Rn. 10.
667 Grds. HFA Rn. 15.
668 Grds. HFA Rn. 15.
669 Grds. HFA Rn. 15.

2. *IDW PS 800*

Das IDW und das Verfahren der Entstehung der Prüfungsstandards sind dargestellt worden.

Der IDW Prüfungsstandard ist deshalb von besonderer Bedeutung und soll hier behandelt werden, weil dieser nicht nur für den Berufsstand der Wirtschaftsprüfer sondern aufgrund seiner Themenschwerpunkte für alle Insolvenzpraktiker interessant ist[670]. Der Begriff der Zahlungsunfähigkeit ist inzwischen aufgrund der vielfältigen Rechtsprechung sehr facettenreich und teilweise äußerst schwierig geworden. Der IDW PS 800 soll eine praxisnahe und einfache Methode zur Feststellung der Zahlungsunfähigkeit sein.

Ziel des IDW PS 800 laut IDW ist es, unter Berücksichtigung der höchstrichterlichen Rechtsprechung die Grundsätze für die Beurteilung der eingetretenen oder drohenden Zahlungsunfähigkeit zu definieren[671]. Inwiefern das durch das IDW umgesetzt worden ist, soll im Folgenden diskutiert werden. Hierbei soll der Inhalt, die Gemeinsamkeiten mit dem Urteil des BGH sowie der vom IDW vertretene Aufbau des Finanzstatus und des Finanzplans aufgezeigt werden.

Des Weiteren soll die Stellungnahme des FAS zum IDW PS 800 hinzugezogen werden, da in der Stellungnahme noch weitere Ergänzungen vorgenommen worden sind, die auch einer Berücksichtigung bedürfen.

a) Übersicht über den Aufbau des IDW PS 800

Der IDW PS 800 beschäftigt sich mit der Beurteilung der eingetretenen oder der drohenden Zahlungsunfähigkeit bei Unternehmen.

Dieser gliedert sich in 5 Hauptpunkte auf: Die Vorbemerkung, Grundlagen zur Beurteilung der Zahlungsunfähigkeit, Beurteilung der Zahlungsunfähigkeit durch einen Finanzstatus und Finanzplan, Ermittlung des Zeitpunkts des Eintritts der Zahlungsunfähigkeit in der Vergangenheit und die Prüfung der drohenden Zahlungsunfähigkeit[672].

Das IDW greift in seinem Prüfungsstandard eingangs bei den Grundlagen zur Beurteilung der Zahlungsunfähigkeit auf die gesetzliche Definition, die Interpretation des Begriffs sowie auf dessen Abgrenzung zur Zahlungsstockung durch den BGH zurück[673]. In diesem Rahmen geht der Prüfungsstandard kurz auf die vom BGH entwickelten Kriterien zur Feststellung der Zahlungsunfähigkeit, die

670 Frystatzki NZI 2010, S. 389.

671 IDW PS 800 Rn. 5.

672 IDW PS 800.

673 IDW PS 800 Rn. 7, 8.

3 Wochenfrist, die 10% Regelung sowie die besonderen Umstände ein[674]. Auch fasst das IDW noch mal kurz die Ausführungen des BGH zur Zahlungseinstellung und zur Zahlungsstockung zusammen[675].

Im Anschluss daran erläutert das IDW, wie es sich die Beurteilung der eingetretenen Zahlungsunfähigkeit mit Hilfe eines Finanzstatus und eines Finanzplans vorstellt[676].

Im Folgenden soll nun auf Besonderheiten des IDW PS 800 eingegangen werden. Insbesondere sollen im Fokus der Betrachtung diejenigen Punkte liegen, in denen unter Umständen keine Übereinstimmung vorliegt. Im Falle eines Auseinanderfallens soll dann an den jeweiligen Punkten erörtert werden, welche Bedeutung ein solches Auseinanderfallen unter Umständen haben kann.

b) Die 10 % Regelung und die dauerhafte Unterdeckung

Der IDW PS 800 will ein praxisnaher Prüfungsstandard sein, der sich an der Rechtsprechung orientiert. Deswegen bedarf es natürlich auch einer Berücksichtigung der vom BGH festgelegten 10 % Vermutung als einen Hauptbestandteil der objektiven Kriterien. Es stellt sich also die Frage inwieweit das IDW mit dem BGH bezüglich der 10 % Vermutungsregelung und der dauerhaften Unterdeckung übereinstimmt oder auseinanderfällt.

(1) Die Position des BGH

Der BGH hat mit seiner Grundsatzentscheidung als eines der objektiven Kriterien eine 10 % Quote eingeführt, die als Vermutungsregel für die Zahlungsfähigkeit bzw. Zahlungsunfähigkeit des Schuldners dient[677]. Diese resultiert aus einer verfassungskonformen Auslegung, die die Grundrechte des Schuldners aus Art. 12 und 14 GG im Eröffnungsverfahren aufgrund des bevorstehenden massiven Grundrechtseingriffs in angemessener Weise zu berücksichtigen versucht[678].

Außerdem duldet der BGH eine dauerhafte geringfügige Unterdeckung, wenn diese nicht in absehbare Zeit mehr als 10 % beträgt[679]. Auch diese Annahme beruht auf der verfassungskonformen Auslegung mit einer starken Berücksichtigung der schuldnerischen Grundrechte, wobei diese an dieser Stelle

674 IDW PS 800 Rn. 8–12.
675 IDW PS 800 Rn. 8–12.
676 IDW PS 800 Rn. 17 ff.
677 BGH IX ZR 123/04 2. Leitsatz.
678 BGH IX ZR 123/04 Rn. 23.
679 BGH IX ZR 124/04 2. Leitsatz.

der Entscheidung ganz besonders deutlich werden, denn immerhin wird damit grundsätzlich auch geduldet, dass bei einer sofortigen Liquidation des Unternehmens einige Gläubiger gar nicht bzw. nicht vollständig befriedigt werden können.

An dieser Stelle wird das Problem des Begriffs der Zahlungsunfähigkeit besonders deutlich, der sowohl rechtlich als auch betriebswirtschaftlich aufgefasst werden kann. Betriebswirtschaftlich wird man den Begriff der Zahlungsunfähigkeit grundsätzlich als 100 % verstehen dürfen, also mit anderen Worten: nur derjenige ist zahlungsfähig, der 100% seiner Verbindlichkeiten bedienen kann[680]. Da das IDW als Gesamtvertretung der Wirtschaftsprüfer eher betriebswirtschaftlich orientiert ist, stellt sich die Frage, wie dieser mit der rechtlichen Auffassung des Begriffs der Zahlungsunfähigkeit umgeht.

(2) Die Position des IDW

Trotz seiner Verankerung im betriebswirtschaftlichen Bereich übernimmt das IDW die 10 % Quote des BGH zumindest zum Teil. Auch im IDW PS 800 ist gemäß der Grundsatzentscheidung des BGH bei einer Unterdeckung von über 10 % grundsätzlich von einer Zahlungsunfähigkeit auszugehen, wenn keine besonderen Umstände etwas anderes vermuten lassen[681].

Auch bezüglich des zweiten Leitsatzes stimmt das IDW mit dem BGH überein. Auch dieser wird in den Prüfungsstandard übernommen[682]. Liegt also eine Unterdeckung von unter 10 % vor, die aber demnächst die 10 % überschreiten wird, so ist auch nach dem Prüfungsstandard des IDW eine Zahlungsunfähigkeit gegeben. Bis hierhin ergeben sich demnach keine Probleme.

Der IDW PS 800 weicht aber im Gegensatz zum BGH bei der Frage der dauerhaften geringfügigen Unterdeckung ab. Das IDW hält Unternehmen, die eine dauerhafte geringfügige Liquiditätslücke aufweisen, für nicht erhaltungswürdig und steht damit im Widerspruch zum BGH[683]. Das IDW zieht es an dieser Stelle vor, sich der Literaturmeinung anzuschließen[684]. Ansonsten bleibt dieser Punkt aber vom IDW in dem Prüfungsstandard unkommentiert.

---

680 MüKo/Eilenberger, (2. Aufl.) § 17 Rn. 22;Wolf/Kurz DStR 2006, 1339, 1340.

681 IDW PS 800 Rn. 10.

682 IDW PS 800 Rn. 10.

683 IDW PS 800 Rn. 11; BGH IX ZR 123/04 Rn. 17, 20.

684 Wolf/Kurz DStR 2006, 1339, 1340; MüKo/Eilenberger, (2. Aufl.) § 17 Rn. 22.

(3) Stellungnahme des FAS zum Prüfungsstandard

Der Fachausschuss für Sanierung und Insolvenz hat zu dem Prüfungsstandard bezüglich der Problematik der dauerhaften geringfügigen Unterdeckung noch einmal Stellung genommen[685].

Dieser verweist zunächst darauf, dass auch der BGH Unternehmen mit dauerhaften geringfügigen Liquiditätslücken als nicht erhaltungswürdig ansehe[686].

Der FAS beschäftigt sich dann noch einmal kurz mit den beiden grundlegenden Standardsituationen, einmal die Beseitigung einer geringen Liquiditätslücke innerhalb des 3 Wochenzeitraums und die Vermutung für die Zahlungsfähigkeit des Schuldners und zum anderen die Situation, in der eine Lücke von über 10 % vorliegt und dies zunächst gegen die Annahme der Zahlungsfähigkeit des Schuldners spräche[687]. Insofern trägt der FAS hier nichts Neues bei.

Danach erläutert der FAS, dass es sich bei der 10 % Regelung um eine Vermutungsregelung handele, die Auswirkungen auf die Beweislast in einem potenziellen Eröffnungsverfahren habe[688]. Im Rahmen diese Erläuterung vollzieht der FAS aber eine Annäherung an den BGH. Dieser führt aus, dass bei geringen Lücken von unter 10 % eine mit an Sicherheit grenzende Wahrscheinlichkeit für die Zahlungsfähigkeit des Schuldners spräche[689].

(4) Stellungnahme Frystatzki

Frystatzki kritisiert die mangelnde Konformität von IDW PS 800 und der BGH Rechtsprechung bezüglich der dauerhaften geringfügigen Liquiditätslücke in hohem Maße.

Nach dessen Auffassung sei es sehr bedauerlich, dass zwei unterschiedliche Konzepte von BGH und IDW vertreten werden, gerade deswegen, weil diese beiden als „Trendsetter" im Insolvenzrecht zu verstehen seien[690]. Frystatzki bezieht sich aber allein auf den IDW PS 800 und nicht zusätzlich auf den FAS und dessen Stellungnahme.

Der IDW PS 800 beruhe auf einer Fehlinterpretation des Urteils des BGH vom 24.5.2005 zur Beurteilung der Zahlungsunfähigkeit[691]. Daraus ergebe sich, dass das IDW die 10 % Grenze praktisch ablehne und nur ein geringer

---

685 FAS IDW ZIP 2009, S. 201 ff.

686 FAS IDW ZIP 2009, S. 202, mit Verweis auf BGH IX ZR 123/04 Rn. 18.

687 FAS IDW ZIP 2009 S. 202, 203.

688 FAS IDW ZIP 2009, S. 203.

689 FAS IDW ZIP 2009 S. 203.

690 Frystatzki NZI 2010, S. 389.

691 Frystatzki NZI 2010, S. 393.

Anwendungsbereich verbliebe. Dem Schwellenwert käme keine wirkliche Bedeutung mehr zu[692].

(5) Diskussion und Stellungnahme

Bei der Frage nach der dauerhaften geringfügigen Unterdeckung und deren grundsätzliche Akzeptanz lag offenbar eine Fehlinterpretation des IDW vor. Insofern ist Frystatzki zuzustimmen.

Hierbei handelt es sich wahrscheinlich schlicht um ein Missverständnis, da der FAS IDW dieses Argument des BGH, nämlich die scheinbar nicht mehr gegebene Erhaltungswürdigkeit eines solchen Unternehmens, isoliert betrachtet und aus dem Zusammenhang reißt. Bereits in den nächsten Absätzen zeigt sich, dass der BGH durchaus eine durchgehende geringfügige Liquiditätslücke als akzeptabel ansieht[693]. Was im IDW PS 800 zunächst also danach aussieht, dass dieser sich dem BGH und seiner Ansicht zu einer dauerhaften Unterdeckung gerade nicht anschließen will und stattdessen den Literaturmeinungen folgt, basierte wohl eher darauf, dass das IDW davon ausging, dass der BGH auch diese Meinung vertrat.

Der FAS korrigiert nun dieses Missverständnis, auch wenn er die problematische Textstelle des BGH Urteils, nämlich dass ein Unternehmen mit einer dauerhaften Liquiditätslücke nicht erhaltungswürdig sei, außerhalb des Zusammenhangs wiederholt[694]. Warum er dies tut, ist nicht wirklich ersichtlich. Wichtig ist jedoch, dass der FAS die fragliche Stelle im IDW PS 800 korrigiert, auch wenn er dies mehr oder minder geschickt in seinen Ausführungen zu der Beweislast versteckt[695].

Das IDW kehrt somit seiner bisher vertretenen Null-Toleranz- Politik den Rücken zu und schließt sich dem BGH an[696]. Eine geringfügige dauerhafte Liquiditätslücke ist somit auch nach dem IDW PS 800 nicht mehr als Zahlungsunfähigkeit zu interpretieren, weil der IDW PS 800 nicht isoliert betrachtet werden kann, sondern unter Hinzuziehung der Stellungnahme des FAS des IDW gelesen werden muss[697]. Dieser ist schließlich für den IDW PS 800 zumindest bezüglich seiner Ausarbeitung verantwortlich. Die Ergänzung ist an dieser Stelle von enormer Bedeutung und es erscheint befremdlich, dass das IDW diese Änderung

---

692 Frystatzki NZI 2010, S. 393.
693 BGH IX ZR 123/04 Rn. 19, 20.
694 BGH IX ZR 123/04 Rn. 18.
695 FAS IDW ZIP 2009, S. 203.
696 Frystatzki NZI 2010, S. 395.
697 FAS IDW ZIP 2009, S. 203.

nicht deutlicher gemacht hat, wie z.B. durch eine Neufassung des IDW PS 800 mit einer entsprechenden Änderung und einem genauen Hinweis.

Inwiefern diese Abkehr des IDW von seiner bisher strengen Linie bezüglich der Beurteilung der Zahlungsfähigkeit aus tatsächlicher innerer Überzeugung passiert, mag dahinstehen. Dem IDW bleibt schlicht und ergreifend keine Wahl, als sich der BGH Rechtsprechung zu beugen, wenn er weiterhin einen praxisfähigen Standard zur Verfügung stellen will, denn die Praxis hat sich primär an der BGH Rechtsprechung zu orientieren.

Dies würde nämlich ansonsten zu erheblichen Problemen führen. Der IDW PS 800 ist nicht allein für den Berufszweig der Wirtschaftsprüfer interessant sondern eben auch für alle Insolvenzpraktiker[698]. Dieser Prüfungsstandard ist deshalb so praktisch, weil er die Kriterien des BGH in eine Form gießt, mit der man tatsächlich arbeiten und bestimmen kann, ob Zahlungsunfähigkeit vorliegt oder nicht. Allein die Kriterien sind nicht praxistauglich, da deren genaue Umsetzung fehlt, auch wenn der BGH etwas von einer zweistufigen Prüfung erwähnt[699]. Der Prüfungsstandard funktioniert aber auch nur dann, wenn sich das IDW auch tatsächlich an die Vorgaben des BGH hält. Kommt es zu Abweichungen, kann dies erhebliche Konsequenzen haben für die Anwender, insbesondere im Bereich der Haftung und ist in einem solchen Fall nicht mehr praktikabel aufgrund der drohenden Regressansprüche.

Die Problematik liegt auf der Hand. Stellt ein Gutachter für das Gericht anhand des IDW PS 800 die Zahlungsunfähigkeit eines Unternehmens fest, dass „nur" unter einer dauerhaften geringfügigen Liquiditätslücke leidet, dann verstößt dies gegen gefestigte höchstrichterliche Rechtsprechung und kann insbesondere für einen Insolvenzverwalter, der in der Regel Rechtsanwalt ist und der mit der Feststellung der Zahlungsunfähigkeit des Unternehmens beauftragt worden ist, zu erhebliche haftungsrechtlichen Konsequenzen führen.

Das IDW hat sich also nicht nur an der höchstrichterlichen Rechtsprechung zu orientieren sondern hat diese auch 1 zu 1 umzusetzen, wenn er Probleme vermeiden will, insbesondere bezüglich der Haftungsfrage. Der IDW PS 800 ist nämlich bei einer Nichtberücksichtigung der BGH Rechtsprechung nicht nur sinnlos, sondern auch gefährlich für den potenziellen Anwender.

Frystatzki ist in seinem Aufsatz insoweit zuzustimmen, dass das IDW mit seinem Prüfungsstandard die dauerhafte geringfügige Liquiditätslücke nicht billigt. Frystatzki hat aber bei seiner Beurteilung die Ergänzungen des FAS außer

698 Frystatzki, NZI 2010, 389.
699 BGH IX ZR 123/04 Rn 9, 11.

Acht gelassen und gerade diese Ergänzungen korrigieren, wie bereits dargelegt, die von ihm kritisierte Abweichung. Insofern kann hier der Auffassung von Frystatzki über das Auseinanderfallen von Rechtsprechung und IDW PS 800 nicht zugestimmt werden.

Ein Auseinanderfallen von IDW und BGH an dieser Stelle liegt somit nicht bzw. nicht mehr vor. Es könnte aber unter Umständen noch an anderer Stelle eine Divergenz bestehen. Dies könnte bei der drei Wochenfrist der Fall sein.

c) Die Drei Wochenfrist

Das nächste objektive Kriterium des BGH, das es umzusetzen gilt, ist die Drei Wochenfrist. Es könnten sich hier unter Umständen Unterschiede zwischen den Vorgaben des BGH und der Umsetzung durch den IDW in seinem Prüfungsstandard ergeben. Dies soll im Folgenden untersucht werden.

(1) Die Drei Wochenfrist des BGH

Der BGH hat mit seiner Grundsatzentscheidung als objektives Kriterium die Drei Wochenfrist eingeführt. Diese besagt, dass eine festgestellte Unterdeckung grundsätzlich innerhalb von drei Wochen zu beseitigen sei, da dies der Zeitraum sei, den eine kreditfähige Person benötige, um sich die erforderlichen Geldmittel zu beschaffen[700].

(2) Die drei Wochenfrist gemäß IDW PS 800

Auch das IDW geht in seinem Prüfungsstandard zunächst von den Ausführungen des BGH aus. Dieser zitiert zunächst die Ausführungen des BGH und beschreibt dann die Verknüpfung mit der 10 % Schwelle und die sich daraus ergebende Vermutungswirkung[701].

Das IDW knüpft an die ersten drei Wochen einen sich daran anschließenden Finanzplan, dessen Prognosezeitraum 3 bis 6 Monate umfassen könne[702]. Dieser sei grundsätzlich zu erstellen, wenn sich die Liquiditätslücke nach den ersten drei Wochen nicht geschlossen habe[703].

(3) Auffassung Frystatzki

Frystatzki kritisiert, dass die Drei Wochenfrist und somit auch die Vermutungsregelung des BGH im IDW PS 800 zur Bedeutungslosigkeit verkommen

700 BGH IX ZR 123/04 Rn. 13 oder auch 1. Leitsatz; siehe obenTeil 2 B III 3 ff.

701 IDW PS 800 Rn. 8–10.

702 IDW PS 800 Rn. 21, 25; FAS IDW ZIP 2009, S. 202.

703 IDW PS 800 Rn. 25.

würde[704]. Diese ergäbe sich daraus, dass das IDW auf jeden Fall eine sich an die drei Wochen anschließende Finanzplanung fordere, die dann teilweise bis zu 6 Monaten gehen könne[705]. In dem Fall würde die drei Wochenfrist bedeutungslos werden, da sich nach dem Prüfungsstandard in jedem Fall immer ein weiterer Beurteilungszeitraum anschließe[706]. Dieser weitere Prognosezeitraum sei aber nach dem BGH Urteil nur ausnahmsweise, und zwar wenn einer der beiden Ausnahmefälle vorliegt, zu veranschlagen und eben nicht auf jeden Fall[707].

Frystatzki kritisiert zusätzlich, dass sich daraus ein sogar noch längerer Beurteilungszeitraum ergebe, als zu Zeiten des vorherigen IDW PS 800[708]. Dieser habe dem Schuldner nur einen Zeitraum von 4 Wochen eingeräumt, bis es zur Annahme einer Zahlungsunfähigkeit gekommen wäre[709].

(4) Diskussion und Stellungnahme

Frystatzki ist darin zuzustimmen, dass der IDW PS 800 vom Wortlaut her tatsächlich einen Finanzplan bzw. Fortführungsprognose in jedem Fall vorschreibt[710]. Inwiefern dies aber dazu führen soll, dass die drei Wochenfrist bedeutungslos werde, erschließt sich nicht.

Der BGH möchte nur im Ausnahmefall über die drei Wochen hinausgehen[711]. Allerdings betont der BGH auch, dass die Kriterien verfassungskonform auszulegen sind und die Grundrechte des Schuldners bei deren Verständnis zu berücksichtigen sind[712]. Gerade darauf basiert ja auch zum größten Teil das Konzept der besonderen Umstände[713].

Das IDW sieht zwar in seiner Planung eine Fortführung des Plans im Falle einer immer noch vorhandenen Unterdeckung nach 3 Wochen vor, dies muss aber nicht zwingend eine Abweichung von der Auffassung des BGH bedeuten. Die Fortschreibung des Plans dient der Kontrolle, ob auch tatsächlich eine Zahlungsunfähigkeit angenommen werden kann. Innerhalb eines Plans einen Prognosezeitraum zu veranschlagen und zu überprüfen, ob die Zahlungsunfähigkeit

704 Frystatzki NZI 2010, S. 394.

705 Frystatzki a.a.O.

706 Frystatzki a.a.O.

707 Frystatzki a.a.O; BGH IX ZR 123/04, 2. Leitsatz, 2 HS, 3 Leitsatz.

708 Frystatzki NZI 2010, 394.

709 Frystatzki NZI 2010, 394.

710 IDW PS 800, Rn. 25.

711 BGH IX ZR 123/04, 3. Leitsatz.

712 BGH IX ZR 123/04 Rn. 23.

713 Siehe oben Teil 2 B III 6 ff.

durch zukünftige Ereignisse beseitigt werden kann, bedeutet nicht zwangsläufig, dass tatsächlich die drei Monate gewartet wird, bis es dann schließlich zu einer erneuten Beurteilung der Zahlungsunfähigkeit kommt.

Um besondere Umstände annehmen oder ablehnen zu können, muss eine Prüfung vorgenommen werden, die aufzeigt, ob es überhaupt in der Zukunft Ereignisse gibt, die als besondere Umstände im Sinne des BGH interpretiert werden können. Es kann dann geprüft werden, ob diese zukünftigen Ereignisse, sofern sie denn existieren, als besondere Umstände interpretiert werden können oder nicht und dies dann zu einer Entkräftung der Vermutungsregelung kommt.

All dies entspricht dem grundsätzlichen Konzept, dass der BGH mit den neuen objektiven Kriterien entwickelt hat und zwar eine schuldnerfreundliche Auslegung des Begriffs der Zahlungsunfähigkeit. Frystatzki geht mit seiner Interpretation des Prüfungsstandards etwas zu weit. Auch berücksichtigt er nicht, dass das IDW ausdrücklich noch einmal die Ausführungen zur Regelvermutung nach der Drei Wochenfrist am Anfang seines Prüfungsstandards ausdrücklich wiederholt[714].

Man könnte hier vielleicht eher von einer redaktionellen Ungenauigkeit des IDW sprechen als vielmehr von einer Abweichung vom BGH.

Den Plan fortzuschreiben entspricht auch eher einem pflichtgemäßen Herangehen. Wenn ein Gutachter die Zahlungsunfähigkeit prüft, kann dieser nicht bei der Regelvermutung, die nach 3 Wochen eintritt, halt machen. Dieser hat vielmehr alle Aspekte zu sammeln und entsprechend zu verarbeiten. Es erscheint sogar grob fahrlässig, wenn man die Prüfung schon nach den drei Wochen beenden würde, da es sich immerhin nur um eine widerlegbare Vermutung handelt. Auch hier könnte sich ein Gutachter unter Umständen haftbar machen.

Auch eine Ausdehnung des Prognosezeitraums hat der BGH schon selbst grundsätzlich bejaht, so dass die Krititk Frystatzki's über den vom IDW veranschlagten Zeitraum von 3 bis 6 Monaten hinfällig wird, da auch hier kein Widerspruch besteht[715]. Der BGH hat jedenfalls in einer seiner Entscheidungen zu diesem Thema einen Zeitraum von mindestens 3 Monaten bejaht[716].

Der IDW PS 800 steht demnach in Bezug auf die Drei Wochenfrist nicht im Widerspruch zum BGH und seinen objektiven Kriterien. Frystatzkis Auffassung, dass die 3 Wochenfrist und die sich daraus ergebende Vermutungsregelung zur Bedeutungslosigkeit verkommen würde, ist demnach nicht zu folgen.

714 IDW PS 800 Rn. 10.

715 BGH IX ZB 36/07.

716 BGH IX ZB 37/07.

Vielmehr entspricht die Planfortschreibung nach Eingreifen der widerlegbaren Vermutung dem pflichtgemäßen Verhalten des jeweiligen Prüfenden.

d) Der Finanzstatus gemäß IDW

Das IDW stellt in seinem grundsätzlichen Konzept zunächst einmal klar, dass er die Zahlungsunfähigkeit aufgrund einer zweistufigen Prüfung feststellen lassen will. Diese besteht aus einem Finanzstatus und einen darauf aufbauenden Finanzplan[717]. Der Finanzstatus ist stichtagsbezogen und soll feststellen, ob eine Unterdeckung vorliegt oder nicht[718]. Dieser ist aus dem Rechnungswesen zu entwickeln[719].

Bei den liquiden Mitteln stellt das IDW allerdings allein auf die zur Verfügung stehenden Geldmittel ab und geht demnach von einem Geldilliquiditätsbegriff aus[720].

(1) Die Fälligkeit gemäß IDW PS 800

Im Finanzstatus sind sämtliche fälligen Zahlungsverpflichtungen einzubringen. Darunter fallen auch diejenigen, die nicht angemahnt oder im Wege einer Klage geltend gemacht worden sind[721]. Für den IDW PS 800 ist es ausreichend, dass der Gläubiger die Zahlung verlangen kann, weil sie fällig ist[722].

Neben den gängigen Fälligkeitsregeln wie durch Gesetz oder Vereinbarung fügt das IDW als weiteres Beispiel nicht ausdrücklich genehmigte Überziehungen bei Kontokorrentkrediten aufgrund der Allgemeinen Geschäftsbedingungen der Banken als fällig hinzu, auch wenn eine stillschweigende Duldung des Kreditinstituts vorläge[723]. Läge jedoch die fällige Forderung innerhalb der ungekündigten vereinbarten Kreditlinie, sei diese im Finanzstatus nach dem IDW PS 800 nicht einzubringen.

Bei Annuitätendarlehen müssten allein die jeweils fälligen Raten im Finanzstatus eingebracht werden und nicht das ganze Darlehen an sich[724].

Verbindlichkeiten, die sich aus Lieferung und Leistung ergeben, seien, soweit es keine anderweitigen Abreden wie die Vereinbarung eines Zahlungsziels gebe,

717 IDW PS 800 Rn. 17.
718 IDW PS 800 Rn. 18.
719 IDW PS 800 Rn. 20.
720 IDW PS 800 Rn. 18, 20.
721 IDW PS 800 Rn. 30.
722 IDW PS 800 Rn. 30–35.
723 IDW PS 800 Rn. 31.
724 IDW PS 800 Rn. 31.

sofort oder mit dessen Ablauf fällig und somit in den Finanzstatus einzubringen[725].

Gestundete Verbindlichkeiten fließen auch nach Auffassung des IDW nicht in den Finanzstatus mit ein[726]. Hierbei spiele es keine Rolle, wie es zu der Stundungsvereinbarung gekommen sei, solange sie wirksam sei, wobei die Beweislast, ob eine wirksame Stundung gegeben ist, stets beim Schuldner lege[727].

(2) FAS Ergänzungen zum Finanzstatus

Auch in der Stellungnahme des FAS wird noch mal hervorgehoben, dass sämtliche fälligen Verbindlichkeiten in den Finanzstatus einzubringen seien[728]. Die Leistung des Schuldners müsse geschuldet sein, der Gläubiger müsse sie verlangen können und habe sie auch verlangt und es dürften keine Einreden bestehen[729].

Der FAS stellt in diesem Zusammenhang aber noch einmal klar, dass Zweifel bezüglich der vermeintlichen vertraglichen Verpflichtung des Schuldners zu seinen Lasten gehen. Im Zweifel sind also nach Auffassung des FAS Verbindlichkeiten im Finanzstatus mit aufzunehmen[730].

In weiterer Ergänzung zum IDW PS 800 weist der FAS darauf hin, dass eine Rechnungsübersendung für die Fälligstellung nicht erforderlich sei, dies aber gängiger Weise auf eine Zahlungsaufforderung bzw. Fälligstellung schließen ließe[731].

Weiterhin macht der FAS auch in Anlehnung an die Rechtsprechung des BGH ergänzende Ausführungen zum ernsthaften Einfordern und übernimmt dessen Ansicht[732]. In Übereinstimmung mit der Rechtsprechung sei es auch für eine Einwilligung des Gläubigers in eine spätere oder nachrangige Befriedigung nicht von Nöten, dass eine rechtlich bindende Vereinbarung oder gar eine Stundung im Rechtssinne vorläge[733]. Ein tatsächliches Verhalten, von dem man auf eine Nichtgeltendmachung schließen könne, reiche aus. Aber auch hier weist der FAS darauf hin, dass Zweifel diesbezüglich wiederum zu Lasten des Schuldners

725 IDW PS 800 Rn. 31.

726 IDW PS 800 Rn. 32.

727 IDW PS 800 a.a.O.

728 FAS IDW ZIP 2009 S. 204.

729 FAS IDW ZIP 2009 S. 204.

730 FAS IDW a.a.O.

731 FAS IDW a.a.O.; Palandt/Heinrichs § 271 Rn. 14; BGH ZIP 2007, 1666 Rz. 19.

732 FAS IDW a.a.O.; BGH ZIP 2007 1666 Rn. 15, 18; BGH ZIP 2008, 420; BGH ZIP 2008, 706.

733 BGH ZIP 2007, 1666 Rn. 18; BGH ZIP 2008, 420 Rn. 25.

gehen[734].

Auch nimmt der FAS in seiner Stellungnahme noch eine weitere Ergänzung vor, die so bisher nicht in dem IDW PS 800 vorkommt. Dieser geht in Verbindung mit dem ernsthaften Einfordern zusätzlich noch auf den speziellen Fall der verhaltenen Ansprüche ein[735]. Ein solcher läge vor, wenn eine Forderung zwar fällig sei, es aber erst ein tatsächliches Einfordern des Gläubigers benötige[736]. Als Beispiel führt der FAS für die verhaltenen Ansprüche die Gewinnansprüche eines Personengesellschafters an. Diese seien in der Regel mit Jahresabschluss sofort fällig, eine Pflicht zur Zahlung bestünden aber erst, wenn der Gesellschafter diese auch tatsächlich einfordere[737]. Verhaltene Ansprüche seien, wenn sie nicht ausdrücklich eingefordert würden, weder im Finanzplan noch im Finanzstatus einzubringen[738].

(3) Gemeinsamkeiten und Unterschiede des Finanzstatus sowie die Zweifelsregelung des IDW

Der BGH geht selbst von einer zweiteiligen Prüfung der Zahlungsunfähigkeit aus, auch wenn die Begrifflichkeiten hier nicht ganz übereinstimmen mögen. Dieser erwähnt auch eine stichtagsbezogene Prüfung, bei der innerhalb einer Liquiditätsbilanz die aktuell verfügbaren und kurzfristig verfügbar werdenden Mittel in Relation zu den fälligen eingeforderten Verbindlichkeiten zu setzen seien[739].

Das IDW wird zwar etwas konkreter bei der Fälligkeit, da er hier mehrere Beispiele aufführt, dies bedeutet aber nicht, dass hier unter Umständen ein Widerspruch zum BGH vorliegt. Das IDW vertritt sogar die gleiche Auffassung des BGH bezüglich des ernsthaften Einforderns[740]. Das IDW geht bei seiner Konkretisierung seiner Aufgabe nach, einen praxisgeeigneten Prüfungsstandard zur Verfügung zu stellen. Umso mehr Beispiele das IDW liefert, umso einfacher ist die Handhabung mit dem Prüfungsstandard, da der Interpretationsspielraum verringert wird und gleichzeitig anhand der Beispiele eine Orientierung gibt, wie in ähnlichen Fällen eine Fälligkeit unter Umständen beurteilt werden kann. Dieses Konzept bietet Rechtssicherheit und Rechtsklarheit für den Anwender

734 FAS IDW ZIP 2009, S. 205.
735 FAS IDW ZIP 2009, S. 205.
736 MüKo BGB/Krüger § 271, Rn. 4.
737 FAS IDW ZIP 2009 S. 205.
738 FAS IDW ZIP 2009 S. 205.
739 BGH IX ZR 123/04 Rn. 11.
740 ZIP 2009 S. 204.

des Prüfungsstandards, da dieser aufgrund des verminderten Interpretationsspielraums eine einheitliche Linie schafft.

Bei dem Liquiditätsbegriff gibt es allerdings einen wesentlichen Unterschied. Hier vertritt das IDW ebenso wie viele Stimmen in der Literatur, dass allein die verfügbaren Geldmittel innerhalb des Finanzstatus zu berücksichtigen sind[741]. Dass diese Ansicht durchaus vertretbar und auch die vorzugswürdigere ist, wurde bereits diskutiert[742]. Dennoch akzeptiert der BGH die „dauerhafte Zahlungsstockung" und dies ist somit auch grundsätzlich maßgebend für den Rechtsanwender.

Daraus könnte nun ein erhebliches Problem entstehen. Das IDW übernimmt diese Ansicht nicht und geht von dem Geldilliquiditätsbegriff aus. Dies ist insofern problematisch, weil das IDW mit seinem Prüfungsstandard erheblichen Einfluss auf die Insolvenzpraxis hat. Vorrangig sind aber die Vorgaben des BGH und nicht die des IDW PS 800 zu beachten, zumindest gilt dies für Juristen.

Nimmt man die Position des BGH ein, so kommt es zu einer Bugwelle von Verbindlichkeiten. Bei der Vermengung von Stichtag- und Zeitraumbetrachtung werden die innerhalb der kommenden 3 Wochenfrist fällig werdenden Verbindlichkeiten nicht beachtet, so dass die Schulden vor sich her geschoben werden[743]. Hierdurch käme es zwar zu einer permanenten geduldeten Zahlungsstockung, aber bei Liquidation des Unternehmens könnte die Unterdeckung nicht mehr ausgeglichen werden und die Gläubiger würden zumindest zum Teil nicht voll befriedigt werden[744]. Diese Auffassung, gestützt auf die verfassungskonforme Auslegung, würde zu ähnlichen Ergebnissen führen wie bei der dauerhaften geringfügigen Unterdeckung, ist aber im Ergebnis aufgrund der besseren und zahlreicheren Argumente, wie z.B. klare Abgrenzung, Rechtssicherheit, höhere Praktikabilität, Gläubigerinteressen und das Interesse des Staates, abzulehnen[745]. Hinzu kommt noch, dass die dauerhafte geringfügige Unterdeckung, die zwangsläufig nach der dauerhaften Zahlungsstockung kommt, als weitere Brandmauer für den Schuldner dient, so dass auf für die Annahme der dauerhaften Zahlungsstockung grundsätzlich kein Bedarf besteht[746].

741 IDW PS 800 Rn. 18,20.
742 Siehe oben Teil 2 B IV 2 d).
743 Wolf/Kurz DStR 2006 S. 1342.
744 Wolf/Kurz DStR 2006 S. 1342.
745 Siehe oben Teil 2 B IV 2 d.
746 Siehe oben Teil 2 B IV 2 d.

Dennoch wird eben diese dauerhafte Zahlungsstockung vom BGH geduldet[747].

Es ist nachvollziehbar, dass das IDW ein solches Ergebnis gerade nicht wünscht, besonders wenn es um das Erstellen eines betriebswirtschaftlichen Prüfungsstandards geht, die sich in der Regel durch begriffliche Klarheit, deutliche Abgrenzungen und Übersichtlichkeit auszeichnen sollen.

Allerdings kommt es aufgrund dieses Unterschieds zu den gleichen Problemen, die zuvor genannt wurden, insbesondere die Haftungsfrage[748].

Um diese zu vermeiden, wäre es für den Rechtsanwender tunlichst angebracht, sich der Rechtsprechung des BGH anzuschließen, auch wenn dies die Prüfung nach dem IDW PS 800 erschwert. Eine klare Trennung von Zeitpunkt- und Zeitraumilliquidität bzw. die Erstellung eines genau definierten Finanzstatus und Finanzplan wäre so nicht möglich. Die höchstrichterliche Rechtsprechung hat aber maßgebend zu sein, sowohl für den IDW als auch für den Rechtsanwender.

Deswegen ist es bedauerlich, dass hier das IDW dem BGH nicht in dieser Frage auch gefolgt ist, obwohl er bei der Frage zur dauerhaften geringfügigen Unterdeckung durchaus eingelenkt hat und seinen PS 800 ergänzend korrigiert hat[749]. Dies kann aber auch unter Umständen auf einem fehlerhaften Verständnis des BGH Urteils beruhen, wie dies zuerst bei der dauerhaften geringfügigen Unterdeckung der Fall war[750].

Allerdings soll dies nicht bedeuten, dass dem BGH in seinem Verständnis des Liquiditätsbegriffs zuzustimmen sei, auch wenn diese Ansicht eine gewisse Art der Konsequenz in sich birgt in Verbindung mit der dauerhaften geringfügigen Unterdeckung[751]. Der BGH hatte Auslegungsspielraum und in der Gesamtschau in Bezug auf den Liquiditätsbegriffs zugunsten der staatlichen Interessen und denen der Gläubiger werten können. Das hat er aber nicht getan[752]. Stattdessen hat er gemäß dem Grundsatz a maiore ad minus die dauerhafte Zahlungsstockung bejaht, da er schon die dauerhafte geringfügige Unterdeckung toleriert[753].

Das IDW hat versucht, die neuere Rechtsprechung in seinen Prüfungsstandard einzubauen, was ihm aber an dieser Stelle nicht gelungen ist. Das hat Konsequenzen. Das IDW lässt aufgrund seines unterschiedlichen Liquiditätsbegriffs keine dauerhafte Zahlungsstockung zu, der BGH schon. Dies bedeutet

747 Siehe oben Teil 2 B IV 2 d.
748 Siehe oben Teil 2 B V 2 b ff.
749 Siehe oben Teil 2 B V 2 b.
750 Siehe oben Teil 2 B V 2 b.
751 Siehe oben Teil 2 B IV 2 d.
752 Siehe oben Teil 2 B IV 2 d.
753 Siehe oben Teil 2 B III 2 e.

aber nicht automatisch, dass der Liquiditätsbegriff des IDW in einer Situation zu der Annahme einer Zahlungsunfähigkeit führt, in der die Prüfung nach BGH Grundsätzen zu keiner Annahme einer Zahlungsunfähigkeit käme. Dazwischen wäre immer noch die dauerhafte geringfügige Unterdeckung, bevor es tatsächlich zu der Annahme einer Zahlungsunfähigkeit kommen würde. Und wenn es eben nach der Prüfung des IDW nicht nur zu einer dauerhaften geringfügigen Liquiditätslücke käme, dann erscheint es schwerlich vorstellbar, dass bei einer Prüfung nach BGH Grundsätzen noch eine dauerhafte Zahlungsstockung das Ergebnis wäre. Wahrscheinlicher wäre es, dass dann wohl auch in einem Finanzstatus, der nach BGH Grundsätzen erstellt worden ist, eine Unterdeckung festgestellt werden würde, die dann zu einer weitergehenden Prüfung in Form eines Finanzplans führen würde.

Auch wenn der BGH und das IDW an dieser Stelle unterschiedliche Auffassungen vertreten, bleibt abzuwarten, ob diese Divergenz sich auch wirklich in erheblicher Weise auswirkt. Zwar ist das Auseinanderfallen an dieser Stelle bedauerlich und es trägt nicht zwingend zur Rechtssicherheit bei, es ist aber wohl nicht so relevant wie die Frage der dauerhaften geringfügigen Unterdeckung.

Neben der Problematik des Liquiditätsbegriffs führt das IDW an dieser Stelle in seinem Prüfungsstandard noch ein sehr nützliches Element ein, was bei der Beurteilung der Zahlungsunfähigkeit gemäß dem IDW PS 800 dem Anwender weiterhilft.

Dieser führt den Grundsatz ein, dass im Zweifel immer zunächst zu Lasten des Schuldners etwas angenommen werden sollte, sei es, ob eine Forderung ernsthaft eingefordert worden sei oder ob eine Einrede oder Einwendung besteht[754]. Dies vermag etwas zu verwundern, bedenkt man doch die recht schuldnerfreundliche Haltung des BGH, wenn man die objektiven Kriterien betrachtet[755]. Hier lässt sich die Tendenz erkennen, dass offensichtlich zumindest in Zweifelsfällen nach der Auffassung des IDW eher die staatlichen Interessen einer frühzeitigen Verfahrenseröffnung stärker gewichtet werden sollen. Hier hat der BGH Raum gelassen, den das IDW zugunsten des Staates und der Gläubiger genutzt hat. Dies bedeutet aber natürlich nicht, dass dies zwingend zu einem Nachteil für den Schuldner führen muss. Dieser kann im Eröffnungsverfahren immer noch entsprechend zu den fraglichen Positionen vortragen, so dass das Insolvenzgericht im Rahmen seiner Amtsermittlungspflicht den Sachverhalt genau ermittelt.

754 IDW PS 800 Rn. 32; FAS IDW ZIP 2009 S. 204.

755 Siehe oben Teil 2 B III 2,3,6.

Diese Zweifelsregelung des IDW birgt den Vorteil der Beschleunigung des ganzen Vorganges. Umso schneller ein entsprechender Finanzstatus und Finanzplan vorgelegt werden kann, in dem alle wichtigen Positionen aufgeführt worden sind, umso effektiver kann das Insolvenzgericht arbeiten und dann in den jeweiligen zweifelhaften Fällen weitere Ermittlungen anstellen.

Von Vorteil wäre es natürlich, wenn der Anwender diese entsprechenden zweifelhaften Positionen auch kennzeichnen würde, was noch einmal zu Beschleunigung des Vorgangs führen würde. Das Insolvenzgericht hätte so die Möglichkeit, gleich auf die zweifelhaften bzw. streitigen Positionen einzugehen und könnte diese dann entsprechend ermitteln und erörtern.

e) Die besonderen Umstände

Fraglich ist, ob es auch etwaige Unterschiede bei der Beurteilung der besonderen Umstände gibt. Dies ist das letzte der drei objektiven Kriterien des BGH. Dies soll Gegenstand der sich anschließenden Prüfung sein.

(1) Der BGH

Die besonderen Umstände dienen dem BGH als Korrektiv und als Ausgleich der verschiedenen widerstreitenden Interessen innerhalb des Begriffs der Zahlungsunfähigkeit[756]. Sie kommen bei der Vermutungsregelung in beide Richtungen zum Tragen, sowohl bei der Vermutung zugunsten der Zahlungsfähigkeit des Schuldners bei einer Unterdeckung von unter 10 % als auch im umgekehrten Fall[757].

Die besonderen Umstände sind ferner an die 10 % Quote gekoppelt. Je nach dem sind entweder höhere oder niedrigere Anforderungen für die Annahme besonderer Umstände zu stellen[758]. Es handelt sich also um einen dynamischen Begriff, der eine Einzelfallentscheidung ermöglicht aufgrund des eröffneten Spielraums[759].

(2) Das IDW

Auch bei den besonderen Umständen hält sich das IDW an die Vorgaben des BGH.

Das IDW fordert ebenso wie der BGH eine an Sicherheit grenzende Wahrscheinlichkeit für die Schließung der Liquiditätslücke. Diese muss aber nicht

756 Siehe oben Teil 2 B III 6.
757 BGH IX ZR 123/04 1. u. 2. Leitsatz.
758 BGH IX ZR 123/04 2. u. 3. Leitsatz.
759 Siehe oben Teil 2 B III 6 c.

ganz geschlossen werden[760]. Des Weiteren kommt noch hinzu, dass ein Prognosezeitraum nur eröffnet wird, wenn den Gläubigern ein Zuwarten zugemutet werden kann. Das IDW entspricht hier also den Ausführungen des BGH, wobei die Gläubigerzumutbarkeit im Urteil des BGH bis auf die Erwähnung im Leitsatz in der Entscheidung selbst untergeht[761].

Auch der FAS macht keine weitergehenden Ausführungen und schließt sich der BGH Rechtsprechung an. Dieser verweist lediglich noch mal auf die Vermutungsregelung im Zusammenhang mit der 10 % Quote und den Effekt der besonderen Umstände auf die widerlegbare Vermutung[762].

(3) Stellungnahme

Unterschiede sind an dieser Stelle nicht zu erkennen. Das IDW betont lediglich die Gläubigerzumutbarkeit noch einmal in diesem Zusammenhang, wobei diese beim BGH nicht verloren aber dennoch in der Entscheidung selbst untergeht[763].

Der Schuldner muss eine gesicherte Rechtsposition vorweisen und diese muss auch innerhalb eines gewissen Zeitraums realisierbar sein[764]. Dies entspricht in etwa dem IDW mit seiner Forderung, dass die Lücke mit an Sicherheit grenzender Wahrscheinlichkeit bald geschlossen werden muss und das Zuwarten dem Gläubiger zumutbar. Hier wird der gleiche Inhalt lediglich anders umschrieben.

Insofern hat die Betonung der Gläubigerzumutbarkeit auch eher keine wirkliche Bedeutung. Das IDW zitiert zwar den BGH mit diesem Ausdruck und es entsteht eine augenscheinliche stärkere Betonung der Gläubigerinteressen und der Interessen des Staates, dennoch setzt das IDW einen über die drei Wochen hinausgehenden Planungszeitraum von 3 bis 6 Monaten an, wobei abzuwarten ist, ob sich der BGH einer Obergrenze von 6 Monaten anschließen wird[765].

Der BGH bleibt bei seiner schuldnerfreundlichen Auslegung der objektiven Kriterien aufgrund des massiven Grundrechtseingriff, der wirtschaftlichen Konsequenzen und der gängigen Praxis der Insolvenzgerichte, dem Schuldner

760 FAS IDW ZIP 2009 S. 203; siehe oben Teil 2 B III 2 e.
761 BGH IX ZR 123/04 3. Leitsatz.
762 FAS IDW ZIP 2009 S. 202, 203.
763 BGH IX ZR 123/04 3. Leitsatz.
764 FAS IDW ZIP 2009 S. 203.
765 IDW PS 800 Rn. 26.

eine Eigenverwaltung zu verweigern[766]. Das Merkmal der Gläubigerzumutbarkeit verliert so zwar auf den ersten Blick seine Bedeutung, aber das IDW nimmt hier keine andere Position ein, denn solange die allgemeine Gläubigerbefriedigung nicht gefährdet ist, kann man auch noch von Zumutbarkeit ausgehen.

Dass das IDW noch mal so explizit auf die Gläubigerzumutbarkeit in seinem Prüfungsstandard verweist, bedeutet, dass er die Gläubigerinteressen und die des Staates und deren Bedeutung noch einmal klar und deutlich hervorheben möchte. Schließlich hat die ausdrückliche Formulierung schon im BGH Urteil ja auch eine Klarstellungs- und Warnfunktion. Allerdings muss man sagen, dass der BGH zumindest in einer seiner Entscheidungen eine aufgrund des erheblichen Zeitablaufs gesteigerte Abwägung zugunsten der Gläubiger bisher nicht hat erkennen lassen, sondern eher die Schuldnerinteressen bei seiner Auslegung weiterhin betont[767].

Eine unterschiedliche Auffassung bei dem Begriff der besonderen Umstände ist hier demnach nicht gegeben.

f) Einreden und Einwendungen

Im IDW PS 800 geht das IDW selber nicht weiter auf Einwendungen und Einreden ein. Der FAS macht aber in seiner Ergänzung noch Ausführungen zu potenziellen Einreden und Einwendungen des Schuldners. Dieser führt aus, dass allein das Bestehen einer Einrede bzw. einer Einwendung ausreiche, es also nicht auf deren Geltendmachung ankäme, um die fragliche Forderung nicht in den Finanzstatus oder Finanzplan aufnehmen zu müssen. Hierunter fielen unter anderem verjährte oder mangelhafte Leistungen[768]. Aber auch bei den Einreden und Einwendungen müsse laut FAS eine hinreichende Wahrscheinlichkeit bestehen bzw. Tatsachen vorliegen, von denen man auch tatsächlich auf Einreden und Einwendungen schließen könne[769]. Wiederum macht der FAS aber deutlich, dass der Schuldner diese Tatsachen auch darlegen müsse und das Risiko hierfür trüge.

Der FAS macht noch eine weitere Konkretisierung bezüglich solcher Forderungen, deren Zahlungen gegen ein gesetzliches Verbot verstoßen würden, wie z.B. in dem Fall des § 30 GmbHG[770].

---

766 Smid DZWIR 2006, über juris S. 4.

767 BGH IX ZB 36/07.

768 FAS IDW ZIP 2009 S. 205.

769 FAS IDW ZIP a.a.O.

770 FAS IDW a.a.O.; Scholz GmbHG/Westermann § 30, Rn. 13.

g) Der Finanzplan

Das IDW hat auch konkrete Vorstellungen über den Finanzplan. Dieser sei zu erstellen, wenn eine Liquiditätslücke vorläge[771]. Der Finanzplan nach dem IDW baut sich wie folgt auf[772]:

	Stichtag	**Woche**	**Monat**
I. Einzahlungen 1. Einzahlungen aus laufenden Geschäftsbetrieb 1.1. Barverkäufe 1.2. Leistungen auf Ziel 2. Einzahlungen aus Desinvestitionen 2.1. Anlagenverkäufe 2.2. Auflösung von Finanzinvestitionen 3. Einzahlungen aus Finanzerträgen 3.1. Zinserträge 3.2. Beteiligungserträge Summe Einzahlungen			
II. Auszahlungen 1. Auszahlungen für laufenden Geschäftsbetrieb 1.1. Gehälter/Löhne 1.2. Roh-, Hilfs- und Betriebsstoffe 1.3. Steuern und Abgaben 2. Auszahlungen für Investitionen 2.1. Sachinvestitionen Ankäufe Vorauszahlungen Restzahlungen 2.2. Finanzinvestitionen 3. Auszahlungen im Rahmen des Finanzverkehrs 3.1. Kredittilgung 3.2. Akzepteinlösung 3.3. Eigenkapitalminderung 3.4. Zinsen Summe Auszahlungen			
III. Ermittlung der Über- bzw. Unterdeckung Durch I und II + Zahlungsmittelbestand im Beurteilungszeitpunkt			

771 IDW PS 800 Rn. 21.

772 Nach IDW PS 800 Anhang.

	Stichtag	Woche	Monat
IV. Ausgleichs- und Anpassungsmaßnahmen 1. Bei Unterdeckung (Einzahlung) 1.1. Kreditaufnahme 1.2. Eigenkapitalerhöhung 1.3. Rückführung gewährter Darlehen 1.4. zusätzliche Desinvestitionen 2. Bei Überdeckung 2.1. Kreditrückführung 2.2. Anlage in liquiden Mitellen Summe Auszahlung III			
V. Zahlungsmittelbestand am Periodenende unter Berücksichtigung der Ausgleichs- und Anpassungsmaßnahmen (I-II-III)			
VI. Liquidität in Prozent Summe I Summe II + III			

(1) Die ersten drei Wochen

Das IDW schlägt einen umfangreichen Finanzplan vor. Dieser solle aus einer auf betriebswirtschaftlichen Grundsätzen basierenden Unternehmensplanung entwickelt werden. Die künftige Geschäftstätigkeit sei auch darzustellen[773]. Auch seien bereits initiierte oder intendierte Maßnahmen zur Schließung der Liquiditätslücke, wie Gesellschafterdarlehen, Eigenkapitalerhöhung, zusätzliche Kredite etc... im Finanzplan darzustellen. Allerdings setzt das IDW bei den beabsichtigten Maßnahmen voraus, dass diese hinreichend konkretisiert sein müssten und die Umsetzung sicher zu erwarten sei[774]. Insofern kommt hier wieder die BGH Rechtsprechung durch, die ja schon in den Leitsätzen bei den jeweiligen Vermutungen von an Sicherheit grenzender Wahrscheinlichkeit spricht bzw. von einer Absehbarkeit[775].

Das Maß an Detailliertheit habe sich an der Liquiditätslücke zu orientieren[776]. Der Zeitraum für den Finanzplan sei in Übereinstimmung mit dem BGH zunächst auf 3 Wochen anzulegen.

773 IDW PS 800 Rn. 21.
774 IDW PS 800 Rn. 22.
775 BGH IX ZR 123/04 Leitsatz 1 und 2.
776 IDW PS 800 Rn. 23.

(2) Der Prognosezeitraum für die besonderen Umstände

Wenn die Lücke innerhalb der ersten drei Wochen nicht geschlossen werden könne bzw. nicht unter die 10% Grenze gebracht werden könne, müsse der Plan fortgesetzt werden[777].

Aufgrund der Gläubigergefährdung, die durch die Fortführung des Plans entstehe, aber aus wirtschaftlichen Gründen hingenommen werden müsse, müsse der Zeitraum für die zweite Prognose verhältnismäßig kurz sein[778]. Das IDW setzt hierbei eine Obergrenze von 6 Monaten an, aber der Zeitraum für eine zweite Prognose dürfe 3 Wochen nur dann überschreiten, wenn die Liquiditätslücke mit an Sicherheit grenzender Wahrscheinlichkeit in diesem Zeitraum auch geschlossen werden könne und den Gläubigern ein Zuwarten zuzumuten sei[779]. Zu orientieren habe sich die besondere Umstände sowie deren Darlegungsumfang an der 10% Quote des BGH.

Wenn am Ende der Prüfung keine Zahlungsunfähigkeit vorläge, so ergebe sich doch für den Schuldner die Pflicht regelmäßig zu prüfen, ob die Planungen eingetreten seien und ob nicht im Nachhinein eine Verschlechterung der Finanzlage eingetreten sei, die nun zu einer Insolvenzantragspflicht führen würde[780].

(3) Ergebnis

Das IDW hält sich an die Vorgaben des BGH und setzt diese in praktischer Weise um.

Sowohl der 3 Wochenzeitraum als auch die 10% Quote finden in dem Prüfungsstandard Einzug. Auch im Finanzplan macht das IDW keine Anstalten, irgendwelche Änderungen zur BGH Rechtsprechung vorzunehmen. Allein der Liquiditätsbegriff weicht von den Vorgaben des BGH ab. Hier schließt sich das IDW der herrschenden Literaturmeinung an. Das IDW verneint damit die vom BGH tolerierte dauerhafte Zahlungsstockung. Wie sich das im Endeffekt auswirkt, bleibt abzuwarten.

Das IDW scheint aber die starken schuldnerfreundlichen Tendenzen des BGH etwas zurückdrängen zu wollen, was man an den Ausführungen zum Prognosezeitraum erkennen kann. Hier wird er konkreter als der BGH und betont nochmals, dass die Überschreitung der 3 Wochenfrist nur die Ausnahme sein kann und nicht die Regel. Die starke Betonung der Gläubigerzumutbarkeit führt aber zu keinen wesentlich unterschiedlichen Ergebnissen. Vielmehr bleibt es

777 IDW PS 800 Rn. 25.
778 IDW PS 800 Rn. 26.
779 IDW PS 800 Rn. 26.
780 IDW PS 800 Rn. 29.

sich auch hier gleich. Dies ist vielleicht eher mehr oder weniger als Appell zu verstehen.

Des Weiteren kommt noch die Zweifelsregelung des IDW hinzu. Hier lässt sich wiederum erkennen, dass das IDW zumindest an den Stellen, wo noch Spielraum ist, versucht, den Staats- und Gläubigerinteressen stärkeren Ausdruck zu verleihen.

h) Die Adressaten des IDW PS 800

Zwar ist bereits an den entsprechenden Stellen auf die Haftungsproblematik im Zusammenhang mit dem IDW PS 800 und auf den Adressatenkreis eingegangen worden, dies soll in den folgenden zwei Punkten aber noch einmal verdeutlicht und vertieft werden.

Frystatzki bringt die Relevanz des IDW PS 800 auf den Punkt. Der IDW PS 800 und des Bedeutung geht über den Berufsstand der Wirtschaftsprüfer hinaus[781]. Diese sind gemäß § 4 Abs. 9 der IDW Satzung an die Vorgaben des IDW und seine Prüfungsstandards gebunden und somit in erster Linie die Adressaten.

Der Prüfungsstandard wendet sich aber auch als zusätzliche Adressaten an alle Insolvenzpraktiker[782]. Hierunter fallen auch Rechtsanwälte, insbesondere Fachanwälte für Insolvenzrecht, vorläufige Insolvenzverwalter, Richter am Insolvenzgericht sowie Unternehmer. Der IDW PS 800 ist vor allem für den vorläufigen Insolvenzverwalter von Interesse, da dieser in der Regel gemäß § 22 Abs. 1 Nr. 3 InsO vom Insolvenzgericht damit beauftragt wird, das Gutachten über die Zahlungsunfähigkeit des Schuldners zu erstellen.

Der IDW PS 800 ist ein praktisches Werkzeug im Eröffnungsverfahren und natürlich auch davor, bei einer Eigenprüfung des Schuldners, bei der Bestimmung der Zahlungsunfähigkeit eines Unternehmens. Und aufgrund der hohen Anzahl von Adressaten hat der Prüfungsstandard natürlich auch einen gesteigerten Einfluss auf die insolvenzrechtliche Praxis und kann diese in einem gewissen Rahmen mitbestimmen.

Insofern ist es nicht verwunderlich, dass der IDW PS 800 tatsächlich als Standard in der insolvenzrechtlichen Praxis zu bezeichnen ist.

i) Mögliche Haftung bei Verstößen gegen den IDW PS 800

Zu den weiteren Adressaten des IDW PS 800 zählen, neben den Wirtschaftsprüfern, insbesondere auch die vorläufigen Insolvenzverwalter, Juristen bzw.

781 Frystatzki, NZI 2010, S. 389.

782 Frystatzki NZI 2010, S. 389.

Rechtsanwälte. Der vorläufige Insolvenzverwalter wird in der Regel ein Rechtsanwalt sein mit einem Fachanwalt im Bereich des Insolvenzrechts. Der IDW PS 800 ist vor allem für den vorläufigen Insolvenzverwalter von Interesse, da dieser in der Regel gemäß § 22 Abs. 1 Nr. 3 InsO vom Insolvenzgericht damit beauftragt wird, das Gutachten über die Zahlungsunfähigkeit des Schuldners zu erstellen.

Ein Verstoß gegen den IDW PS 800 kann für diese weiteren Adressaten grundsätzlich keine Haftung auslösen. Dieser ist nicht bindend außer für Wirtschaftsprüfer, wie sich § 4 Abs. 9 IDW Satzung ergibt. Allerdings wurde bereits aufgezeigt, dass der IDW PS 800 die Rechtsprechung des BGH aus dem Urteil vom 24.5.2005 umsetzt und nur in einem Punkt von dieser abweicht[783]. Ein Verstoß gegen den IDW PS 800 würde somit eine Nichtbeachtung der höchstrichterlichen Rechtsprechung bedeuten.

Die Haftung des Insolvenzverwalters ergibt sich grundsätzlich aus § 60 InsO. Normzweck des § 60 InsO ist es, eine haftungsrechtliche Verantwortung des Insolvenzverwalters zu schaffen, da ihm praktisch die gesamte Vermögens- und Haftungsabwicklung obliegt[784]. Sie ist dennoch auf insolvenzspezifische Pflichten begrenzt, also solche, die sich aus der InsO ergeben, um eine zu weitreichende Haftung zu vermeiden[785]. Weitergehende Haftung kann sich aus den § 823 ff BGB ergeben, aus culpa in contrahendo und bei Abgabe einer Garantieerklärung auch aus Vertrag[786]. Die gleiche Haftung ergibt sich auch für den vorläufigen Insolvenzverwalter gemäß § 21 Abs. 2 Nr. 1 InsO i.V.m. § 60 InsO. Dieser hat im Eröffnungsverfahren Pflichten die es zu erfüllen gilt. Hierzu zählt insbesondere die angemessene Erstellung eines Gutachtens über die Zahlungsunfähigkeit des Schuldners.

Der Insolvenzverwalter sowie der vorläufige Insolvenzverwalter haften also grundsätzlich, wenn es sich um Pflichtverletzungen handelt, die sich aus der InsO ergeben. Insolvenzverwalter haften persönlich und sollten eine Haftpflichtversicherung vorweisen[787]. Insofern kann hier eine Parallele gezogen werden zu Rechtsanwälten. Anwälte haften grundsätzlich für jeden Fehler. Zu den wesentlichen Verpflichtungen des Rechtsanwalts gehört es aber im Besonderen, die höchstrichterliche Rechtsprechung zu kennen und gemäß dieser zu beraten und zu handeln[788]. Nichts anderes dürfte also auch für den Insolvenzverwalter und

783 Siehe oben Teil 2 B V 2 d (3).
784 Häsemeyer InsO Rn. 6.34.
785 BT-Drucks 12/2443 S. 129.
786 Nerlich/Römermann/Mönning § 60, Rn. 107 ff.
787 MüKo InsO/Brandes (1. Aufl.) § 61, Rn. 120.
788 Reinelt, jurisPR-BGHZivilR 03/2009 Anm. 1.

den vorläufigen Insolvenzverwalter und der Rechtsprechung zur InsO gelten. Die Grundsätze der Anwaltshaftung müssten demnach dem Grunde nach auch auf diese übertragbar sein.

Der BGH hat zu der Anwaltshaftung grundsätzlich gesagt, dass dieser seine Auffassung laufend an Gesetz, Rechtsprechung und Literatur ausrichten und gegebenenfalls anpassen muss[789]. Der BGH geht mit seinen Anforderungen sogar noch weiter, denn der Rechtsanwalt muss alle Gesetze und Vorschriften bis ins Detail kennen und ermitteln, wenn er diese nicht bereits kennt, auch im Falle von neuen Gesetzen und neuen Entscheidungen in der Rechtsprechung[790]. Auch wird von ihm verlangt, zukünftige Gesetzesänderungen vorauszusehen[791].

Daran hat sich dann auch die Rechtsberatung zu orientieren. Diese hat ausnahmslos nach herrschender Rechtsprechung zu erfolgen[792].

Um die Verantwortung eines Rechtsanwalts noch einmal zu verdeutlichen kann man eine BGH Entscheidung vom 25.6.1974 heranziehen[793]. Gemäß dieser Entscheidung haftet der Rechtsanwalt sogar für fehlerhafte Rechtsansichten von Kollegialgerichten.

Berücksichtigt man diese Rechtsprechung des BGH zur Verantwortlichkeit eines Rechtsanwalts, erscheint der IDW PS 800 in einem anderen Licht und es wird noch einmal deutlicher, warum das IDW in seinem Prüfungsstandard bemüht ist, sich so nah an die BGH Vorgaben zu halten wie irgend möglich, trotz etwaiger Abweichungen zu betriebswirtschaftlichen Grundsätzen und der Tatsache, dass vorläufige Insolvenzverwalter und Rechtsanwälte nicht zwingend die primären Adressaten des IDW PS 800 sind. Hält er sich nicht an die Vorgaben, so ist er bedeutungslos weil er unbrauchbar für die Praxis ist.

Dann aber stellt sich auch die Frage, inwiefern noch die Bindungswirkung für Wirtschaftsprüfer, die sich ja aus § 4 Abs. 9 der IDW Satzung ergibt, gegeben ist. Denn was hilft es, wenn nach dem IDW PS 800 eine Zahlungsunfähigkeit festgestellt wird, diese dann aber im Eröffnungsverfahren von den Insolvenzgerichten verneint wird. Führt dies zu finanziellen Schäden bei dem Unternehmen, die durchaus eine Folge von Panikreaktionen von Banken und Gläubigern sein können, dann sieht sich der Wirtschaftsprüfer unter Umständen auch Regressansprüchen ausgesetzt.

---

789 BGH III ZR 141/57; Reinelt, jurisPR-BGHZivilR 03/2009 Anm. 1.

790 Slobodenjuk NJW 2006, S. 113; ff; BGH III ZR 141/57.

791 Reinelt, jurisPR-BGHZivilR 03/2009 Anm. 1.

792 Borgmann/Jungk/Grams § 19 Rn. 65 ff.

793 BGH NJW 1974, S. 1865,1866.

Da sich das IDW aber an die Vorgaben des BGH hält, bis auf die dauerhafte Zahlungsstockung, behält er grundsätzlich seine Praxisrelevanz.

Ein Verstoß gegen den IDW PS 800 kann also keine Pflichtverletzung sein, jedoch die dahinter stehende Rechtsprechung des BGH. Insofern empfiehlt es sich, sich an den Prüfungsstandard zu halten, jedoch nicht kritiklos hinzunehmen und zu hinterfragen. Auch dem IDW können Fehler unterlaufen, wie z.B. bei der zunächst abgelehnten dauerhaften geringfügigen Unterdeckung. Die ist zwar korrigiert worden, dies geschah aber außerhalb des Prüfungsstandards durch eine Ergänzung bzw. Stellungnahme des Fachausschusses für Sanierung und Insolvenz. Ein Blick in die Quelle, also die BGH Rechtsprechung selbst, ist demnach unvermeidlich.

j) Gesamtstellungnahme zum IDW PS 800

Der IDW PS 800 ist in fast allen Punkten eine direkte Umsetzung der BGH Rechtsprechung. Er hat eine hohe Praxisrelevanz aufgrund seines einfachen und klaren Aufbaus. Er bringt die objektiven Kriterien vom BGH in einem Prüfungsrahmen unter und erleichtert so die Prüfung der Zahlungsunfähigkeit.

Als Ergänzung muss jedoch die Stellungnahme des FAS hinzugezogen werden, um vor allem die zunächst anders vom IDW beurteilte Problematik der geringfügigen dauerhaften Unterdeckung zu vermeiden.

Eine Haftung kann sich nicht aus dem IDW PS 800 selbst, sondern nur aus der dahinterstehenden Rechtsprechung des BGH ergeben. Diese ist vorrangig, nicht nur für Juristen sondern auch für Wirtschaftsprüfer, wenn eine Haftung vermieden werden soll.

VI. Gesamtergebnis BGH IX ZR 123/04 und IDW PS 800

Der Begriff der Zahlungsunfähigkeit muss, wie sich aus Teil 1 dieser Arbeit ergibt, verfassungskonform ausgelegt werden. Hierbei sind sowohl die Grundrechte des Schuldners als auch die gesetzgeberischen Ziele, die mit der Reform verfolgt wurden, in Einklang zu bringen.

Da die Eröffnungsgründe die letzte Hürde für einen erheblichen Grundrechtseingriff darstellen, sieht der BGH eine entsprechend starke Betonung der schuldnerischen Grundrechte bei der Auslegung vor. Dies lässt sich anhand der einzelnen Kriterien erkennen. Die staatlichen Interessen und die der Gläubiger erfahren eine nicht sonderlich starke Betonung in dem Grundsatzurteil des BGH, sie können aber über die besonderen Umstände wiederum Einfluss finden und dann im Einzelfall entsprechend stark berücksichtigt werden, wenn dies die Sachlage ermöglicht.

Der IDW PS 800 ist die Umsetzung der objektiven Kriterien des BGH in ein praktikables betriebswirtschaftliches Prüfungsschemata. Die vom BGH aufgestellten Grundsätze müssen jedoch vollständig übernommen werden, wenn man ein für die Praxis relevanten Prüfungsstandard erstellen möchte. Ansonsten kann dies zu erheblichen haftungsrechtlichen Konsequenzen für den Anwender führen.

C. Ergebnis Teil 2

Sowohl die objektiven Kriterien der Zahlungseinstellung als auch die Zahlungsunfähigkeit sind verfassungskonform zu bestimmen.

Bei der Zahlungseinstellung kommt es aufgrund der Regelvermutung und dem damit verbundenen Nachteil für den Schuldner im Eröffnungsverfahren entscheidend darauf an, dass das erkennbare Merkmal eine erhebliche Bedeutung nach außen hin entfaltet. Nur so kann dem Schuldner sein grundrechtlicher Schutz im Eröffnungsverfahren gewährleistet werden.

Die objektiven Kriterien der Zahlungsunfähigkeit werden bei der Auslegung von den schuldnerischen Interessen dominiert. Die staatlichen Interessen finden zwar Beachtung, müssen aber aufgrund des drohenden intensiven Grundrechtseingriffs bei den genau definierten Kriterien der 10 % Vermutungsregelung und der Drei Wochenfrist zurücktreten. Sie können allerdings über die besonderen Umstände wieder im Einzelfall an Bedeutung gewinnen, was allerdings den Insolvenzgerichten und deren Beurteilung obliegt.

Der IDW PS 800 dient dazu, die objektiven Kriterien für die Praxis in eine betriebswirtschaftliche Prüfung einzubetten. Hierbei ist zu beachten, dass Abweichungen von den Vorgaben des BGH zwar nicht für den IDW aber für den Anwender erhebliche haftungsrechtliche Konsequenzen haben können. Solche Abweichungen gilt es deshalb zu vermeiden.

Teil 3

Schluss

Der BGH hat mit seinen beiden Entscheidungen vom 27.07.2006 (BGH IX ZB 204/04) und vom 24.05.2005 (BGH IX ZR 123/04) das Verständnis des Begriffs der Zahlungsunfähigkeit im Eröffnungsverfahren neu geprägt.

Diese Entscheidungen haben gezeigt, dass der Begriff der Zahlungsunfähigkeit ein systemgeprägter Begriff ist und dem Grundrechtsschutz des Schuldners im Eröffnungsverfahren einen hohen Stellenwert einräumt. Der Begriff der Zahlungsunfähigkeit ist verfassungskonform im Eröffnungsverfahren auszulegen, um dem grundrechtlichen Schutz des Schuldners im Eröffnungsverfahren zu entsprechen. Dies ergibt sich aus dem Charakter als verfahrensrechtliche Norm, die direkt an den Grundrechten zu messen ist. Die Eröffnungsgründe sind die Ermächtigungsgrundlage, um später in der Weise in die Grundrechte des Schuldners eingreifen zu dürfen, wie es die Insolvenzordnung vorsieht. Die verfassungskonforme Auslegung bezieht sich sowohl auf die objektiven Kriterien der Zahlungsunfähigkeit als auch auf den Zeitpunkt für deren Vorliegen. Auch die objektiven Kriterien der Zahlungseinstellung als Regelvermutung haben sich an der verfassungskonformen Auslegung zu orientieren. Außerhalb des Eröffnungsverfahrens bedarf der Begriff der Zahlungsunfähigkeit einer anderweitigen Auslegung, da die wesentliche Grundlage, auf der die Auslegung basiert, außerhalb des Eröffnungsverfahrens wegfällt. Dies hat die hier allerdings nicht diskutierte Entscheidung vom 12.10.2006 (BGH IX ZR 228/03) gezeigt. In einem Anfechtungsprozess kann deshalb die Bestimmung der Zahlungsunfähigkeit und der Zeitpunkt für deren Annahme anders erfolgen, als dies im Eröffnungsverfahren der Fall war.

Die Konsequenzen dieser beiden erstgenannten Entscheidungen haben weitreichende Folgen. Der Schuldnerschutz im Eröffnungsverfahren wird deutlich hervorgehoben und ebnet rein theoretisch jedenfalls den Weg zu einer genaueren und gewissenhafteren Prüfung, immerhin wird über die wirtschaftliche Existenz des Schuldners entschieden. Es lohnt sich also, in Grenzfällen genauer hinzuschauen und ein Gutachten im Eröffnungsverfahren nicht einfach so hinzunehmen, sowohl von Seiten des Schuldners aus als auch von Seiten des Insolvenzgerichts. Es darf nicht vergessen werden, dass der vorläufige

Insolvenzverwalter, der zumeist auch gleichzeitig das Gutachten über das Vorliegen einer Zahlungsunfähigkeit zu erstellen hat, im Eröffnungsverfahren auch über seine spätere – im Vergleich zur Vergütung des vorläufigen Insolvenzverwalters wesentlich höhere – Vergütung als Insolvenzverwalter quasi mitentscheidet. Dieser verfolgt naturgemäß auch eigene wirtschaftliche Interessen und dies bietet auch Raum für Missbrauch. Die spätere Rechtfertigung durch die mit Eröffnung sofort fällig werdenden Verbindlichkeiten fällt durch die BGH Rechtsprechung weg. Die Gefahr einer Haftung für den Fall eines zu Unrecht eröffneten Insolvenzverfahrens besteht. Vor allem die Insolvenzgerichte sollten mit diesem Hintergrund nicht alle Gutachten pauschal so akzeptieren, vor allem weil es auch die vom BGH tolerierte dauerhafte geringfügige Unterdeckung gibt. Auch die besonderen Umstände bieten einiges an Argumentations- und Handlungsspielraum. Der Schuldner allerdings wird zumeist in einem solchen Eröffnungsverfahren völlig überfordert sein und sich seinem Schicksal ergeben, wenn er sich nicht anwaltlicher Hilfe bedient.

Sicherlich hat der BGH nicht alle Fragen im Zusammenhang mit dem Eröffnungsgrund der Zahlungsunfähigkeit und dessen Prüfung ausgeräumt. Beim Liquiditätsbegriff wäre eine klarere Linie wünschenswert gewesen. Ebenso bei der Problematik des ernsthaften Einforderns.

Im Zusammenhang mit den objektiven Kriterien stellt sich dann natürlich auch noch die Frage, inwiefern diese nun zu Förderung der Ziele des Gesetzgebers beigetragen haben, nämlich die frühzeitige Verfahrenseröffnung. Dieses Ziel gilt in der Literatur als verfehlt[794]. Als Gründe werden hier vor allem die immer noch so empfundene Stigmatisierung, die mangelnde Transparenz, der Kontrollverlust sowie die fehlende Möglichkeit der Beteiligung des Schuldners genannt[795]. Dem Schuldner mangelt es an Motivation. Als Lösungsansatz wird vorgeschlagen, den Schuldnern weniger mit Repressionen zu drohen als vielmehr Vergünstigungen anzubieten, wie z.B. der debtor in possession im amerikanischen Insolvenzrecht. Es wird sich zeigen, was der Gesetzgeber in diese Richtung in Zukunft unternehmen wird. Raum für Verbesserung besteht jedenfalls.

Der BGH gibt nicht vor, wie genau er sich die betriebswirtschaftliche Prüfung hinsichtlich der Zahlungsunfähigkeit vorstellt, was bedauerlich ist. Es fehlt an einem allgemein verbindlichen und anerkannten Standard. Es gibt viele Prüfungsmethoden, die sich immer wieder unterscheiden. Diese Lücke füllt jedoch

794 Haarmeyer Stellungnahme, S. 1; Kirstein ZInsO 2008, S. 131; Ehlers ZInsO 2010, 257.
795 Haarmeyer Stellungnahme, S. 1.

das IDW mit seinem Prüfungsstandard IDW PS 800. Beim IDW PS 800 handelt es sich um eine Umsetzung der objektiven Kriterien des BGH in ein ebensolches betriebswirtschaftliches Prüfungsschema. Hierdurch wird dem Anwender ein einfaches und praktikables Mittel zur Ermittlung der Zahlungsunfähigkeit an die Hand gegeben. Hierbei handelt es sich schließlich um die komprimierte BGH Rechtsprechung zu diesem Thema. Der facettenreiche und teils unübersichtlich gewordene Begriff der Zahlungsunfähigkeit bekommt auf diese Weise wieder eine prüfbare Struktur. Bei der Anwendung des IDW PS 800 ist aber es aufgrund haftungsrechtlicher Gesichtspunkte von erheblicher Bedeutung, dass das IDW bei seinen Prüfungsstandards den Vorgaben des BGH vollkommen entspricht. Der IDW PS 800 sollte als nicht ungeprüft verwendet werden und gegebenenfalls auf seine Aktualität hin untersucht werden, da ansonsten auch hier dem Anwender unter Umständen eine Haftung droht. Dennoch muss der IDW PS 800 zur Prüfung der Zahlungsunfähigkeit aufgrund seiner klaren und einfachen Strukturen und aufgrund seiner daraus resultierenden einfachen Anwendbarkeit empfohlen werden.

Abschließend ist zu sagen, dass beide Entscheidungen und der Prüfungsstandard zu einer erheblichen Vereinfachung im Eröffnungsverfahren führen. Der BGH hat die Zahlungsunfähigkeit neu definiert und das IDW hat einen leicht verständlichen und praktikablen Prüfungsstandard geschaffen, der das Potenzial hat, als allgemeiner Standard für das Eröffnungsverfahren zu dienen.

Schriftenreihe des Centrum für Deutsches und Europäisches Insolvenzrecht Kiel

Herausgegeben von Stefan Smid, Silke Wehdeking und Mark Zeuner

Band 1 *in Vorbereitung*

Band 2 Sebastian Wilhelm Deichgräber: Gesellschaftsrechtliche Sitzverlegungen und haftungsrechtliche Begründungen internationaler insolvenzrechtlicher Zuständigkeiten. Zugleich ein Beitrag zur Verwendung in der Judikatur. 2012.

Band 3 Malte Engeler: Die zweigliedrige Personengesellschaft in der Insolvenz. 2012.

Band 4 Sebastian Müller: Verhandlungsgesteuerte Sanierung durch den prepackaged plan. Das Planinitiativrecht des Schuldners aus § 218 Abs. 1 S. 2 InsO als Ausgangspunkt steuer- und planbarer Gestaltungsprozesse. 2013.

Band 5 Christoph Pabst: Materielle Insolvenz – Die retrograde Ermittlung der Zahlungsunfähigkeit. 2013.

Band 6 Torsten Martini: Die Anfechtbarkeit der Zahlung der Vergütung des vorläufigen Insolvenzverwalters im Zweitverfahren. 2014.

Band 7 Stefan Smid: Zivilgerichtliche Verfahren. Grundlagen des Zivilprozesses und der Freiwilligen Gerichtsbarkeit. Ein Studienbuch. 2014.

Band 8 Philipp Schlenkhoff: Insolvenzgründe, Prognose und Antragspflicht. 2014.

Band 9 Alexander Bluhm: Die Anwendbarkeit und Auswirkungen der EU-Dienstleistungsrichtlinie auf Auswahl und Bestellung des Insolvenzverwalters. 2014.

Band 10 Karsten Andresen: Die objektiven Kriterien der Zahlungsunfähigkeit nach der Rechtsprechung des BGH und dem IDW. 2014.

www.peterlang.com

www.ingramcontent.com/pod-product-compliance
Ingram Content Group UK Ltd.
Pitfield, Milton Keynes, MK11 3LW, UK
UKHW041119041026
8980IPUK00024B/14

9 783631 655047